赤道陽光

我所經歷的中國大陸之大變革

楊宗錚 著

我的父親——楊雲添
（1905—1955）

我的家鄉（廣東梅縣葵嶺，
中為我家與伯父家）

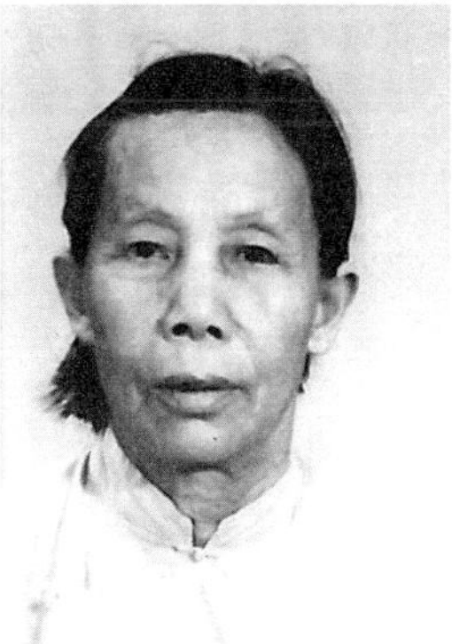

我的母親——古德元
（1915—2008）

我的小學——梅屏公學

我的中學——梅州中學

從教師到校長（湖南省冷水江市一中，1964—1985）

主持會議（湖南省婁底地區僑聯，1985）

有了一個家（冷水江市一中，1982）（從後至左至右：兒子湘葵、女兒湘梅、我，母親，妻子）

我的成長：初中——高中——大學——中學教師

大學同學（湖南大學，1962）（前排從左至右：宋勝德、黃露生、鄧振明、趙石生、周觀寧；後排從左至右：姚茂鈿、張家新、本人、嚴家岳、李傳森）

大學廣東、海南籍同學（湖南師院，1964）（從左至右：本人、嚴家岳、葉明華、吳煥宜、陳位祥、周觀寧、李振文）

我和妻子鄧田玉（結婚照，1968）

我與妹妹金鳳陪母親會見舅父（香港，1987）

拜見僑界前輩（北京，1989）（右起：中國僑聯主席張國基、湖南省僑聯主席李介夫、本人、常德市僑聯主席林純）

在湖南省僑聯（長沙，1991）

出席第四次全國歸僑僑眷代表大會（北京，1989）

與領導和同事們在一起（湖南省婁底市，1986）（前排左起：秘書長溫可湘、本人、地委書記王煥明、僑辦主任尹華權、冷水江市僑聯主席潘文創）

舅父一家（臺北寓所，1987）

第一次去北京（1985）

陪同香港同胞遊覽（張家界，1986）

泰山極頂（1992）

在九寨溝（2008）

和湖南省僑聯同事們在一起（井岡山，2007）

在弟弟勇曾家（廣東梅縣，2000）（前排左起：阿清姊、母親、妹妹金鳳、侄兒志葵；後排左起：妻子田玉、仁曾妻新華、侄女瑞梅、勇曾妻秀珍、勇曾弟、本人）

與同事在一起（長沙，1999）（左起：本人、中國僑聯委員李體堅、長沙市僑聯副主席翁少蘭、永州市僑聯主席鄭德清）

兄弟姐妹難得一聚（廣東梅縣，2000）（從左至右：我、妹妹金鳳、大弟勇曾、二弟仁曾）

在湖南鳳凰（2001）

退休之後，當了顧問（長沙，2004）（左起：莊建安、司永興、本人）

古稀之慶大團圓（長沙，2010）

大學同窗相聚（長沙，2010）（前排從左至右：葉明華、黃美才〔老師〕、楊福地、何迎春；後排從左至右：本人、蔣登暘、黃露生、向陽）

兒子、兒媳和孫女（2010）

相濡以沫（長沙居所前瀏陽河大堤上，2010）

| 在西安（2008）

| 女婿張華拜見我舅父舅母（臺北，2009）

| 大海無垠（廣東陽江，2010）

| 古稀之慶（長沙，2010）（站立者右起：筆者、學生顏俊、吳雄華、王軍）

| 親家大團圓（廣州，2010年春節）

妻子、女兒、女婿與我表弟古海斌（舅父之子）（廣州，2010）

女兒、女婿與外孫小報（廣州，2011）

兒女親家共賀小報百日（廣州，2011）

拜望舅父母一家（臺北，2012年8月15日）

前言

女兒、女婿去印尼巴厘島旅遊，帶回來一件玩具「木雕貓咪」。三個貓咪坐在沙發上，憨態可掬，做工稍顯粗糙但不失古樸。我喜歡。我出生於印尼。我的膚色較黑，至今仍殘留著印尼的赤道陽光。我叮囑他們「代我看看六十多年前生活過的地方」，他們完成了老爸的囑託，想讓老爸看著「印尼貓咪」喚起童年的記憶，以慰平生。

我家鄉廣東省梅縣是著名僑鄉。十九世紀末二十世紀初，迫於山多田少人稠，世事昏亂如麻，生活艱難困苦，梅縣客家人絡繹於途遠赴南洋（東南亞各國）謀取生路。我祖父赤貧，無以為生，忍痛讓年僅十三歲的父親，身上「僅繫一根皮帶」，先下汕頭做工，然後讓他跟著「水客」出南洋去了。「水客」是往返於家鄉與南洋之間，專事帶人帶錢帶物以為生計者。「水客」把他帶到了印尼亞齊市。

亞齊，地處蘇門答臘島西北部，就是二〇〇四年十二月發生大地震大海嘯的地方。我家鄉出南洋謀生的父老鄉親，以親帶親，以鄰幫鄰，大都到了那裡。家鄉窮，印尼也絕不是淘金之地，尤其是亞齊，那裡並不富庶，至今仍然落後貧窮。我父親在亞齊辛勤勞作近三十年，仍然是一名手工藝工人，家境很是一般。

父親是遵伯父之命回國的。伯父在國民黨軍隊和地方當過不大不小的官，家有薄產，元配不識字，於是叫我父親回來幫他打理家事。

父親帶著我們全家回國後，我在家鄉廣東梅縣讀小學、中學，接著到湖南長沙讀大學，之後在湖南工作近三十八年後退休。人生旅途一步步走過來，七十年了，時時刻刻覺得艱辛。一生奔波為稻粱謀，紛紛擾擾，擔驚受怕，無暇去思考人生的意義。

退休後，一次大學時的老同學聚會，有位舉杯慷慨陳詞，介紹他的退休生活座右銘：「忘記昨天，過好今天，不想明天。」一個人是只有這麼「三天」吧，但要按老同學酒酣耳熱之際倡導的那個活法，我不敢苟同。就拿「昨天」來說，「忘記」就很難。退休後賦閑在家，常常凝思「昨天」：我，一個極其平凡甚至近乎卑賤的人，從歷史的夾縫中艱難站起來，走過的是極不平凡、極為艱澀的人生道路。

我的戶口簿上至今注明「出生地印尼」，白紙黑字抹不掉。這個與生俱來的「海外關係」，在我人生的漫漫征途中成為沉重的包袱，長時間蝸牛般背負著，在歷史的夾縫中艱難遊走。

回國不久碰上土地改革，父親與伯父家一起被劃為「官僚地主」成分，伯父在區裡一次群眾大會上被判「斬立決」。我一夜之間變為「地主崽子」、「反動家屬」。小小年紀便飽受歧視，年少已識盡愁滋味。幾十年錯雜、艱澀的人生路上，迷茫中無助地渴求著「出身不由己，道路可選擇」，但似乎永遠是遙不可及的奢望。

精神上的重擊，生活上的折磨，使父親在一次並非不治之症的疾患中拋下了我們，這時他還未到知天命之年。一家大小生活全靠可憐的母親苦苦撐持。小學中學十二年，我寒窗苦讀，衣衫破舊，食不果腹，一餐飽飯只能在夢裡尋求。

也許是歷史的誤會，我竟然考上了大學，這是不幸中之萬幸。邁入大學校門，很快發現，我是全班唯一出身不好而且社會關係複雜的學生。我不知道為什麼會如此煢煢孑立，形影相弔。報到不久即受到多次盤查，出身成分海外關係臺灣舅舅等疑難問題要我回答，弄得我惴惴不安。可是，之後卻沒有出現什麼事，我讀完了大學。

大學畢業，我表示「一切聽從黨安排」。結果，被層層發落，最終「安排」到據稱是「離鐵路最近」的一所鄉鎮中學教書。我言聽計從，風雪交加中形單影隻前往履職的情景，至今歷歷在目。

「文化大革命」中，因教案上引用流行詞句「被打倒的階級／人還在／心不死」句子，卻不料被駐校軍宣隊隊長解讀為「階級人」，在大會上高喊「沒有階級人只有階級敵人」，點名批判我宣揚「階級鬥爭熄滅論」。由於忘記在一張大字報的「劉少奇」三字上畫一把紅叉，差點被「揪出來鬥垮鬥臭」。還被人莫名其妙地污蔑我明媒正娶的老婆「來歷不明」，無助的她被勒令退出藉以維生的臨時炊事員工作。

粉碎「四人幫」使我人生發生重大轉折，真所謂「撥開雲霧見太陽」，突然間喜事接踵而至：共產黨、致公黨都有人來找我談心，啟發我加入他們的組織；很快，我又成為了市政協常委；家鄉梅縣人民政府鄭重發文將我家的「地主」成分改為「華僑工人」，我的家庭出身一下由剝削階級變成了工人階級；土改時被槍決的「國民黨軍官」伯父經梅縣縣委重新定性為「起義投誠人員」予以平反；土改時被沒收的房屋被審定為「僑房」退回來了。

人生道路如此離奇。遲遲到來的「工人階級」出身，讓我悲喜交加。我還是我，但「出身」卻一下子變了，「出身不由己」這一次在我身上戲劇性地做出了證明。歷史給我一家開了個天大的玩笑，但是，我卻笑不起來。這個玩笑對於歷史來說可能是不經意的甚至是輕佻的一筆，但對於個人和家庭來說，代價實在太大了。這個在三十多年來無比嚮往的榮耀「出身」，到了上世紀八十年代初，對於我已經沒有多大意義。

不過，也並不是一無好處，即如「歸國華僑」身分，因鄧小平一句「海外關係是個好東西」，就突然由包袱變成了一種機遇，我因而被「打著燈籠」找到，「榮調」到地區僑聯工作。此後較為順暢，到了省級機關，自己的一點聰明才智好像從牢籠中被釋放了，意氣風發，工作感到得心應手，受到稱讚，還幾次評定為「優秀共產黨員」；但是有一個大大的缺點，就是未熟諳官場規則和人情世故，從來不會無事找事挨進上級首長家噓寒問暖慶生賀節敬請笑納不成敬意諸如此類，有人揶揄我「太傳統」，有人鄙夷我「扮清高」……

然後，然後就老了，就退休了。

這幾十年，我終於走過來了，也就這麼走過來了。一個漂泊的海外遊子，一個貧賤的農村孩子，在錯雜的人生路上跌跌撞撞，幾經折騰，後來成為有點名氣的中學的一校之長，之後又成為省級僑聯的秘書長，還做過一個雜誌社的社長、總編輯，最後居然成為一個「副廳級」幹部，忝為末流「高幹」。「昨天」，不但不能忘記，也不會忘記，我現在就常常魂牽夢繞，揮之不去也！

記住昨天，是為了明天。對個人而言，明天是有限的，但是我們的國家、民族，卻有無數個明天。衷心祝願從昨天艱難曲折走過來的親愛的祖國，明天會不再折騰，切記以人為本，讓所有中國人順順當當堂而皇之地站起來。

走過了長長的人生旅途後，常常反思，我這一生，是怎麼走過來的呀？有自己的勤奮，有自己的才智，有自己的真誠，有自己的毅力，這些「自己」的東西固然重要，但似乎都不能視為成長的關鍵因素。關鍵的是歷史。歷史是人創造的，人是在歷史中行進的。新中國幾十年的歷史，給一些人「站起來」賦予了很多的機遇，也給一些人有意無意地設置了或多或少的障礙，致使遲遲不能「站起來」。我一生遇到的，更多的是障礙，誠然也得到了一些機遇。在人生的征途中，一些人走的是康莊大道，而我卻是在歷史的夾縫中離奇而艱澀地跋涉。在歷史的夾縫中，留下了我錯雜的人生足跡，刻下了我跌宕的人生印痕。但是不管怎樣，我還是幸運的。一些開國功臣尚且人生多難，甚至死於非命，我一個平凡人盡可滿足了，夫復何求。

「而今識盡愁滋味，欲說還休。」歷史與我，我與歷史，是怎麼糾纏在一起的；歷史是如何形成夾縫，我又如何能在夾縫中容身和成長直至站起來的——箇中情結，一言難盡。俱往矣，人生應該回首，歷史不堪較真。我只是想客觀敘說歷史中我錯雜、艱澀的人生，至於人生的意義，那就聽憑歷史來解讀吧。於是便有了這本書。

這本書講的是一個平凡人的不平凡經歷，而我相信，我的不平凡人生經歷，並不單單是我一個人的遭遇，其意義也不屬於我個人所專有，它應該是我們國家、民族的歷史財富之一，即使它在浩瀚前行的歷史中不過是一個星點、一粒微塵。通過這本書，或許能對我們國家、民族豐富多彩的歷史，從一個特殊的角度，透過一絲縫隙，另類地從而更深刻而全面地瞭解它，認識它。

最後，我恭敬地引用溫家寶總理的一段話作為本書「前言」的結尾，這段話或許也可作為對本書的詮釋。

溫家寶總理二〇〇七年四月十二日在日本國會的演說中說：

「在一個國家、一個民族的歷史發展進程中，無論是正面經驗，或是反面教訓，都是寶貴財富，從自己的歷史經驗和教訓中學習，會來得更直接、更深刻、更有效，這是一個民族具有深厚文化底蘊和對自己光明前途充滿自信的表現。」

楊宗錚，二〇一〇年八月，長沙寓所

目次

Chapter 1

綿綿瓜瓞　海外飄萍（一九四一～一九四七）

一、客家梅州

有一首歌，叫《我是客家人》，歌中唱道：「你從哪裡來／你是哪裡人／走過千年遷徙的坎坷／披著歲月滄桑的風塵／曾經一無所有，嘗透苦辣辛酸／漂泊天涯為創業，四海為家求生存／山轉水轉情不轉／我是客家人。」

歌中高亢的客家山歌旋律，唱出了客家人千年漂泊求生存謀發展的不屈不撓精神，動人心魄。

我也是客家人，祖籍廣東省梅縣。很喜歡聽《我是客家人》這首歌。每次聽到這首激越高昂的山歌，都很動情、很陶醉。

因為有個「土家族」，有些人以為客家人是少數民族，不是的，客家人是中原漢族移民的後裔，是漢民族中一支獨具特色的民系。

客家人是我國歷史上中原漢族歷經千年不斷向東南地區移民的結晶。當代客家研究學者一般同意羅香林（著名歷史學家、客家研究開拓者）在《客家研究導論》中關於中原漢族歷史上五次大遷徙漸變成為客家人的論述。西晉末年，為避「五胡之亂」，中原漢族第一次大規模南遷至江淮地區。第二次大遷徙是在唐朝末年至北宋遷都臨安（杭州）期間，緣起黃巢起義及契丹、女真入擊中原，大批漢人南遷至贛江流域及閩西南、粵東北一帶。第三次遷徙始於南宋滅亡，歷經元、明兩朝，新、舊南下漢人湧入閩、粵、贛三角地區；其中南宋末年是關鍵節點，客家民系由此形成。廣東東北部的梅州地區成為客家人聚居中心。第四、第五次大遷徙是在客家民系形成之後：第四次在明末清初，主要由於地薄人稠加上清朝初年獎勵人口定向遷徙，客家人遷往粵中、粵西、粵濱海地區以及湘、桂、川、瓊、臺等地，形成客家分佈全國的格局；第五次在十九世紀中葉至二十世紀初，因太平天國失敗客家人受到株連以及粵西大規模土客械鬥等原因，客家人向海外主要是向東南亞地區遷徙。

湖南也有客家人。湖南客家人主要是在客家人第四次大遷徙時期即明末清初尤其是清朝康熙、雍正、乾隆年間從粵東、閩南地區遷徙來的，其中大部分祖籍在古嘉應州即今梅州地區。我在湖南讀書、工作幾十年，長期關注湖南客家人狀況，在退休後寫了一本書，就叫《湖南客家》，由廣西師範大學出版社於二〇〇七年十二月出版發行。這是後話。

我家鄉梅縣，隸屬於梅州市。梅州市位於廣東省東北部，是歷史上客家民系的最終形成地、聚居地、繁衍地和播遷地，也是全世界客家華僑的祖籍地和精神家園，被尊為「世界客都」。

歷史上，梅縣、梅州名稱幾經互易，在地域上指的是現今梅縣及其周邊地區，即今梅州市境域。

梅縣最初名為程鄉縣，建制始於南北朝時的南齊。之後幾經興廢，至五代南漢時於程鄉境置敬州。北宋時，因避宋太祖趙匡胤祖父趙敬諱，改稱梅州。此後，程鄉、梅州之名交互興替，歸屬亦多次變換。至清雍正時升格為嘉應州，領五縣，史稱「嘉應五屬」。宣統三年，復名梅州。民國後，梅州改稱梅縣。新中國成立後，梅縣先後屬潮梅行政區、興梅專區、粵東行政區、汕頭專區、梅縣地區。一九八三年九月改稱梅縣市。一九八八年，梅縣地區改為梅州市，保留梅縣建制，梅縣原轄梅城鎮劃為梅江區，同屬梅州市管轄。梅州市黨政機關駐梅江區。一九九四年起至今，梅州市轄六縣（梅縣、平遠縣、蕉嶺縣、大埔縣、豐順縣、五華縣）一市（興寧市）一區（梅江區）。

客家人自中原南遷，為了生存和發展，在閉塞、貧瘠的閩、粵、贛山區披荊斬棘，篳路藍縷，其頑強拼搏的精神，舉世驚歎。他們一代一代繁衍播散，子子孫孫不斷遷徙。有趣的是，從中原地區（含陝西東南部地區）南遷的漢人，在閩、粵、贛地區形成客家民系之後，又有一部分人，經湘、川等地又遷回了陝南。物不是，人亦非，時隔千年，陝南本地人稱他們為客家人，其實他們一千多年前是一家，都是同源同宗的後代。二〇〇八年十月，我應邀出席在西安舉行的世界客屬第二十二屆懇親大會，其間大會曾組織我們部分與會者到陝南商洛市考察，親耳聆聽了當地客家人帶有濃重廣東興寧口音的客家話，饒有興趣。

我們家也發生了有趣的事情。小婿是河南人，我這個客家人家庭的遠祖也從河南而來。我的女兒，一位客家小女與河南小婿的結合，或許也是一種歷史回歸，或者說不但是千里姻緣，而且是百代和合。

二、葵嶺楊姓

客家人輾轉遷徙，綿綿瓜瓞，百代傳承，歷來十分重視修繕族譜，藉以「崇先報本，啟裕後昆」者也。

二〇〇三年一月，梅縣《楊氏族譜》九修出版，給了我一套三卷。我第一次得以詳細瞭解我的列祖列宗綿長不絕的遷徙傳承情況，知道了我這一代人的來龍去脈，從中得到很多人生啟示，令人感慨。

每一個姓氏後人都要把自己的祖先追溯得源遠流長而且位高權重。《楊氏族譜》認為，楊氏出自西周姬姓，祖地在今山西省洪洞縣境。梅縣楊氏尊東漢名臣楊震為遠祖。楊震世居弘農華陰（今河南省西部靈寶市一帶），清廉為政，名彪青史，時稱「關西夫子」，梅縣楊姓堂號「關西堂」即源於此。自西晉末年起，同中原漢人為避戰亂不斷南遷一樣，楊氏族人世代傳承，相繼遷往江、浙、閩、贛以至廣東。梅縣楊氏始祖（亦稱「廣東大始祖」）雲岫公（公元八八一至九六三年），名聳，為唐末經五代至宋初時人，祖居浙江錢塘，「由江西廬陵仕粵寓梅」，至今已有一千餘年歷史。梅縣民間有云「未有梅州先有楊古卜」，楊氏應是早於梅州建制（公元九七一年改敬州為梅州）遷入的中原後人，其時客家民系尚未最終形成。千年以降，據一九八八年梅縣人口統計，全縣姓楊的一萬五千二百零二人，列梅縣姓氏人口第十四位。

雲岫公傳二十一世至璥公（生卒年不詳，大約是明末時人），他是我家鄉梅縣葵嶺楊姓開基祖。

葵嶺（客家話讀Kuíliāng）這個山村，清康熙初至民國初年屬梅屏堡。民國二十年（一九三一年）起屬梅屏鄉。一九四九年五月梅縣解放後，屬梅屏區。此後「梅屏」地名消逝。一九五〇年三月起至一九六二年，葵嶺先後屬白渡區、白渡鄉、白渡人民公社。一九六三年屬城東人民公社。一九八三年屬城東區，一九八七年屬城東鎮至今。移居南洋或港、澳、臺地區的葵嶺人，大都稱自己祖居地為梅屏。

城東鎮地處梅縣縣治東北部，治所在黃竹洋，距梅州市區八公里。全鎮總面積七九．三二平方公里，常住居民人口為二．一萬人（二〇〇八年），其中僑眷占百分之六十，是縣內重點僑鄉之一。現代著名人物有楊簡（著名病理學家）、李國豪（著名橋樑專家）等人。

葵嶺分上村、下村，我家在上村。二〇〇八年，葵上村有十個村民小組，二百五十五戶八百七十二人，耕地面積七百八十畝，主種水稻，兼種黃豆、花生。村民主要靠種植農作物為生，沒有其他經濟來源，經濟生活一直較為貧困。我前幾年返鄉，只見大多數年輕人都已外出謀生，有些已是舉家外遷，村中頗為零落。夜晚，幾聲犬吠，數盞孤燈，天黑得真正是伸手不見五指，冷清得令人發怵。

我的出生地並不在葵嶺，我是在印尼出生的。我在家鄉葵嶺生活的時間並不很長，只有從印尼回國後，從六歲到十八歲，也就是讀小學和中學的十二年，但葵嶺是我的家鄉我的根。離開家鄉在湖南讀書、工作幾十年，我曾多次回到葵嶺。小時候覺得村子很大，長大後回去才發覺，其實是很狹小的一塊地方，四周皆山。有村民居住的地方，橫直最寬處不過兩公里許。整個村子呈芋荷（芋頭葉子）形，中間有一條溪水流過。楊姓聚居在「芋荷」寬邊一側，一座叫梅州坳的山岡腳下的山窩裡。沿「芋荷」兩邊延伸，住有朱姓、林姓、黃姓和吳姓人家。楊姓對面田塅中也就是處在「芋荷」中心的是鄭姓。鄭姓較富裕，小時候聽大人說，那是因為「芋荷」邊的水都積聚在中央了。我和鄭姓一位同鄉同在長沙工作，閒暇中相聚都要談起葵嶺的風水等趣事，他也認同這個「風水觀」。

我們葵上村，離梅州市區約十二公里，處於從城郊相對平坦的地勢走向丘陵、山地的過渡地帶。過去包括葵嶺在內的這塊地方所以叫「梅屏」，就是梅州屏障的意思。古時從閩南或贛南到梅州，必先經梅屏。整個梅州地區因偏處一隅，歷史上大事不多，「梅屏」在很長時間內也靜如處子。

歷史上梅屏僅遭遇一次大亂，一次時間不長而且本地人並未捲入的大亂，那就是太平天國餘部康王汪海洋與前來追剿的清軍在這裡進行了最後一戰。

小時候常常聽大人講「走長毛」的故事，就是指這次戰事。傳說，就在葵嶺楊屋後山梅州坳（又稱伯公坳），一日，「長毛」（時人對太平軍的稱謂）突至，人馬鼎沸，往來奔突，竟日不絕，嚇得鄉人四處躲避。此後，小孩若有哭鬧，大人就會說「長毛來了」，小孩就會乖乖聽話。小時候不知「長毛」是指太平軍，原來是太平軍為了反抗清朝統治，不留辮子，讓長頭髮披散下來，所以清朝統治者稱他們為「長毛」，老百姓亦如此說法。

據梅縣有關史料，一八六四年七月太平天國天京失陷後，太平軍康王汪海洋部二十餘萬兵馬輾轉從閩南進入廣東東北部，在一八六五年十二月八日攻佔嘉應州城（梅州當時稱嘉應州），旋即遭追剿而來的閩粵贛三省總督左宗棠所部清軍包圍。一八六六年一月下旬至二月初雙方展開決戰，梅屏包括葵嶺村在內成了主戰場。清軍在葵嶺及周邊鄉野兵力最強，以防太平軍突圍北上江西。左宗棠在梅屏地域包括葵嶺地段嚴密佈防，圍殲嘉應州城及在附近活動的太平軍。康王將士曾與清軍在葵嶺及其周圍地區展開激戰，雙方雲集兵力各不下十幾萬之眾，時「漫山遍野，旌旗招展，殺聲四起，血屍橫臥，跡滿蹊徑，澗水亦赤，戰鬥十分激烈悲壯」。同年一月二十八日，「在葵嶺以東」的一個山頭，「汪海洋中炮死」，餘部公推偕王譚體元為首領，堅守州城。二月四日，譚體元率餘部棄城出走。二月九日、十日，太平軍殘部在鄰近的豐順縣白沙壩一帶最後覆沒。

葵嶺楊姓從開基祖璥公（雲岫公二十一世）傳到我這一代（雲岫公三十六世），歷經十五代，已有三百餘年。據《楊氏族譜》載，我這一代男丁即我的親兄弟堂兄弟共計六十七人（《楊氏族譜》未記載女性情況）。當然，每一世代中不斷有外遷繁衍另成支派者，但幾百年後這一代仍居葵嶺者僅六十七個男人，說明葵嶺楊氏人丁並不興旺。翻閱《楊氏族譜》，可見葵嶺楊氏一直局促於「梅州坳下」這個貧瘠山溝，三百餘年間，世代勤耕，胼手胝足，卻未見繁盛，而且鮮見有記載功名者。直至第三十五世，才載有我伯父晉恩（學名公宏）「解放前曾任國民黨暫二軍上校秘書，縣黨部秘書、稅局等職」（這是後來招致殺身之禍的「榮耀」，詳見下文）。到我們三十六世這一代，可能是「最輝煌」的了，先後出了三個大學生：紀曾、富曾和我。紀曾是我堂兄（伯父晉恩的大兒子），做到成都中醫藥大學教授退休。富曾與我同年，曾就讀於廣東水利學院，後定居廣州。

我這一輩是「曾」字輩，我本名「忠曾」。父母為我們三兄弟分別取名為忠、勇、仁。我現名「宗錚」是讀小學一年級報名時老師給改的。不知為什麼要改，也不知改名具有什麼意義。我們家人、族人並不介意，也無異議，我一輩子就用這名。到湖南讀書、工作後，我意外發現湖南楊姓「宗」字卻是一個班輩，湖南名為「楊宗×」的人多得很，甚至在湘西土家族、侗族楊姓，也是如此。一次出差在湘西鳳凰，我介紹自己姓名後，接待人員脫口而出：「啊！楊正午要叫您叔叔。」楊正午那時是中共湖南省委書記，湘西龍山縣人，土家族。

我查了一下我案頭的《楊氏族譜》，發現梅縣各地楊氏世代並沒有統一的班輩排序。又查全國各地楊氏，有些地方有輩分排列，一般是五言四句多則八句；但是，各地楊氏的輩分用字都不一樣。就梅縣葵嶺楊氏而言，我這一輩，「曾」是輩分用字，同輩取名「×曾」；父輩輩分用字是「晉」，同輩取名「晉×」。往上各輩，都沒有統一的輩分用字。就是我們葵嶺楊姓這同一輩，不同「房」的，輩分用字也不同：我們這一房用「曾」，另兩房則分別用「元」、「榮」。因此，說我是楊正午叔叔輩，完全是瞎貓碰上死老鼠，八竿子打不到一塊的。

我有幸上了《楊氏族譜》，上面的記載是「湖南師範大學中文系畢業，現任中華全國僑聯委員，湖南省僑聯秘書長（副廳級），紀律檢查委員會委員」，可能是我族人「呈報」入譜的，對我的「職務」並不十分瞭解，寫得不太準確。

三、僑鄉梅縣

我是梅縣人，是印尼歸僑。「僑鄉梅縣」，是我本色的身分證明。很多場合，梅縣與梅州是同一個概念，指同一個地方。這裡說「僑鄉梅縣」，泛指整個梅州地區。

梅縣人旅居海外最早可追溯到南宋末年。史載文天祥抗元兵敗，倖存者卓謀（梅縣松口人）等十餘人南渡到婆羅洲（印尼加里曼丹島）定居，為梅縣最早出國的華僑。梅縣人大規模出國謀生，則在清康熙年間至清末、民國初年的二百多年間。

梅縣人出國僑居原因：一是戰亂避難。如太平天國滅亡，不少人受到株連，只得逃亡海外。洪秀全祖籍梅縣，太平軍將士多為客家人。太平軍餘部最終覆滅於梅縣（時稱嘉應州）。清剿太平軍殘部的左宗棠在上報清廷的奏章中寫道，太平軍「興于嘉應，滅于嘉應」，可為佐證。二是為貧困所迫，出外謀生。梅縣「八山一水一分田」，山多田少，地薄人稠，民生艱困。自清康熙解除「海禁」後，得「貿易風」之便，又有海外同族、同鄉的招引，於是紛紛出洋謀生。三是僑眷、僑屬出洋繼承家業，或尋親、婚嫁，等等。

伴隨著旅外華僑的增多，而且內外往來日趨頻繁，梅縣一帶誕生了名為「水客」的行業。水客，是指奔走於南洋和中國大陸之間，專門從事為華僑、僑眷帶錢、帶信、帶物，甚至還帶人，溝通海內外聯繫的特殊職業的人。過去中國與東南亞各國郵政、通信、運輸落後，出洋謀生的華僑與家鄉親人的聯繫及寄送錢物，多靠頻繁往來的水客代勞，水客從中提取勞務費，以此為生。有些水客還利用海外親人托帶的錢款在返國途中做些生意，獲取附加利益。據有關資料，新中國成立前，梅州各縣經營水客業者先後累計達九百五十二人。

據一九八五年統計，梅縣現行政區內旅居海外華僑（含外籍華人）約有六十三萬餘人，分佈在四十六個國家和地區。大部分在亞洲，有五十五萬多人，其中在印尼的有三十點一萬人，占梅縣旅外華僑總人口的一半多。

梅縣華僑遠涉海外，起初一般在礦山、農場做工。稍有積蓄後往往自立門戶，經營商店、從事種植、開辦工廠等等。十九世紀末至二十世紀四〇年代，華僑中出現了一些建築業、輪船業、銀行業巨戶。第二次世界大戰後，華僑狀況發生巨大變化。一部分華僑加入了僑居國國籍，一部分華僑經濟轉變為僑居國的民族經濟。新中國成立後，百分之九十以上華僑加入了僑居國國籍，從業情況也起了變化，文化程度大大提高，有的在政府部門任職、從政，或在洋行任職，或從事律師、醫生、教師、工程技術人員等自由職業。

梅縣華僑在僑居地艱苦謀生，也為當地發展和進步做出了很大貢獻。他們發揮聰明才智，促進當地民族經濟發展，興辦教育和公益事業，支持當地人民反帝反殖民鬥爭，支持和參加當地的民族獨立運動。二十世紀中葉以後，隨著絕大多數華僑加入了僑居國國籍，他們成為所在國公民，逐步融入了當地社會，和當地人民一道共建美好家園。

華僑、華人與祖國（祖籍國）的革命和建設事業密不可分。正如鄧小平所說：「我們有幾千萬愛國同胞在海外，他們對祖國作出了很多貢獻。」

梅縣的華僑，繼承和發揚了中華民族愛國愛鄉、熱心公益等優良傳統，為祖國、家鄉的社會發展作出了重大貢獻。

在梅縣，不論過去和現在，政治生活、經濟生活、社會生活的各個層面，都深深刻上了華僑的印記。可以說，沒有華僑，就沒有不斷發展、繁榮的梅縣。

革命先行者孫中山說：「華僑是革命之母。」在辛亥革命中，不少梅州旅東南亞各國的華僑、華裔慷慨捐資。不少人還棄商從戎，回國參加孫中山領導的革命鬥爭，有的甚至獻出生命。一九一一年三月二十九日廣州黃花崗起義時，梅州各縣參加起義的同盟會會員有三十多人，蕉嶺縣歸僑林修明、梅縣歸僑郭典三等在起義中壯烈犧牲。

梅縣華僑積極參加和援助抗日戰爭，他們在僑居地大造抗日輿論和抵制日貨。不少梅州籍華僑還回國加入抗日救亡團體，積極進行抗日宣傳和募捐抗日經費活動。劉復之（曾任最高檢察院檢察長）、李介夫（曾任湖南省僑聯主席）等就是當年聲名顯赫者。從抗戰開始至一九四〇年，梅縣旅外華僑共捐國幣七十三萬四千三百五十元、大米二千包以及槍彈一批。

新中國成立之初，梅縣華僑紛紛捐款支持抗美援朝。不少年輕華僑，還回國直接參加了抗美援朝、保家衛國戰鬥。

梅縣華僑支援家鄉的經濟建設和各項事業，名垂青史。

據《梅縣要覽》記載：梅縣在上世紀三〇年代的十年間，每年從海外滙入的僑滙達一千五百萬至二千萬元（舊幣），最高的一九四〇年達三千萬元。由於海外僑滙源源不斷地滙入僑鄉的各家各戶，所以梅縣人民尤其是廣大僑眷的生活比較穩定。新中國成立後，僑滙仍是僑鄉人民的重要生活來源。一九五二年梅州僑滙達四百八十五萬美元，一九五七年達五百六十三萬美元。

華僑在家鄉興辦實業、修橋築路、賑災救貧、參與鄉鎮建設，不斷為改變家鄉面貌作出貢獻。早在上世紀三四十年代，華僑就集資建成了梅縣境內的梅江橋（梅城）、錦江橋（丙村）和梅東橋（松口），這在當年是轟動一時的大手筆。

特別值得稱道的是，梅縣之所以教育事業十分發達，梅縣之所以成為「文化之鄉」，華僑的大力資助功不可沒。

新中國成立以前，梅縣百分之八十以上的中小學都是華僑捐資興建或資助維持。新中國成立後，特別是一九七八年十二月中共十一屆三中全會召開以後，華僑、港澳臺同胞獨資捐贈或集資捐贈辦學範圍更廣，項目、人數及金額更多。從一九七八至一九九〇年的十三年間，全市中小學和幼稚園接受華僑、港澳臺同胞捐資建校共一點二三億元。嘉應大學的復辦，也全靠海外僑胞和港澳同胞的積極支持。在這方面，要寫上曾憲梓、田家炳、熊德龍、蕭畹香、姚美良等鄉賢的大名。

此外，梅縣僑胞還在全國十多個省的大中城市投資興辦了一批實業和捐資公益事業。

四、漂泊海外

一千多年來，中原漢族不斷南遷，於南宋末年在閩、粵、贛地區形成客家民系之後，歷經元、明兩朝，雖然仍有外遷者，但生活相對安定，社會相對繁榮，有異於漢民族其他民系的客家人特色得以豐富、穩定和發展。但是，到了明末清初，由於戰亂頻仍，加上地少人稠，為了生存和發展，客家人又開始大規模向外遷徙。遷徙路線指向湘、川、桂、黔直至滇、陝，有的則跨海東渡臺灣，更有不少人遠渡重洋，遷移到了東南亞。梅縣的客家人很多遷徙到了印尼。

據《楊氏族譜》，葵嶺楊屋我父親一輩三十七位男丁，先後有一人遷臺灣、七人「出南洋」。客家人把移居東南亞稱作「出南洋」，又叫「過番」。番即「番邦」，客家人叫「番片」，泛指外國。客家人稱外國人為「番人」、「番婆」、「番鬼」，稱從國外回來的人叫「番客」；管花生叫「番豆」、紅薯叫「番薯」、西紅柿叫「番茄」。說回國叫「轉唐山」，「唐山」指中國；中國式服裝叫「唐裝」。

因為親幫親，鄰幫鄰，我們村「過番」的弟兄叔侄們，大都到了印尼亞齊地區。

據說我祖父則材公身體贏弱，家境貧寒，其長子即我伯父晉恩（輩名晉恩，又名雲恩，號公宏）從小在外讀書、混生活，其次子即我父親（輩名晉添，又名雲添，號劍青）他也感到無力撫養，於是在父親十三歲的時候就讓他下汕頭做工；接著，他又找到同村吳姓「水客」，託他把父親帶出南洋謀生。父親曾不止一次對他的子女說過，他是「只繫一根皮帶」就跟著「水客」吳叔「過番」的。吳叔把他帶到了印尼一個叫亞齊的地方。

印尼素稱「千島之國」，東西長達五千三百公里。亞齊（Aceh）在蘇門答臘島西北部，是印尼最西部的一個省，面積五點七三萬平方公里，現有人口約四百萬，其中穆斯林人口占百分之九十。我父親到亞齊的時候，同印尼各地一樣，那裡還是荷蘭的殖民地。

印尼華僑大約有一千七百萬人（是東南亞國家中最多的），其中客家人差不多占一半。亞齊是客家人華僑的重要居住地。「Aceh」譯為「亞齊」，就是客家話讀音。客家話是那裡華僑的共同語，是當地土話之後的第二大語言。

亞齊擁有十分豐富的石油、天然氣、金銀礦、橡膠和木材等自然資源，是印尼資源最富庶的省份之一。但是，豐富的資源並沒有給當地人帶來財富，當地居民的生活長期處於貧困狀態。移居此地的華僑，生活也好不了多少。

我父親到亞齊後，即在旅居當地的一位同鄉小老闆開的金店裡做學徒，學習「打金」（打制金銀首飾）。一九二三年，父親曾短暫回國，在祖父主持下與一葉姓女子結婚，婚後又獨自返回印尼。葉氏生下一子，名泉曾。因長期與我父親分居，家境又貧苦，葉氏難耐淒涼，後來離家出走，音信全無。我那未見面的同父異母老兄泉曾由伯母撫養，據說，長至十六歲卻突患腦炎，三天之內即不幸夭折。聞訊，父親於一九四〇年匆匆回國，旋即與我母親古氏結婚，婚後父親帶著母親又回到印尼。一九四一年初，我出生在印尼亞齊。我妹妹金鳳兩年後降生。

在亞齊，父親一直是手工藝工人，職業「打金」。按照馬克思主義的階級分析方法，父親是地道的工人階級，家庭生活一般，溫飽而已。我家住在名叫「古打拉夜」的地區，離「巴薩」（如同現今中國的集貿市場）不遠的一座平房內。我印象中，裡面有很多房間，住了好幾家人。屋後有幾排架空的鐵製水管，我們幾個小孩常在水管上走動玩耍，以致水管光溜溜的。門前有一小塊平地，三合土地面，平地外是一條水溝。記得時有胸前掛著竹籃售賣各色糖果的小販，會給你一張小紙片，紙片丟到水渠，會顯現出各種圖案，根據圖案賣給你某種糖果，是一種小小的「博彩」遊戲。水溝外面，是一條沙土馬路，時常塵土飛揚。馬路對面有一個小土包，土包下面是防空洞。當時是抗日戰爭時期，日本飛機常常來偵察、掃射、轟炸。有幾次，都是母親拉著我們兄妹的手，急急忙忙跑過馬路躲進防空洞。平日也常有人在防空洞中歇涼。

當年在亞齊與我們家住在同一塊地方、我們回國後仍然居住在那裡的一位鄉親小輩來信告訴家鄉親人，二〇〇四年十二月的大海嘯，海水沖到了那個地方，他因為有事到棉蘭去了，倖免於難。但是，他的親人，都被瘋狂的海水捲走了。

Chapter 2

歷史磨難　悲苦一家（一九四七～一九五三）

一、顯赫伯父

一九四七年三月，我虛歲七歲、妹妹五歲的時候，父母帶著我們全家從印尼回到了家鄉廣東梅縣葵嶺楊屋。

我父親是遵我伯父之命回國的。伯父叫我父親回來幫助他打理家事。

伯父多年在外，家事無暇旁顧。稍有積蓄後，伯父將舊屋翻修、改建，築就新居，並薄有田產。元配妻子（我伯母）一直在家，帶著小兒女和幾個領養的男孩、女孩過活，很勤勞賢慧，但由於不識字，料理家事、財產多有困難。於是，伯父叫我父親回來。

我父親生於一九〇五年，小伯父三歲。年少時家境貧困，兄弟倆艱苦備嘗。父親被祖父「打發」往南洋謀生，前後近三十年，其間回鄉一次與前妻成婚，婚後妻兒仍與伯父家共同生活；前妻離家出走後，兒子仍然由伯母撫養。伯父與父親，兄弟之情彌篤。何況舊理「長兄為父」，兄命難違，於是父親聞召即回。回國後，我們一家與伯母一家同住同吃同幹活，不分彼此，相處融洽。家事並不複雜，父親打理並不困難，還自謀了一些事幹。

與我家命運緊緊纏繞在一起的伯父的人生經歷，我一直不太清楚。直到一九九五年間，在長沙的我收到大弟弟勇曾從梅縣寄來的一本書，這才有所瞭解。這本書名叫《梅縣文史資料（二七）‧城東鎮專輯》，中國人民政治協商會議廣東省梅縣委員會編，一九九四年十月出版。書中「人物篇」有個「楊公宏」（伯父號「公宏」），簡介了伯父情況。

依據該書簡介，加上我從各個渠道瞭解到的情況，伯父曾經顯赫一時的經歷大致如下：

伯父楊雲恩（《楊氏族譜》記載，輩名「晉恩」），號公宏，字遜之。一九〇二年出生於梅縣梅屏堡葵嶺上村一個貧苦農民家庭（要是那時候土改，應該劃為貧農成分）。少時在距家二里許的梅屏公學讀書，高小畢業後，家貧無力升學。因其聰敏好學，楊氏族中長者咸認為可以造就，決定由「公嘗」支持學費。於是，伯父得以在一九一七年考入縣立中學。

因此，可以說，是「公嘗」使伯父人生發生了第一次轉折，是族人用「公嘗」培育了後來令蒺嶺楊姓感到驕傲的一位顯赫人物。

新中國成立前，千百年間，客家地區的城鎮、鄉村各地都有本姓祖宗留下的或族人捐集的公共財產，俗稱「公嘗」。公嘗的財產一般由本姓或本房族人推薦有威望的長輩維持管理，定期公佈收支情況。嘗產中的房店多租賃給人，由管公嘗的人收租金；嘗田則由本姓族人依序輪耕，上交租穀。還可以用嘗錢購置一些田地、房屋、店字，使嘗產增值。公嘗收入的款物，一般用於救濟本姓本房有特殊困難的人家；無償資助本姓本房子弟入學讀書；支付一年一度本姓本房祭祀先祖的經費開支，修繕祖屋，興辦公益事業等。在自給自足的客家小農經濟社會裡，公嘗對維護宗族公共利益、扶貧濟困等方面發揮過積極的作用。

曾在嘉應州（今梅縣）傳教二十餘年的法國籍天主教神父賴里查斯對客家人的這種宗族互助體制有很高的評價，他在所著《客法詞典》（一九〇一年）自序中有云：「他們的祠堂都擁有許多公產，遂將公產所收入的用來辦學，學生大抵免費，所以雖屬乞兒子弟，亦有讀書求學的地方，而不致成為文盲，此即所謂教育機會均等者是也。」

伯父果然不負族人厚望。在縣立中學，學業成績可嘉。畢業後，在鄰村玉水公學和本村梅屏公學任過教師。青年時代的他精力充沛，思維敏銳，文筆又好，教書育人之餘，常常作文，理論天下大事。

一九三一年「九一八」事變，日寇侵華，東北三省淪陷。伯父與一般熱血青年一樣，義憤填膺。一次，他撰文《告梅縣同胞書》，以「喚起群眾抗日救亡」。他將該文投梅縣《中山日報》，竟被刊登。

這篇文章使伯父人生又發生一次重大轉折。他遇到了「貴人」。

時值國民黨暫編第二軍軍長鄒洪（一八九七至一九四五，國民黨陸軍上將，生於臺灣新竹，祖籍廣東五華）到梅縣視察，在報紙上看到伯父的文章，認為文章條理清晰，詞鋒犀利，「孺子可教」，乃召見。經過當面談話，鄒洪軍長認為「文如其人」，或可重用，於是破格安置伯父任國民黨梅縣黨部秘書。

年輕的伯父受寵若驚，戰戰兢兢，勤奮工作。鄒洪對伯父的才學人品倍加賞識，後又調伯父任暫二軍軍部少校秘書，不久提升為上校。

一九四一年以後，伯父離開軍界，先後任廣東省貨物稅局湯坑分局局長、廣東省直接稅局秘書，定居廣州。

一九四九年，廣州解放前夕，伯父的人生走到了十字路口。對政治比較敏感的他，認識到舊政府「將不久於人世」，於是，在心態彷徨中，於三月間即攜妻子林氏（林士冰，原名林惠粦，梅縣丙村人）離開廣東省稅局到香港閒居，住在九龍佐敦道渡船街三十六號。這時候，人民解放軍還沒有過長江。

據查有關資料，渡船街（Ferry Street）位於香港九龍半島中西部油麻地渡船角避風塘海邊，北接旺角亞皆老街、塘尾道及櫻桃街的街口，南接佐敦道及廣東道的街口。一九九〇年代初，進行西九龍填海工程時，這裡變成九龍中部地區的一條康莊大道。

據林伯母（林士冰）回憶，渡船街三十六號是伯父在香港購置的房產，是一九四八年初伯父委託她的二伯林訪秋花七千五百元港幣買下的。當時是新建，在二樓，有四間房，兩大兩小，用膠合板隔開，大間十六平方米左右，小間約十平方米。先後在這處房屋住過的有林伯母的妹妹林班粦等親戚朋友，鄒洪軍長妻舅徐壽南也曾在這裡住過。一九五〇年春伯父和林伯母離開香港回內地時，房屋出租給伯父的一位陳姓朋友，當時收了三個月租金二千五百元。此後因伯父回到內地後遭遇變故，此房產在後來幾十年間的興替存廢不再清楚，伯父親友、後代也無人再去問津。

二、「立功」悲劇

伯父內侄（妻子林氏堂弟）林汝瑞是中共地下黨員，是時，任香港港九牛奶公司（英資大企業）職工會書記兼薄扶林地區牛奶公司勞校校務主任，實際是該地區牛奶公司中共地下組織負責人。

一九四九年春，中國人民解放軍即將渡江南下，中共香港地下市委委員、工運線的領導人鄭橋（解放後曾任廣東省總工會組織部長、秘書長等職）召集林汝瑞等人傳達中共中央華南分局指示：為了安全妥善接管華南最大城市廣州，要求全體黨員，通過和運用自己在國民黨陣營工作的親友關係，開展對敵策反活動和開展攻心戰。根據華南分局指示精神，經過研究，林汝瑞向鄭橋建議，提出四位在廣州國民黨陣營工作的策反對象，其中有一位是他的堂姐夫、我的伯父楊公宏。

林汝瑞認識其堂姐夫楊公宏是在一九四六年夏天。

當時楊公宏已調廣東省直接稅局當主任秘書，居住在廣州市惠福東路私宅。而林汝瑞在中山大學讀書，從事進步學生運動。其間，林汝瑞經常在週末出入堂姐夫家。

惠福東路在今廣州市政府之南，東起北京路，西至廣州起義路，與惠福西路相通。清代時稱寺前街（因在大佛寺之前），一九一九年擴建為馬路，因附近有惠福巷而得名惠福路。一九五二年改為惠福東路，一九六六年曾名向陽五路。一九八一年復名。楊公宏在惠福東路之房產，後來不知所終。

當年林汝瑞因組織和參加一系列反內戰、反饑餓的示威和罷課等活動，政治面目已引起國民黨在中山大學特務的注意，人身安全處於危險之中。他利用楊公宏的社會地位（省稅局是國民黨中統特務機關的週邊單位，屬中統的勢力範圍），有時住在楊家，有時將一些進步書籍如艾思奇的《大眾哲學》、毛澤東的《新民主主義論》等寄放在堂姐夫家裡。楊公宏知道這些書是違禁品，但並沒有拒絕收留，更沒有向國民黨當局告發，因而客觀上對林汝瑞起到了掩護作用。

有一次，林汝瑞騎著三輪車運送違禁書籍和宣傳品，被國民黨特務監視跟蹤得緊，林汝瑞情急之下竟闖進了惠福東路楊宅，楊公宏走出大門攔住了特務說：「誤會了。這個人給我送東西的。」特務只好悻悻而去。

林汝瑞也由此瞭解了楊公宏的政治態度。因此，在提供策反名單時，他將楊公宏列入其中。

林汝瑞提出的策反名單經鄭橋批准，其中三人由另外的地下黨員進行策反；而對楊公宏，鄭橋則把策反任務交給了林汝瑞。

於是，一九四九年四月的一天，在香港九龍佐敦道一間小咖啡館，舉行了一場小舅子與姐夫而實際上是「國、共」人員的悄悄會面。

見面寒暄、稍事客套之後，林汝瑞即對楊公宏說：「今天我們公事公辦，不談私事。」當林汝瑞按照鄭橋指示，公開自己是共產黨員身分並聲明代表共產黨地下組織與他會晤談話時，楊公宏十分驚訝，局促不安。接著，林汝瑞即用共產黨幹部的口吻向楊公宏宣示了幾點：一、目前解放戰爭的形勢和全國的政治形勢表明，蔣家王朝必敗，任何人再跟從下去只有殉葬，絕無出路。二、不論誰過去歷史上有任何罪過或做過對不住人民的事，只要誠心誠意向人民靠近，向黨投誠，在行動上有切實的表現，黨和人民的政策是「既往不咎，立功受獎，生活上會給予出路」。這是最後一次立功贖罪的機會。三、要千方百計盡己之力保護敵偽檔案資料，保護國家人民財產安全不受破壞，要檢舉壞人。楊公宏屏息靜氣地聽著，顯得很不自然，如坐針氈。他起身凝望窗外，沉默考慮了許久。咖啡涼了，他最終表示願意向共產黨投誠，將很快提供一份廣東省偽稅局內部人事資料。

過了幾天，在同一咖啡館，這次是楊公宏主動約見林汝瑞，向林汝瑞交出了一本國民黨廣東省稅局的人事名冊。看得出來，楊公宏做得很用心，這本名冊，是在玉扣十行紙上用毛筆正楷書寫。名冊包括每人的姓名、年齡、籍貫、職務、政治背景等等，共一百多人，其中注明是暗藏中統特務的有三四十人之多。

林汝瑞喜不自勝。他收到楊公宏提供的這份重要資料後，當場莊重地表揚了他的堂姐夫，說：「你立功了。歡迎和中共站在一起。」楊公宏不無尷尬地苦笑著，輕輕握手道別。後來，林汝瑞把策反得到的這份重要材料交給了上級領導鄭橋，鄭橋代表組織對林汝瑞的策反成果表示嘉許。

廣州解放後，一九五〇年春，林汝瑞在參加當時廣州市公安局副局長陳坤（廣州解放前華南分局負責情報工作的領導人，在「文化革命」中被迫害冤死）邀約的一次午膳時，陳坤抱住林汝瑞的肩膀說：「你弄到的省稅局那份人事名冊很重要，對我們接管省稅務系統機關起了重要作用，減少了很大麻煩。」

楊公宏在得到自己已經「立功」並「同中共站在一起」的贊許之後，心情反倒舒坦了。此後解放戰爭勢如破竹，廣州解放，楊公宏也樂觀其成。

但是，後來的事態發展，令楊公宏大感意外，也令林汝瑞始料未及。

廣州解放後，楊公宏本可繼續在香港閒居。但是，他的老上司葉道英找上門來了。

葉道英（一九〇六至一九八九），廣東梅縣人，是葉劍英之弟。早年就讀於廣州中山大學、上海法政大學。解放前曾任廣東省財政廳稅務專員、揭陽縣稅務局局長、韶關火柴專賣公司總務科長、香港大道貿易公司總經理等職。新中國成立後，歷任廣東省華僑事務委員會華僑投資輔導辦公室副主任、廣州市人民政府參事、中央華僑事務委員會參事（兼北京華僑服務社副經理）、國務院參事。是第五至第七屆全國政協常委。

據新華社報導，一九八九年四月十日，「首都各界三百多人」「到八寶山革命公墓禮堂，向政協第七屆全國委員會常委、無黨派民主人士葉道英同志遺體告別」。該報導說：「葉道英在其長兄葉劍英同志的影響下，追求進步，同情革命，在力所能及的範圍內為革命作出了貢獻。」「全國解放前，他接受葉劍英同志指示，在香港配合中共華南局的同志做了大量的工作。解放初期，他根據黨的指示，在廣州和香港開辦『大道貿易公司』，掩護我地下工作人員、負責訂購和運輸軍用物資。」

報導中提到的，「全國解放前」，葉道英「接受葉劍英同志指示，在香港配合中共華南局的同志作了大量的工作」，是指做國民黨軍政人員的策反工作和為南下解放軍提供物資保障，為此，葉道英以私人名義，於一九四九年五六月間在香港成立大道貿易公司，直接在華南分局領導人饒彰鳳和李實等領導下開展工作。

解放後，葉道英「負責訂購和運輸軍用物資」等工作千頭萬緒，仍然隸屬大道貿易公司的揭陽正元糖廠無人管理，葉道英想到了老部下和老鄉楊公宏，於是電請楊公宏返回內地，指派他擔任該糖廠經理。

揭陽糖廠原是「南天王」陳濟棠主政廣東振興糖業時，於一九三五年投資三百萬元（毫洋）興建，為廣東六大糖廠之一。糖廠位於今揭東縣曲溪鎮。新中國成立後，揭陽糖廠成為當地重要的國有企業之一。

以解放前廣東稅務系統葉道英與楊公宏的上下級關係，以葉道英本人也做過策反工作的經歷，楊公宏在香港已經起義立功的事實，葉道英應該很清楚。此時，他選擇楊公宏，應該是知人善任。

葉道英不但是自己同鄉，還是自己多年的老上司，他的老兄葉劍英又是中共舉足輕重的人物，楊公宏堅定認為自己的「立功」得到確認了，自己確實「和中共站在一起」了，於是不顧妻子林氏的反對，毅然結束了在香港的閒居生活，欣然接受葉道英之命，帶著家眷回內地履職。

但是，歷史在糊弄人。葉道英和楊公宏都萬萬沒有料到，就是因為回到揭陽，楊公宏的悲劇生活開始了。

形勢很快發生變化。一九五一年「鎮反」時，楊公宏即因「歷史問題」被拘審。一九五二年土改運動時，被劃為官僚地主。一九五二年七月二十七日，在梅縣白渡區召開的群眾大會上批鬥後被立即處決。

據說楊公宏是在揭陽糖廠任上回鄉省親時被拘押的。同村的老者說，這是在一九五一年冬，一天，「來了幾位解放軍」，把楊公宏叫到「祖公廳」（族人祭祀、議事的所在），只聽見楊公宏大聲嚷嚷：「為什麼捉我？我已經立功。我和共產黨站在一起！」解放軍好像沒說什麼，只是要伯母拿幾件換洗衣服，就把楊公宏帶走了。

半年後，一九五二年七月二十六日，楊公宏從梅縣被押解回葵嶺，在梅屏公學操坪停留，村人圍觀。據當時見過楊公宏的村民說，本來身體魁梧壯實的他，此時已顯得虛弱而疲憊。他通過押解人員傳話，要家屬送一雙草鞋。伯母要阿芳（伯母領養的小女孩，時年十五歲）送去草鞋，同時帶上一大碗粥。據說，楊公宏站著一口氣喝完了那碗粥。

接著，楊公宏被押解往白渡（當年區公所所在地），當時村人尚不知道要處決他。

楊公宏也壓根不知道自己會有這樣的命運。葉道英的身分他很清楚，至少他認為能得到葉道英的信任，人身是有保障的。所以他才大大咧咧地從香港回到內地，又從揭陽坦然地回到梅縣家鄉來。村裡的人們都說，如果他到香港後不回內地，或者如果他一直在揭陽不回鄉，或許不會有殺身之禍，他的後半生或許會過得安靜祥和。楊公宏家人也一直歎息：「如果他不回來就好了。」但是，一個「如果」也沒有發生。

記得一九五二年七月二十七日那一天時間過得特別慢。大人們都到白渡參加大會去了。我們兄妹數人，午後即在村口佇立靜候，盼望大人歸來。傍晚時分，鄉鄰們陸續回來，一個個都默默無語，用異樣的目光看著我們。爸媽回來了，伯母、林伯母回來了，一個個繃緊著臉，眼光失神，隨我們怎麼問，總不做聲。

後來還是從鄰人的隻言片語中得知，伯父在那天被槍決了，爸、媽和兩位伯母跪在伯父兩旁「陪斬」……

最近幾年我多次回到家鄉，斷斷續續聽到一些年長的鄉鄰說，楊公宏押解回葵嶺的那一天，鄉公所有人看到了上級發下的公函，說暫緩處決楊公宏。但是，楊公宏第二天還是被處決了。如果此情屬實，這就使人想到楊公宏案有些撲朔迷離。

一九九一年五月，林汝瑞在證明楊公宏確實是策反對象並立功的證明材料中說：「一九四九年我辦理了以上四個人的策反活動後……與楊公宏便失去了聯繫。一九五〇年六月間才聽到他回到揭陽辦糖廠，後來又聽說在家鄉土改期間遭鎮壓，當時感到非常突然，也懷疑對他這位曾經接受我黨策反並有立功表現個人這樣處理是否過重，不符合政策？但由於自己對其過去詳細歷史不太清楚，只能站穩立場從相信黨出發沒有向當地政府表示過什麼意見。」

三、認識土改

梅縣的土地改革是從一九五一年四月開始的，歷時兩年，至一九五三年三月結束。伯父家土改時被劃為「官僚地主」，理由當然為伯父是「偽官僚」，但沒有考慮到我父親的華僑身分。而因為我父親帶領妻子兒女回國後住在伯父家裡，並且替伯父打理家事，以「沒有分家」為由，因此也一併享受「官僚地主」待遇。

那時，我滿了十歲。初諳人事的我，知道這叫土改，但不知道土改是怎麼回事，不理解土改怎麼會把我家「改」成這個樣子。土改給我家至少三代人留下無法解脫的傷痛。我一輩子背著「出身不好、社會關係複雜」的沉重包袱，如牛負重，但一直沒有能去探究給自己帶來苦難的土地改革究竟是怎麼回事。

二〇〇九年，是新中國成立六十週年，中央電視臺推出了「共和國檔案」系列報導。同年八月五日，播出了「土地改革運動」專題，轉錄如下：

根據黨的七屆三中全會的部署，從一九五〇年冬到一九五三年春，黨領導全國人民進行了土地改革運動。黨中央明確規定了新解放區土地改革的總路線和總政策，那就是：依靠貧農、雇農，團結中農，中立富農，有步驟有分別地消滅封建剝削制度，發展農業生產。

一九五〇年六月，中央人民政府委員會通過和頒佈實施了《中華人民共和國土地改革法》。土地改革從一九五〇年冬開始，有領導地分期分批地進行。每期一般經歷了發動群眾、劃分階級、沒收和分配土地、復查總結等階段。

在黨的正確領導下，到一九五二年九月為止，除新疆、西藏等部分少數民族聚居地區外，我國大陸普遍實行了土地改革，廣大農民分得了約七億畝土地和生產資料，真正實現了農民數千年來得到土地的奮鬥目標，使農業生產力獲得了極大的解放。

這三段話，應該是當今對土地改革的權威解釋，我能理解。從歷史的角度講，古代無論哪個王朝初建，現代無論哪個政黨執政，總要盡力爭取最廣大民眾的支持，迅速發展生產，以鞏固政權。土地改革，是新中國成立前後中國共產黨領導的一次暴風驟雨式的政治運動、群眾運動，其目的也是喚起民眾，以獲得大多數民眾的支持，鞏固新生的共和國政權。土地改革，在中華人民共和國歷史上，無疑是重要的一頁。

這是大而言之，土地改革意義重大。但是，任何一次群眾運動，總或多或少會存在一些問題。據搜索到的有關數據稱，土地改革中，還是存在一些偏差甚至錯誤的。例如，階級劃分的主觀色彩，其不確定性與隨意性，就傷害到了不少人。有些工作隊和基層幹部「抽肥補瘦」、「損有餘而補不足」的單純經濟觀和政績觀，使得「提高成分」成為較為普遍的現象；貧雇農的平均主義要求，導致「有包就鏟、有凹就平」，矮子裡面拔高，一個村子總要整出那麼一兩個地主、富農來。

伯父家其實並沒有太多的田產和房產，早十幾二十年，家境還很清貧。據村裡老者說，伯父家土改前有三十多石穀田（多少石穀，是當地計算水田面積的一種方法）。據有關資料顯示，當時一般要擁有一百石穀田以上才評為地主。而且三十多石穀田裡面還有一部分是租耕的「公嘗田」（族中公田）。這些田地，很多都是由伯母自己耕種。當年伯母年輕，犁、耙、挑、鋤，種、割、收、曬，樣樣能行，具有客家婦女勤勞能幹的本質。

據說，劃為地主的條件之一是必須有長工、婢女。伯母一人在家，陸續收養了幾個男孩女孩。她為我父親前妻所生兒子泉曾所娶的童養媳阿清姊、她領養的小女孩阿芳姊（一九五二年時十五歲）被定為「婢女」；伯母從出賣嬰兒的擔子上買下的輝曾哥被定為「長工」。

伯父長年在外，在家鄉沒有任何劣蹟，村民尤其是楊姓族人還以他為榮；伯母是地道鄉民，絕對文盲，大字不識一筐，與同姓同族相處得很好，毫無「民憤」；只不過到了土改前，伯父家在村子裡算是生活過得較為寬裕的，矮子拔高，因此劃為地主成分。

還有一個因素：姓氏矛盾。葵嶺上村有兩大姓：楊姓和鄭姓。多年來，兩姓因水利、田土、山林等問題常有糾紛甚至爭鬥。鄭姓人家華僑多，生活上整體較楊姓富裕，甚至有比伯父更闊綽的人家。但是土改時村幹部中鄭姓人多。楊姓族人認為，鄭姓人較多地掌握了主導權和話語權，鬥爭對象也就偏向楊姓。長大後同我一樣在長沙讀書、工作的一位鄭姓同鄉，也持這個看法。

另外，也不排除有個人恩怨或者誤會等因素在起作用。有村民告訴我，對我父親與伯父是否應該分別對待，曾有過激烈的爭論。據村民說，有個別村幹部因小孩玩耍時產生糾紛，造成誤會，與我家有些恩怨，主張我家與伯父家「合二而一」，都是地主。

最近幾次返鄉，與村民閒聊中聽到一些土改前後的零星故事，很是耐人尋味。

土改時，伯母領養的小女孩阿芳姊被定為婢女。一次鬥爭會上，時年十五歲的她被叫上臺批鬥伯母，她上臺後竟然號啕大哭，只好叫她下臺，下臺後她仍然哭泣不止。村裡處分沒收伯父家的財產時，她分了一畝田、一間房。不久，她出嫁了，把分到的田和屋又送回給「地主婆」伯母。「剝削者」與「被剝削者」的關係，有時似乎很難用階級鬥爭理論解釋得清楚的。

一位貧農分到幾件衣服，其中有一條褲子，乾乾淨淨，折疊得整整齊齊，他打開一看，兩個膝蓋處竟然都有破洞。他自嘲地說：「地主的爛褲子比我的乾淨。」

我家養了一條心愛的黑色狗，毛色黑亮，忠實護家，家人叫它「噢必」（印尼話「狗」的意思）。一九五二年初的一天早晨，父親起床後發現「噢必」不見了，屋簷下有一攤血跡。然後看見菜園的籬笆被踩倒，菜地裡有一串大大的老虎腳印，腳印斷斷續續延伸到溪邊上了山。父親說「噢必」被老虎吃了。

這也許是家遭厄運的一個不祥預兆。

這一年七月二十七日，伯父遭「處決」。幾天後，伯父家和我家家產被全部沒收。

那年我十一歲。當時情景，記憶很深，後來每每想起，都覺後怕。講給後代聽，他們都難以置信。寫這本書，我也不想過多地回憶當年的慘狀，因為這樣的回憶太令人難受了。

那是完全用得著「掃地出門」四字來形容。那一天，全家人被集中在門前禾坪。家裡湧進很多人，把全部東西搬空，以致「家徒四壁」。伯父收藏的書籍被丟棄滿地。我父親情急中穿了兩條長褲，內藏了兩個戒指和幾個耳環（是與我母親結婚時他親手打製的，那時他在印尼，是一個金飾店的手工藝工人），被發現後，強行脫去一條長褲，沒收了那些戒指和耳環。

「家徒四壁」的房屋，也被宣佈沒收。我家和伯父一家，被趕到收藏柴火、養豬養牛的老舊雜屋居住。

全部家什被一群人肩挑手提帶走，母親突然歇斯底里般追上前去，跪著說：「我們哪裡睡目（睡覺）啊？」於是留下了一張床。

當晚，在破舊的充滿黴味的黑洞洞的雜屋裡，我們一家五口擠在一張無被無墊的硬板床上。剛出生不久的弟弟仁曾哭吵了一晚。

「大難臨頭各自飛」。我家與伯父家這才分開，各自謀取活路。

家無隔夜糧，我們一家老小糠菜充饑。出生不久的最小的弟弟仁曾，父母不忍眼看著他餓死，忍痛送給了鄰村一戶未曾生育的葉姓人家，換來一斗米和一袋番薯乾。

鄰里鄉親不乏同情我家者，他們常常趁著夜色把一碗飯菜或幾個番薯、芋頭端到我們「新家」對面一間破爛的廁所牆腳，打著手勢，要我們去取。我通常是喜出望外，擔當起到廁所旁取食的任務。

父母每天以擔炭（挑煤）、砍柴、割茅草到縣城去賣得到的微薄收益竭力維持全家生命。我作為長兄，雖年僅十多歲，已經跟隨父母擔炭。凌晨三四點鐘起床，到十幾里地外一個叫雞籠坑的山間，從炭山擔炭到渡口運煤船上，小小年紀的我已經能挑上五六十斤，一天要挑五六個來回。妹妹金鳳比我小兩歲，弱小的身軀挑著一擔煤，上船時跳板搖搖晃晃，嚇得她大哭。累了一天還得走回家去（有時住在當地大姨家），回到家已是晚上十點左右。後來我在中學當班主任時率領學生挑煤能挑上百把斤七八里地不歇氣回到學校，就得益於這個時期的磨煉。

我家也分了田，但田在名叫「大水坑」和「蝦子塘」的地方，兩地相距十幾里地，而且都是峽谷密林中的「冷浸田」，產量很低。沒有牛，用人力耙田犁地。我和母親在前面拉，父親在後面掌著犁耙。

我本人是一名共產黨員，並且多次被評為優秀共產黨員，最後還擔任過省級機關的黨委書記，是一位在幾十年中雖然受盡屈辱仍然堅定信仰共產主義的「地主崽子」。我的家庭在土改中的遭遇，用「空前慘烈」來形容也不為過。時過境遷，土地改革已成為中華人民共和國歷史的一個不可分割的組成部分。共產黨員的立場，對共和國歷史的認知，加上時間的消磨，已經使我心靈的創傷逐漸被撫平，心態也日趨淡定。

四、敦厚父親

我父親，一位出生於二十世紀初的清末遺民，一位生活在梅縣貧窮落後山村的農民的兒子，一位為了生存被驅使漂泊天涯的遊子，一位靠自身勤勞刻苦養家糊口的漢子，一位突遭災難未老先逝的亡魂——我可敬可愛可憐的父親。

父親幾乎沒有對我們兄妹講過他的人生經歷。他敦厚、誠懇、和善、內向、言語不多，甚至有點木訥。他短短一生遭遇的不幸太多。年少漂泊海外，自食其力。成年回鄉結婚返回印尼後，不幸妻離子亡。在海外打拼三十年回到祖國，卻遭遇滅頂之災，不到五十歲，即匆匆告別人世。

在印尼亞齊，孩童時代的我，對父親的印象已經模糊。我記憶最深的是五歲時，我脖頸左側長了一個腫瘤，有小飯碗碗口大。已經年過四十的父親，已經失去過一個兒子的父親，茶飯不思，憂心忡忡，生怕我有個三長兩短。他多方打探，尋找良醫，最後不惜花費重金，請託一位華人醫生為我割去了腫瘤。手術非常成功，很快我恢復了人樣。至今，我脖頸左側處仍然留有一線疤痕，這是我身上留下的珍貴父愛的印記。

記得回國時坐輪船過「七洲洋」（華僑對南中國海的稱呼），一天，全家人圍坐在甲板上，擺著的水果時而滾向這邊，時而滾向那邊，我則時而這邊時而那邊地撿起來，一家樂呵呵的。父親削完水果後本要將果皮扔掉，卻誤將水果刀扔進了海中，又惹得全家笑彎了腰。這是少有的全家樂。留下的水果刀刀鞘，還一直帶回了國內。我們當然不知道，回國後不久，一家再也不會有闔家歡笑的日子了。那個刀鞘，也不知所終。

祖父的遺產是幾間破舊的木頭房，搖搖欲墜，已不能住人。父親帶領妻兒回到家鄉後，與伯父家住在一起。這是一座典型的客家民居，白牆黑瓦，小窗低簷，二進一橫，共有十五間房（中間插有鄰居的房子），是伯父「當官」後籌資、由勤勞的伯母一手操勞（全管料、工、錢）建造起來的，歷經三年，我們回來時剛剛建好。我們一家住在右廂房，有四間。伯母和兩個養女、一個養子（土改時被稱為婢女、長工）住在左廂房。中間橫屋是「祖公廳」（族人祭祀祖先的公用廳屋）。

我們一家是一九四七年春節過後不久回到家鄉的。回來後，母親依舊保持客家勞動婦女本色，與伯母一起，田裡、山裡、家裡所有勞作一樣不落，渾然沒有某些文學作品中所描繪的養尊處優、肥胖臃腫的那種「地主婆」形象。父親除遵伯父之命管理家業外，自己曾釀造米酒出售增加些收入。他依舊留戀在南洋時的打工行當，於是到梅縣縣城「廣源和」金店當手工藝工人。寒暑假，我有時也跟父親一起住在店裡。記得是臨街鋪面，木板房，我們睡在二樓。我常常從二樓窗戶俯視過往行人，覺得城裡人為什麼都不吃飯睡覺，老是走來走去，很有趣。

不記得父親是什麼時候不在金店做了。土改時，父親已待在家裡。土改後，父親與母親是泥裡來土裡去，拼命維持一家的生存。還要時常受到差使，服些勞役，為村裡做一些艱苦髒汙的差事。一向身體很健康的父親，慢慢體力不支，時常患病。

一次，父母親和兩位伯母奉命去靈峰寺（村裡一座久負盛名的寺廟），將菩薩、神牌搬走。出於對神靈的敬畏，父親在搬動一尊菩薩時喃喃自語：「任官差使，不干我事。」這話恰被一位「監工」聽到，父親因此以「對政府不滿」的罪名，判處「管制三年」。

從此，父親身體越來越差，竟至一病不起。

一九五五年，大年初二，家家戶戶在歡樂過新年。父親已經臥病多日。也不是什麼大病，不過偶感風寒而已。母親一早起來，就到對面朱屋去尋醫問藥。我在父親床邊守護著。突然，聽見父親喉嚨裡「呵呵」作響，身體一挺，頭歪向一邊。與父親睡在一起的弟弟和我連忙呼喚父親，並搖晃父親肩膀，但不見回應。我急忙跑出去，大聲向著朱屋方向哭叫母親回來。經村人傳話，母親急匆匆跑回，已是無力回天。號啕聲穿透破屋，迸發在空中，與新年的爆竹聲混合在一起。

活也難，死也難。安葬也沒有棺木，請人用舊床板釘了一個盒子。好慘啊，我是好久以後聽人說的：父親個高，盒子做短了。請來幫忙入殮的人支走母親，背著臉，用斧頭砸斷父親腿骨，才硬把屍身按進盒子。

按照客家人殯葬習俗（客家人千百年來世代流徙，通行二次葬，即葬後三年撿拾逝者骨殖，放進「金甕」——一種立式陶製容器，遷徙時隨家搬走，到下一落腳地再行安葬），三年後，母親挖開淺埋的盒子，撿拾父親遺骨，放在一尊金甕裡。多年後，弟弟勇曾在困苦中從簡安葬了父親遺骨。我這個「不孝之子」，只能在我有限幾次回鄉時前去祭拜，淚灑墓前，不堪回首。

父親留下的一張在南洋時的照片，白色西裝，英俊爽朗。我去照相館把這張照片翻拍放大幾張，分由弟兄姊妹保存。這是我們對父親的唯一紀念。

五、伯父一家

我未見過面的祖父楊則才（雲岫公三十四世）育有二子：長子晉恩（族名），又名雲恩，號公宏，就是我的伯父；次子晉添（族名），又名雲添，號劍青，是我父親。

伯父元配謝氏，不識字，十八歲時與伯父成婚。她一個客家山村婦女，嫁雞隨雞，嫁狗隨狗，與政治絕無半點緣分。但是，政治卻偏偏對她眷顧有加。她首當其衝，親歷土改重大變故，丈夫被「鎮壓」，此後生活無著，其艱難困苦，一言難盡。不曾想，越是磨難，她越是健康。二〇一〇年二月，我回到家鄉，專程去拜望高齡達一百零二歲的她老人家。她長期住在成都她兒子楊紀曾家，此時已回到梅縣，住在伯父繼配林氏所生小兒子楊純曾家。她記憶很好，談鋒仍健。很多幾十年前的事情，她記憶清晰。本書中的一些內容，就是根據她的回憶寫下的。

伯父長子、我的堂兄楊紀曾，在我們這一輩中年紀最長、學識最豐、成就最大，是我從小景仰的人物。他於一九二六年出生，當時伯父在家鄉小學當教員，家境仍然貧困。紀曾哥上小學是在本村梅屏公學，之後進入梅縣由德國傳教士創辦的樂育中學讀書。這時到了一九四六年，他父親已任職廣州，在惠福東路有住所，紀曾哥於是到了廣州與其父同住。他是個讀書的料。一九四七年九月，他報考大學，同時被北京輔仁大學中文系、南京中央大學德語系、廣州法學院經濟系、中山大學醫學院錄取，他選擇了中山大學醫學院就讀。一九五二年七月大學畢業之際，他父親遭難被處死，這對他無異於天降大禍，驚恐，彷徨，精神上、生活上的打擊，難以承受的沉重，一起向他襲來。在醫學院內做實習助教一年後，一九五三年九月，他被分配到哈爾濱醫學院（現哈爾濱醫科大學）生理學教研組任助教。從四季如春的羊城一下到了冰封雪壓的北國，其間是否有其父親的因素，他不得而知，也不想去深究。一九五八年一月，他奉調至成都中醫學院（現成都中醫藥大學），組建生理學教學實驗室。一九八一年任副教授，一九八七年任教授。他曾任學院生理教研室主任、針灸學（生理）碩士研究生導師，兼任四川省針灸學會針麻專業委員會委員、第二屆四川省針灸學會針麻專業委員會顧問、四川省高等教育自學考試委員會考試研究委員會委員。一九八七年退休。

楊紀曾教授是醫學系統生理學界、針灸學界的著名人物，一生著述甚豐。四川科學技術出版社一九九六年十月出版的《杏林名師》，引用巴甫洛夫的名言「科學需要一個人貢獻出畢生的精力」，讚揚楊紀曾「同生理學結伴過一生」。四十多年間，他一直勤勤懇懇工作在生理學教學第一線，即使在「文革」期間，仍自編、自刻、自印講義給學生學習（我教中學時也曾這樣做，這一點我像他，深以為幸）。他發表的論文，編寫的教材，不可勝數，或可車載斗量。他編著的《生理學》，是全國高等醫藥院校中醫、針灸專業專用教材，由上海科學技術出版社一九八五年出版，至一九九六年第十三次印刷，累計印數四十六萬冊。從一九八六年起，他參加四川省中醫專業自學考試工作，編寫了中醫專業自學考試指導叢書《生理學》及中醫專業自學指導叢刊《生理學分冊》。一九八八至一九九二年，他先後在《四川自考》上特約撰稿和刊登生理學自學考試的輔導文章十餘篇。

楊紀曾是中國民主同盟盟員，曾任民盟成都中醫學院支部主任委員。楊紀曾多才多藝，是業餘文藝活動積極分子。這一點恰是我的弱項，我太羡慕他了。在梅縣樂育中學讀書時，他是學生自治會幹事、樂中劇團幹事、樂中歌詠隊隊員。退休以後，他積極參加成都市老年健身迪斯可舞蹈比賽，曾榮獲三等獎、二等獎，並多次參加演出表演。更令人難以置信的是，他還編寫了《西班牙探戈舞程式及步法》（第一套、第二套、第三套）印發，作為舞蹈愛好者業餘學習教材。

紀曾哥很關心我的學習和成長。我在家鄉梅州中學讀書時，他時不時寄錢給我，幫助我解決生活困難。梅州中學傳達室窗前小黑板上「匯款單」欄出現我的名字時，我就知道紀曾哥又送來了關愛。

二〇〇七年十月，我們單位組織到九寨溝遊覽，途經成都時，我順便去拜訪了紀曾哥。三個老人在家：年過八十歲的他、年近八十歲的嫂子，陪護著已經一百歲的他們的母親（我的伯母）。紀曾哥有心臟病，嫂子身體尚好。伯母出奇的健康，見到我，十分興奮，話語不斷，嘮叨起我小時候的事來，笑得像孩童一般。

嫂子鄭佩卿是浙江龍游人，與紀曾哥同在成都中醫藥大學工作，一九八五年退休。她和藹親切，一副知識分子女性純樸、高尚形象。

紀曾哥有一對兒女：兒子楊帆，在成都某通訊工程監理公司工作，其妻在建設銀行任職；女兒楊廉，繼承了父親的事業，成了小有名氣的針灸醫師，在澳門、珠海工作，其夫任職於珠海市食品藥品監督管理局。

伯父還有一個女兒，是他與第二個妻子所生，叫楊稚鳳，我們弟妹叫她鳳姊。

鳳姊（楊稚鳳）的生母我們一直沒有見過面，村中很少有人知道，甚至伯父家人也不太瞭解，我所知道的情況就更少了。二〇一〇年八月，我們單位組織去上海參觀世博會，我特地抽空拜見了鳳姊，這是我與她第二次在上海見面。第一次見面是在一九八七年，那年我還在婁底地區僑聯工作，省僑聯組織經上海到青島、濟南參觀考察，我參加了。

我曾經在電話中要鳳姊談談她所知道的過去家人的情況，她婉謝了，說：「談這些幹什麼，不堪回首。」這次見面，免不了敘舊，鳳姊對她生母的情況也只是語焉不詳地談了談。

鳳姊生於一九三三年，比我長八歲。她生母叫黃甦，浙江臨安人。當年伯父從軍在浙江一帶待過，黃甦與伯父於一九三二年在杭州認識並結婚，後因戰亂，伯父隨部隊遷徙頻繁，兩人聚少離多，多年後離婚。離婚的原因據說是：黃甦生下一個女孩，對伯父謊稱是男孩。盼子心切的伯父十分高興，但是見面後卻發現是個女孩，伯父十分不悅。據說，兩人因此大吵了一番。本來因種種原因婚姻基礎並不十分牢固的他們於是分手了，黃甦出走，女兒留給了伯父，由在梅縣葵嶺家中的伯母撫養。

他們的女兒名叫稚鳳，就是鳳姊。土改前，鳳姊已是小學教師，在鄰村玉水學校教書，與同校教師張秉健相戀結婚。姊丈（姐夫）張秉健，我們很熟悉的。他對我挺好的。記得我在梅州中學讀書時，他在梅縣日報工作。我有幾次從報社門前走過，被他看見了，他便悄悄地塞給我一元錢。當時一元錢挺大的，夠我一個月零用。以致於我時不時會在報社門口走過，希望他能看見我。

土改時，由於擔心連累姊丈，鳳姊與他離了婚，到上海投靠她的生母黃甦去了。黃甦在解放前的上海曾經做過共產黨地下組織所辦福利院的保育員，解放後很久，經人證明，才被確認為離休待遇。

也許是歷史的誤會，或許是無意的人生歸宿，伯父與第二任妻子可說是分屬國、共兩黨。國民黨與共產黨幾十年來分分合合、錯綜複雜的關係剪不斷理還亂，由此亦可見一斑。

鳳姊在上海的經歷也很艱辛。據鳳姊說，她生母脾氣暴躁，對她缺少母愛。鳳姊雖然離開了倒楣的梅縣山村，但是並沒有擺脫「出身不好」的藩籬。她在上海名校洋涇中學教書，「文化大革命」中也曾經受到衝擊，被「下放」到一所街道學校，「文革」後才回到洋涇中學直至退休。

退休後，鳳姊一心信佛，力圖擺脫塵緣，身康體健。這次我到上海，她邀我到她住處看看。她住在浦東東方明珠附近的一條小巷裡，鬧市中難得的一處清靜所在，二樓，一室一廚一衛，乾淨整潔。房中供奉著佛像，她說，天天念經，萬事無憂。

鳳姊念舊，曾多次回到梅縣，探訪鄉親，並看望前夫張秉健。最近一次，她還專程回梅縣看望已經一百零三歲的她的養母、我的伯母。

二〇一〇年二月，我回到家鄉，在侄兒新葵的婚禮上，見到了鳳姊與前夫的兒子張小健，小健給人以爽朗、清新、精明的感覺。我向小健表示希望能見到在我困難時資助過我的他的父親、我的姊丈。但是十分遺憾的是，希望已經不再能實現。那次與小健見面後不久，姊丈張秉健就離世了。

新中國成立前，伯父在廣州時另有一個年輕妻子林士冰（我們小輩叫她林伯母），梅縣丙村人。她與丈夫楊公宏先是住在廣州，後一同客居香港。新中國成後不久，丈夫楊公宏奉召到揭陽糖廠任職後，她也從香港經廣州回到了梅縣葵嶺。丈夫被鎮壓，她首當其衝遭受沉重打擊。她與我們一樣，土改時遭到了掃地出門的災難。她的境況更慘。由於她出生於大戶人家，又長期生活在城市，沒參加過體力勞動，現在要自食其力，辛苦勞作，還要撫養兒女，真真難為她了。這時她已經有兩女一兒，其中大女兒小惠出生於香港。大兒子純曾和小女兒幼惠是在回到梅縣後出生的。

土改時，林伯母在丙村老家的妹妹得知其淒慘處境後，在一天深夜偷偷來到葵嶺，用兩個籮筐，把她兩個女兒星夜挑回妹家（娘家）去了，已經餓得奄奄待斃的小惠和幼惠才得以活下來。小惠長大後，生活境況欠佳，只是生性樂觀，自我消除了一些煩惱。奇特的是，快六十歲了，她在香港的姨媽，居然找到了她在香港的「出生紙」，經反覆申請，她終於被確認為香港市民身分，這幾年在香港居住、打工。「六十五歲後，我可以領到香港的養老金。」小惠懷著期望不無傷感地對我說。小女兒幼惠，也難脫不幸，小小年紀吃盡苦難。後來與丈夫生活在廣州，經過一番辛苦拼搏，最近以來日子過得還好。小兒子純曾，與妻子利萍一道，一直在家鄉辛苦勞作，艱苦營生；直到最近，因兩個女兒（碧蓮、盼青）孝順，生活境況才有所好轉。

二〇〇二年我和妻子回到梅縣探親，恰遇林伯母去世。她早已臥病在床，靜靜離世，過完淒苦一生，令人唏噓不已。

Chapter 3

六年寒窗　柳暗花明（一九五三～一九五九）

一、幸運降臨

一九五三年，全國土地改革基本完成，梅縣於同年三月結束。土改前同屬一家的伯父家和我父親家，大難臨頭一分為二，開始了大體相同而各具特色的苦難生活。

這一年，抗美援朝大局已經穩定，整體國民經濟基本恢復。國家開始實施發展國民經濟的第一個五年計劃。當年五月十二日至十七日，梅縣召開第四屆各界人民代表會議，貫徹《中南行政委員會生產十項措施》和新民主主義經濟政策，聽取時任縣委書記余蹤關於由土地改革轉向生產建設的報告。

這些國家大事縣裡大事，好像都與我們家無關。我們家的景況是，父親、母親不再埋怨伯父不該叫他們萬里迢迢從印尼回來，遭此大難。他們不得不認命，直面現實，在無邊無盡的憂愁淒苦中拾掇了破舊的雜屋，立即在分給我們家的遠在山坑的冷浸田開始從未有過的艱苦勞作。度過最難熬的「三荒四月」後，農曆六月初，有了第一次收成。「小暑小黃禾，大暑穀上倉。」即使冷浸田因水溫低、光照不足而收成不高，但我們一家也禁不住歡欣鼓舞。趕緊曬乾第一籮穀，礱成米，煮了一鍋白米飯。首先燒香點燭，拜謝天地。禮畢，兄妹三人早等不及了，一人盛了一大碗白米飯，夾上一些鹹菜，狼吞虎嚥。剛剛收穫的早稻米飯，有些飯粒還泛著淺綠色，散溢著稻花清香，更助長著我們的食欲。父母看著我們餓鬼般的狼吞相，眼角掛著淚花，微笑著。

父母在苦難中仍然堅持讓我和妹妹繼續讀書（大弟弟年歲尚小）。初小四年，我們在梅屏公學讀書。梅屏公學創辦於一九一四年，是我們家鄉一所歷史悠久的小學，坐落在小有名氣的廟宇靈峰寺旁，離我家不到二里路。

一九九四年春，村裡紀念梅屏公學創建八十週年，來函約捐，我囊中羞澀，僅捐出了二百元。後來回鄉造訪梅屏公學時，發現我的大名刻在捐款芳名碑上，令我動容，也令我汗顏。

後來，為改建、擴建梅屏公學，家鄉曾成立「建校籌備委員會」，我還被名列「籌建委員會名譽主任」之中。令我感到惶恐的是，「名譽主任」十二人名單中為首的是我的舅父古輝文（客居臺灣），其他也是家鄉的社會賢達。據瞭解，此前，海外和臺灣的梅屏公學校友，共計捐款二十餘萬元，修建了操場、禮堂、校門和道路。

我最近於二〇一〇年二月回到家鄉再次拜訪使我啟蒙的梅屏公學時，卻使我十分失望：大門緊鎖，教室成了倉庫，裡面堆滿柚子。鄉人告知：由於生源銳減，梅屏公學已經關門大吉；一些學齡兒童，得到七八里地以外的黃竹洋（城東鎮政府所在地）去讀書。

我高小時到了離家五里許的深造學校就讀。叫我直至現在仍然不解的是，學校排演一齣鬥地主分田地的小戲，竟然讓我這個「小地主崽子」扮演了一個貧下中農男孩，高高興興地唱著「感謝共產黨，翻身得解放」。

高小畢業前，一九五三年三月，學校老師對我們說，斯大林（台譯，史達林）逝世了。懷著對「蘇聯老大哥」的朦朧敬意，我們參加了學校組織的悼念活動。此前，有一次在學校操場看一部蘇聯電影（那時看電影是十分稀罕的事），看到男孩女孩在街邊吃冰淇淋，我十分羨慕：什麼時候我們也有冰淇淋吃。

小學我的學習成績很好。一九五三年暑假，我參加了全縣升初中統一招生考試。能否進入中學讀書，成了我人生道路的一個關鍵節點。

在二〇〇二年三月我退休時單位為我舉行的歡送會上，我在離別感言中說道：我能走到今天，最初應該感謝恩人葉劍英。同事們一聽，目瞪口呆。

我說的是我終於能讀上中學的事。這事與葉劍英有關，這事搭幫葉劍英，那確實。

一九五三年九月下旬，梅縣中小學已經開學幾個星期。縣裡已先後兩批錄取初中新生，都沒有我的份。我上中學讀書的夢想幾乎破滅，每天在田間、陋屋暗自傷神。一個「地主崽子」，會給你讀中學的機會嗎？我茫然。父母無奈，愛莫能助。

突然，有一天，一位已在梅城上中學的同學告訴我：「你考上了梅中。」真是喜從天降！一家雀躍。

第二天一早，十二歲的我，隻身徒步二十餘華里，幾乎是小跑般跑到梅城看榜。在縣政府大門對面高高的圍牆上，張貼著初中新生錄取名單。我擠進人群，仰著脖子，在「梅州中學」榜單下，一眼就看到了我的姓名，在第三名呢。印象十分深刻：前兩名是章泰泉、梁伯君（親愛的同學，幾十年不見，你在哪裡？）。

二〇一〇年二月，我最近一次回鄉，曾專門去找那座給我帶來幸運的圍牆。圍牆不見了，代之而起的是一座高大的樓房，大白天霓虹燈閃爍。我感到極度遺憾。

當年，幸運終於降臨到我的身上。意外得到了恩惠，讓我喜極而泣。給我幸運的大恩人是葉劍英，我的同鄉，我的前輩，現代中國赫赫有名的大人物。

《梅縣誌》確有記載：「一九五三年。夏，中共中央華南分局第一書記、廣東省人民政府主席葉劍英來梅縣視察。」當時全縣人都這麼說：葉劍英回梅縣視察，聽取縣裡領導彙報教育情況後指示，梅縣要發揚文化之鄉的傳統，大力發展教育事業，多招收學生。於是，縣裡決定再次擴大招生，這是第三批招生了。這次招生，最後一次招生，讓我進入了初中。

歷史在我面前張開了一道縫隙。我有幸搭上了初中擴招的末班車。這是我一生中站起來的關鍵性轉折。而撐開歷史縫隙的人，是葉劍英。如果沒有這道縫隙，我的一生完全是另外一個樣子。

我的妹妹和弟弟則沒有這份幸運了。一九六〇年代初「階級路線」的嚴酷，阻斷了他們的上學之路。

妹妹金鳳比我小兩歲，與我一起在父母的帶領下從印尼回來。她只上過鎮裡的農業中學。後來，她遠嫁海南島興隆華僑農場，嫁給了一位親「馬來亞民族解放軍」的華僑。

馬來亞民族解放軍是馬來亞共產黨領導的一支武裝隊伍，成立於一九四九年二月一日，其成員大多是華裔、華僑。四十年後，一九八九年十二月，馬來西亞政府、泰國政府、馬共三方締結停戰協議後，馬來亞民族解放軍宣佈解散。

上世紀五〇年代初，親「馬來亞民族解放軍」的華僑被英國殖民主義者驅逐，我國派出輪船接他們回來，安排在海南興隆華僑農場。

這些難僑，大多數是單身漢。為了幫助他們解決成家立業問題，政府有關方面曾到梅縣各地招收女青年到興隆農場就業，猶如王震將軍動員「八千湘女上天山」。妹妹金鳳則是經人介紹婚嫁興隆的。

海南有五個華僑農場，是國務院僑務辦公室於上世紀五〇年代、六〇年代、七〇年代三個時期創辦的，主要是接待安置被驅趕迫害無法生存而回國尋找生活、尋求保護的歸僑、難僑。因為被迫回國的華僑、難僑中不少人祖籍地無房無地無親人，又無技術、無資金、無文化，少數人家又無勞力，他們回來後生產、生活都很困難，所以，創辦華僑農場，用國家撥款劃地安置他們建立家園。

一九八五年後，全國華僑農場下放各省人民政府管理。一九九八年，海南省組建外事僑務辦公室後，華僑農場歸屬省外事僑務辦公室宏觀管理。

興隆華僑農場位於海南省萬寧市興隆鎮，是一九五一年九月為接待安置馬來西亞一千多名歸國難僑而創辦的，是我國最早創辦的華僑農場之一。興隆華僑農場的場名，由前人大常委會副委員長何香凝親自題寫。

一九六〇年興隆農場再次安置了二千七百多名印尼歸僑。一九七八年，又安置越南等國家與地區的難僑五千七百多人。農場現總人口二萬四千八百八十三人，占地十六點五萬畝。上世紀九〇年代以來，興隆創辦華僑旅遊度假城，成為海南省十大重點旅遊風景區之一。

雖然國家有補貼，但是華僑農場生活還是艱苦的。妹夫帶著在泰馬邊境苦難生活落下的痼疾，身體不好。妹妹弱小的身軀，承受著難以言說的生活苦難。我這個做哥哥的，對她毫無所助，一輩子深以為疚。可她很爭氣。一九七〇年我們黨「吐故納新」時，她被作為「新鮮血液」納入到了共產黨內，後來還成了生產隊的黨支部書記。

妹妹育有兩子一女。兒女們長大後趕上了海南建省，但沒有得到任何恩澤，各自外出打工自謀生活，境況不太好。

大弟弟勇曾境遇更差。他很聰明，但是「階級路線」使他讀到初中畢業就戛然止步。一九六三年秋他曾考上梅州中學，幾乎就要成為我的先後校友，但因貫徹「階級路線」被取消了升學資格。一九七〇年，他又有了一次機會，曾經作為「可以教育好的子女」被推薦上大學，而且還參加梅縣舉辦的升學復習班復習了一個星期，可是突然又被告知「沒指標」了（原因何在，無從追究，也無人追究），再次與讀書無緣。

我和妹妹離家後，勇曾弟與老母相依為命，本來還要人照看的幼小的身軀，卻要擔負起生活的重擔。每念及此，我都有一種負疚感！

他靠自學，做過木匠，幹過裁縫，開過碾米機，最後落腳於電工行當。這位無師自通的電工，在離家十幾里地的城東水泥廠一做二十幾年，直到退休仍然是臨時工一個，毫無社會保障。我最要感謝他和弟嫂的是，我母親除在我處和妹妹處居住了幾年外，其餘時間都在家鄉和他們住在一起；尤其老母年高體弱後，他們夫婦倆為關照母親生活花費了巨大的精力和人力。我和妹妹對此一直深感不安，只好多說幾聲「謝謝」。同時，我和妹妹所謂「回家」，其實是回到勇曾弟家。有他的家，我們才有家可歸，不然的話，我們則是真正流落異鄉之人了。

勇曾的上學之路被堵塞，但沒有堵住他的聰明才智。在葵上村楊梅坑有一眼泉水，他參與組織村民修築了一座大蓄水池，鋪上水管，將泉水引入各家各戶，使大家用上了「自來水」。他靠自己的才智和勞動，與患難妻子一起，改造了舊房，新建了房屋。他家的水、電裝置，都是他自己設計和施工的，有板有眼，像模像樣，在全村是首屈一指的。各位村民在水、電各方面如有事相求，他總是熱心相助，有效解決，深得村民贊許。

更為值得稱道的是，勇曾在一九八七至一九八八年間，曾經被選為生產隊長。在他「主政」兩年間，生產隊土地承包合同得以完善，貪污、浪費的管道被堵塞，生產隊的公共收入顯著增加，社員年終分得了紅利，加上他嚴以律己，「勤政廉政」，深得社員擁戴。

勇曾夫婦育有二子一女。大女兒瑞梅靈巧、孝順，輔佐夫婿經銷摩托車，琴瑟相處，生活雖不是很富裕，但茶飯無憂，平安康樂。二兒子新葵聰敏好學。父親未有機會讀到多少書的境況，激勵二兒子讀書格外用功。他以優異成績考上中山大學，畢業後在深圳謀了個不錯的工作。二〇一〇年二月，我專程回到家鄉，參加了我這個侄兒子的婚禮。侄媳婦是嘉應大學英語教師。小倆口的日子，今後一定會過得更好。可惜的是大兒子從小患病，落下痼疾，至今生活不能完全自理，給勇曾夫婦帶來不小的負擔。

小弟弟仁曾，苦命的人。土改時，他一歲多被送給葉姓人家得以生存後，主要由於政治原因，加上葉家的顧忌，我們很少見面。長大後由於葉家已有親生兒女，仁曾夫婦獨立門戶，多年以打豆腐等雜業維生。後來認祖歸宗，仍改姓楊，令楊姓族人十分感動。他們一家曾在葵上楊屋住過一段時間，夫婦倆對我們的老母親關愛有加，得到族人贊許。他們有兒女一對。大女兒映萍在梅城自主擇業，自食其力。小兒子永青在深圳就業，成為某知名服裝企業的中層管理人員，業績突出，在梅縣城裡有一套住房。仁曾夫婦倆住此，帶著孫兒，生活過得充實、安康。

二、進入名校

歷史夾縫中閃露出來的幸運和機遇，只給了我，沒有惠及弟妹。在兄弟姐妹中，我這個做大哥的最幸運。更幸運的是，我進入的是一所名牌中學——廣東省立梅州中學。

幾十年在外漂泊，每次回到家鄉，我都要去我的母校梅州中學走走看看。我在這所坐落在梅城北門崗的中學讀書六年。母校哺育之恩，一生難忘。至今我仍然保存著梅州中學校徽：長方形，布質，黃底，左上角印有梅花圖案，校名「廣東省立梅州中學」魏體紅字，學生姓名用毛筆正楷書寫。

梅州中學創建於一九〇四年，清末著名外交家、詩人黃遵憲等是學校創始人。二〇〇四年四月二十九日，是梅州中學建校一百週年紀念日，舉行過盛大的慶祝活動。

梅州中學以梅花為標誌，以「誠」為校訓，以「篤誠、奮發、求是、創新」為校風。輝煌百年，人才輩出。葉劍英元帥和謝晉元等四十多位將軍，中國科學院、工程院院士李國豪、江歡成等七位科技界人傑，曾憲梓、潘逸陽等四十多位名家達人，林風眠、李金發等二百四十多位教授級專家學者，以及大批著名的企業家，都是在梅州中學打下扎實的思想文化知識基礎。

梅州中學是梅縣教育事業發展的縮影。與她齊名的還有東山中學。「梅中」、「東中」，兩位兄弟並駕齊驅，寫下了梅縣教育事業的輝煌歷史。葉劍英不但曾先後在這兩所中學就讀，而且對這兩所中學的演變起過重要作用。一九一二年一月，葉劍英等十五人一起從梅東中學併入梅州中學就讀。一九一三年春，梅州中學師生掀起「反官辦」學潮，部分師生衝出學校，在「東山書院」宣佈成立「私立東山中學」。在這次學潮中，時為學生自治會副會長的葉劍英是一個活躍分子。

梅縣素有「文化之鄉」的美譽。前廣東省文史研究館副館長、中山大學冼玉清教授上世紀五〇年代初到梅縣考察時曾賦詩禮贊：「學舍最多文教盛，滿城兒女挾書囊。」曾在嘉應州（今梅縣）傳教二十餘年的法國籍天主教神父賴里查斯於一九〇一年著有《客法詞典》，其自序中有云：「在嘉應州，這個不到三四十萬人的地方，我們可以看到隨處都是學校；一個不到三萬人的城中，便有十多間中學和數十間小學，學生的人數幾乎超過城內居民的一半。在鄉下每一個村落，儘管那裡只有三五百人，至多亦不過三五千人，便有一個以上的學校。」不錯，我們村就有「梅屏公學」，我就是在這所學校啟蒙的。

梅縣地區特別重視文教，講究讀書，與客家人的先祖——南來的原中原士族帶來華夏文化傳統是一脈相承的。這正如前述法籍天主教神父賴里查斯《客法詞典》一書自序中所云：「況其祖先由北方遷來者，皆為門第清高的人物，都存有讀書為貴的觀念。因此他們便極力想法設立學堂。」

在梅縣，社會和家庭有濃厚的重視教育的傳統和風氣。客家民間流行的童謠中有一首叫《蟾蜍羅》：「蟾蜍羅（蟾蜍，癩蛤蟆），囉咯囉，唔（不）讀書，麼（無）老婆。」不讀書的會被看作無用之人，甚至不容易娶得妻子。客家人在原本「蠻荒之地」的梅縣地區繁衍生息，終至人口爆滿，為環境所迫，必須向外發展，而識字讀書是有效途徑。加上歷代開明官員和先進知識分子對教育事業的積極倡導，梅縣教育事業一直有長足發展。晚清愛國詩人黃遵憲、翰林學士溫仲和與清末民初著名愛國詩人、教育家丘逢甲都曾在梅縣積極倡辦教育事業。族姓資助、富商捐贈、華僑斥資，教育經費來源有一定的可靠保障，也是梅縣地區教育長盛不衰的原因。

新中國成立以後，梅縣的中小學教育聞名全省乃至全國。其重要標誌，是每年考上大學的學生，位居全省前列。一九五九年我在梅州中學高中畢業那年，全縣有一千七百五十八人考上大專院校，是《梅縣誌》一九四九年至一九八七年的統計中考上大學人數最多的一年，梅縣也成了當年全省大專院校錄取新生最多的縣。

我記得，一九五九年八月下旬，搭汽車前往廣州奔赴全國各地讀大學的新生擠爆了梅縣汽車站，汽車站不得不將貨車搭上篷布作為加班車一天發出十多班次，這對於當年每天僅一班客車開往廣州的梅縣來說，不啻是空前紀錄。我也是當年乘坐篷車的大學新生，從梅縣到廣州，四百二十多公里沙土公路，顛簸了十五六個小時。

三、中學苦旅

中學六年寒窗，過得充實，但異常艱苦。

一個饑寒交迫的家庭，要支撐一個小子讀完中學，其困難程度，可想而知。

但是我必須抓住這個幸運的機遇，我是這麼想的，父母弟妹也是這麼想的。再困難，家裡也要讓我把書讀下去！

值得慶幸的是，當時讀書是不要交什麼錢的，學費、雜費都不必交，只要一些課本費、作業本費。主要是吃、住、行的問題。

六年辛苦不尋常！

先說住和吃。我家離縣城有十三公里，讀中學不寄宿不行。學校有學生宿舍，但通常是富裕家庭學生寄住，大部分學生一般都合租住在校外民房裡，因為便宜。四個人住一間十多平方米的小房。在房東家搭餐，可以只蒸飯，菜自理。我母親、妹妹常常挑著一擔柴，或一擔松果（可做柴火）送給房東，以抵房租。

初中三年，夏天是一張光板床，墊上草席；冬天，母親用自染粗藍布縫成被套套上破舊棉絮，讓我對付寒冷。經常穿的是補疤衣褲，但當年這並不怎麼丟人現眼。進初中時，母親買來幾尺黃色粗布，請村裡裁縫縫製了一件中山裝，我穿了三年，居然沒爛，進高中時因為太短小了才沒穿。

初中畢業後，我仍然在梅州中學繼續讀高中，恰好同村鄭岳犇同學從聯合中學初中畢業後也考上了梅州中學。承蒙他母親熱心支持（他父親也在印尼謀生），讓我與岳犇同床共被三年，溫暖到了高中畢業。岳犇是我此生此世永志不忘的好同學、好同鄉。後來他考上了武漢大學，畢業後一直在梅縣高級中學任教。一九九〇年那次我回家鄉，專程去拜望了他。他熱情不減當年，非要請我吃飯。席間，談笑甚歡，提起同床共被之事，我們都哈哈大笑，溫情依舊。

再說行。我每週六下午放學後就得趕回家，週日下午再背著夠吃一個星期的米和乾菜（通常是鹹菜乾）回城。週六下午是週會課，往往要在大禮堂集合聽報告，弄到很晚才散場，這樣我回家就得摸黑了。有時我會提前偷偷溜出來，趕在天黑前回到家。這城鄉間十多公里沙土公路，得走上三個小時。我每週往返兩次，常常赤腳，走了六年。粗略算了一下，六年，走了六千多公里路。

記得是初三那年，清明節前，一個星期日下午，母親量了兩升麥子，要我返校時帶出去，下週回家時去換回麵條帶回家。我按照吩咐，週六下午提前離校，趕到一家麵店，換了四斤麵條。是剛擀出來的濕麵條。時間不早了，我用報紙一包，塞進背包就走。回到家，只見母親和弟妹都倚門而望。在梅縣，清明節是個大節日，一般要吃麥粄（粗麵粉做的粑粑），有麵條吃，那是件大喜事。一家都太想吃這一餐美食了。我趕忙卸下背包，母親一晃就進了廚房。忽然聽見母親嚷嚷：「阿宗，你來看這是什麼麵條啊，都變成粄了。」原來麵條在背包裡，經我三個小時奔走，靠身體這一邊，都擠壓成板塊了。母親一邊罵我，一邊快要哭起來了。我幫著把仍然是麵條的一小部分清理出來，母親則把成板狀的部分用刀切成細條。一個期盼已久的節日大餐被我搞糟了，母親很傷心，我也很不愉快，弟妹則默默地吃著不做聲。

時隔半個世紀，現今梅縣交通狀況已有很大改善。天（天津）汕（汕頭）高速公路經過葵嶺村。省道、縣道寬闊平整，有車十多分鐘即可從村上到達縣城。

幾十年來我多次返鄉，從縣城到村上，最初是弟弟騎著單車來接我，後來是摩托。也坐過拖拉機。二〇一〇年二月，我坐火車回去，侄兒子開著自己的「標致」小車到火車站接我回家。

多次回鄉，路變了，但路旁有些景觀依舊，我常發「思舊之幽情」。我每次都會想到那年清明節麵條變成粄的事件，我會呆呆地想，當年如果有車坐，麵條就不會變成麵粄了。

四、感謝恩師

兩年前聽高中同學說，年近九旬的原梅州中學潘連華老師仍健在，住在深圳。很想去拜望他，一直沒有機會。尊敬的潘連華老師，您當年的學生想念您，祝福您健康長壽！

潘連華老師曾任梅州中學校長，一九五七年被打成「右派分子」。他是一位好校長，官沒當了，教語文，又是一位好老師。我高三時他擔任了我們班的語文老師。這又是我的幸運。有一次，他佈置命題作文《有意義的一天》。當時「大躍進」聲勢稍歇，我們「大煉鋼鐵」激情未退，我寫的是一天中挑鐵礦石的事。那是怎樣火熱的情景啊，為了「超英趕美」，師生們每人挑著滿滿兩筐鐵礦石，奔走在崎嶇的山路上，揮汗如雨，健步如飛。我手寫我事，自覺得心應手，寫得很有激情。作文講評時，潘老師當堂念讀了我的作文，事後又叫我謄寫一遍，貼上了壁報欄。喜得我一天要到壁報前轉上幾圈，看看有誰誰在看我的大作。這件事給我很大的鼓舞。在潘老師的鼓勵下，我高考時報考了文科。更令人欣喜的是，那年（一九五九年）高考語文考卷作文題目是《記我一段有意義的生活》，我成竹在胸，將「有意義的一天」拓展之，敷衍成「一段生活」，酣暢淋漓，一氣呵成，考得愜意極了。考畢，我幾乎是撲向一直在教室外待著我們的潘連華老師，潘老師笑呵呵地說：「不是『一天』，是『一段』啊！」師生圍在一起會心地哈哈大笑。

高考完畢，潘老師還指導我填報志願。三個志願：第一志願中山大學中文系，第二志願武漢大學圖書館學系，第三志願湖南大學漢語言文學系。結果我被湖南大學錄取。

楊冕興老師是我讀高一、高二時的班主任、語文老師，他沒有因為我出身不好、家境貧困、衣衫襤褸而瞧不起我，相反，處處關心我，尤其在學習上。我在高一時就開始練習寫小說，源於楊冕興老師精彩的語文課和他對我的循循善誘。大學畢業後我也當上了語文教師，上課時，腦子裡每每浮現著他瘦弱的身影。

十分遺憾的是我考上大學後與他的一次交往。上世紀六〇年代初過「苦日子」時，湖南是少有的比較「有飯吃」的地方，至少不像廣東一樣有錢也買不到食品。他寄了十元錢給我，要我幫他買餅乾寄給他。我趕緊買了去郵局寄回。後來他來信說，餅乾收到，只是郵包爛了，按包裹的大小，餅乾大概只剩下一半，他一家人大口小口，一下子就吃光了，肚子還沒吃飽。我看信後差點哭了。在一般工作人員月工資二十元左右的那個年代，十元錢並不是小數目。我敬愛的老師在危難時卻遭此劫難，真令他的學生欲哭無淚。

我上初中時是侯自強老師當的班主任，他也教語文。一次上語文課時我突然昏倒在地，把全班同學都嚇了一大跳。侯自強老師立即把我送到學校附近的黃塘醫院。我醒過來後，侯老師說：沒事，是營養不良。他買來黃糖，衝開水讓我喝。我每天用紅鍋子炒鹹菜乾下飯，黃糖水對我來說是奢侈品。一口黃糖水下肚，真甜！我頓覺神清氣爽。他還買來牙膏、毛巾、口杯，供我洗漱用。毛巾和口杯，我一直用到初中畢業。

敬愛的老師，您現在在哪裡啊！身體健康嗎？家人幸福嗎？我無從報答。自打我開始醞釀這本書起，我就把敬愛的老師列入了寫作提綱。我要讓我尊敬的老師在我心靈中永遠佔據崇高的位置，並讓老師關心一個窮苦孩子的高尚品德永遠昭示我子孫後代。

五、火花閃爍

退休後，對人生的回憶時時縈繞腦際。日前清理舊物，意外發現了幾本《梅花》，不禁欣喜若狂。這幾本《梅花》，紙張已經泛黃，有一本邊沿已被蟲蝕，但是，墨蹟清晰，即使我眼睛已經老花，閱讀仍沒有困難。我從頭至尾重讀了一遍，不禁心潮洶湧。中學時的一幕幕往事，歷歷呈現在眼前。

《梅花》是廣東梅州中學於一九五八年由愛好文學的學生編輯出版的一份文藝刊物。我手頭現存該刊第二、三、四期。第二期是詩刊（第一期也應該是詩刊），一九五八年四月出版，油印（據第三期編輯部《開頭的話》，第一、二期都是油印）；編輯者為「廣東梅州中學梅花詩歌季刊編委會」，主編蔡宏生，編委呂昂文、張文礦、黃東元、程欽華、蔡宏生。第三期起改為鉛印。第三期出版於一九五八年十二月，本期起改稱「文藝季刊」；本期內容除詩歌外，還有幾篇報告文學作品；編輯者署為「廣東梅州中學梅花季刊編委會」，未見編委會成員名單。第四期，也就是一九五九年第一期，於一九五九年三月出版，編輯者署為「梅縣梅州學校梅花文藝季刊編委會」，亦未見編委會名單。本期「是以報告文學和小小說為中心，來組織稿件的」（編輯部《編後話》），並預告「第二期將出版特大號——向紅五月獻禮專刊」。

《梅花》第四期刊登了我的小小說《五伯姆》。這是我的小說處女作，也是我一生中唯一一篇印成鉛字的小說作品。如今，年近古稀的我虔誠地把年少氣盛時的「大作」重讀了一遍，不禁會心地笑了。內容是歌頌人民公社的，寫「五保」老人在公共食堂的幸福生活，深深地打上了時代的烙印。寫得很幼稚，幼稚得可笑複可愛。但在當時，我因此在班上、在學校而小有名氣。我這位衣衫襤褸、單瘦羸弱的小男生，竟也閃爍著人生的火花。

後來，我在讀大學時寫過一篇小說，是寫主人公「我」在瀏陽參加「整風整社」時與一位農村姑娘的邂逅，迸發出愛的火花，然而熄滅了。在同學間傳閱過。退休後翻檢篋藏，有意尋找，迄未見。再是在冷水江市一中工作時，曾寫過一篇小說，寫婆媳糾紛，並攜稿向著名作家譚談請教。譚談是冷水江市人，後來擔任湖南省作協黨組書記，在全國都很有名氣，當年曾掛職冷水江市任市委副書記，我與他有一面之識。幾天後他託人將原稿還我，批上一句話：「文字太規範，教師腔。」我猛然醒悟，原來「文字太規範」也是一種毛病，甚至會是註定不能發達的致命毛病。我想起我曾看過金竹山電廠一位工人作家肖××的手稿，錯別字連篇，語句多有不通之處，但這並不妨礙他成為作家。

這是後話。

當年讀高中時在創作路上提攜我的，有上文提到的潘連華老師、楊冕興老師，還有我的同窗蔡宏生、程欽華。蔡宏生和程欽華都是《梅花》編委，蔡宏生還是主編。此前，梅州中學搞教學改革，組織學生下廠下鄉勞動，我與幾位同學一起採訪了梅縣煉鈷廠，由我執筆寫成一篇報告文學，題為《敢想就有可能，敢幹就能實現》，同樣深深刻下時代的烙印，充滿著大躍進的狂熱。由班主任楊冕興老師推薦，蔡宏生、程欽華等編委通過，先是在學校壁報上發表，後來收入《梅花》文藝季刊第三期。

同一年，一九五九年秋，蔡宏生考上了南開大學，程欽華考上了中山大學，我考上了湖南大學。

幾十年過去了，山河阻隔，天各一方，我與中學的同學幾乎沒有過聯繫，記憶也日趨淡薄。是一九九二年吧，一次讀中國僑聯主辦的《海內與海外》雜誌，意外地看到一篇文章的作者是「程欽華」。我隨即致電該雜誌主編黃浪華（他也是梅縣人）查詢，得知此人在外文出版社，是梅縣人氏，並給了我他的電話號碼。我即電話聯絡，果然是高中同學程欽華，不禁唏噓，喜不自勝。他告訴我，蔡宏生也一直在北京，從事電影評論及相關工作。

一九九四年夏，我在北京出席全國歸僑僑眷代表大會期間，程欽華到會址北京華僑大廈來看我。分別四十五年後相見，彼此眉宇間都爬上了皺紋，兩鬢微白，但昔日音容笑貌依舊，相談甚歡。他比我有出息多了。他大學畢業後一直在外文出版社工作，任編審，獲國務院政府特殊津貼，是「全國百佳出版工作者」。編審之余，他筆耕不輟，已有多部著作面世。

幾年後，程欽華應長沙某古瓷收藏家之邀來長沙，我們再次見面。他還專注于古瓷研究，已經很有建樹，出版多部著作，儼然成了古瓷鑒賞權威。說起古瓷，說起長沙窯，他如數家珍，娓娓道來，我似懂非懂，充滿了驚異和敬意。

二〇一〇年初，他給我寄來一本新著《京華走筆錄》，這是他為紀念自己七十壽辰而出的文集，極為珍貴，我拜讀著、珍藏著。

不久前的一個晚上，程欽華突然來電告訴我，蔡宏生不幸於前一天晚上辭世，地點在家裡衛生間，夜起如廁不慎摔倒後竟至不起。我已經與程欽華約好下次我進京時一起拜望蔡宏生，不想已經無法踐約。人的生命如此脆弱，我的老同學竟也如此命蹇，一慟！

Chapter 4

人生萬幸　大學陶冶（一九五九～一九六四）

一、歷史縫隙

一九五九年，是新中國成立十週年。

書上說：「一九五九年對於新中國的歷史來說是具有深遠意義的一年。」（據孟雲劍、楊東曉、胡騰著《共和國記憶六十年》，中信出版社，二〇〇九年一月，北京）

一九五九年夏，廬山會議上，唇槍舌劍，氣氛激烈。但是，在民間，這一年還是比較安靜的年份。上頭的「左」、「右」之爭，老百姓並不在意。十月一日，天安門前七十萬人仍然高呼：「總路線萬歲！大躍進萬歲！人民公社萬歲！」儘管歷史已經認定「三面紅旗」「是黨探索社會主義建設道路中發生的一次嚴重失誤」。

但是，高中生的我，當時直感是，由於「全階級」的參與，「三面紅旗」時代創造了前所未有的社會和諧的環境。雖然毛澤東已經提出：「廬山出現的這一場鬥爭，是一場階級鬥爭。」但是，「階級鬥爭要年年講月月講天天講」的口號，還沒有在民間流行。感覺當年社會挺和諧的。我家和貧下中農家一起，不分階級，「鼓足幹勁，力爭上游」，一樣砸鍋獻鐵，支持大煉鋼鐵；一起參與了「大躍進」進程，享受了「國民」待遇；一同「進入共產主義」，在人民公社食堂共吃大鍋飯。我家過去吃了上頓愁下頓，現在不愁沒飯吃，而且吃飯不要錢。地主、富農也和貧下中農一樣在食堂吃飯，其樂融融，很舒心，似乎開啟了歷史新篇章。

關於公共食堂，《梅縣誌》有記載：「一九五八年七月，梅城鎮郊農業社開辦公共食堂，全體社員在食堂免費吃飯。隨著人民公社的建立，全縣辦起公共食堂四千六百七十九個。」

對於我來說，一九五九年同樣具有重大意義，是具有人生轉折意義的一年。

在這種歷史背景下，我高中畢業參加高考了。

歷史再次向我張開了縫隙，我得到站立起來的又一次機會。我必須把握住。

高考前夕，我們租住在校外的學生，一律集中在校餐宿。飯好菜香，還是免費的。有蝦仁燉豆腐，還有牛肉丸湯，我很少吃過這樣的好飯好菜。我想，天天高考就好。

考大學，覺得並不怎麼難。尤其語文，得心應手。我考得很輕鬆，充滿信心。

考完後，同學們在筆記本上互相題詞留念。「建國十週年大慶，是在北京相會，還是在羊城聚首？」同學們對未來的大學生活充滿憧憬。

我回到家鄉，參加公社勞動：割禾、蒔田（插秧）。在大隊食堂吃飯，吃得飽飽的，很愜意。

當年八月中旬的某一天，具有歷史意義的一年中具有歷史意義的一天（真該死，我記不起確切日期了），消息傳遞到了我耳朵裡，我考上了大學。立即暴走十三公里路，到了母校梅州中學。只見教導處窗口，圍著一大群人，都是來領取錄取通知書的。我擠進去，報了姓名，窗裡遞出來一個信封。信封上赫然印著的「湖南大學」四字和手寫的我的姓名，告訴我已經成為一名大學生，一名湖南大學的新生。

我急忙拆開信封，裡面是一張《錄取通知書》（我至今仍珍藏著），白紙（現在已經泛黃）印著紅字：

楊宗錚同學：

茲通知你已被錄取我校漢語文系漢語專業。

相信你定能信心百倍地走上新的學習崗位，艱苦學習，出色地完成黨和人民交給你的學習任務，培養成為有社會主義覺悟的有文化的高級建設人才。

希你接到通知後立即按照下列規定積極準備，如期來校報到入學。

以下是報到入學注意事項，共八條，包括「報到時需交戶口遷移證、糧油遷移證」等等。背面是共青團湖南大學委員會和湖南大學學生會的一封信。寫這本書時，我反覆展閱這封信，覺得很有時代特色，特轉錄於此。內中寫道：

首先，讓我們代表全體共青團員和全體同學向你致以熱烈的祝賀，祝賀你勝利地完成了祖國賦予你們的中學階段的學習任務，榮幸地被錄取到我們的學校——湖南大學，光榮地成為了毛澤東故鄉的大學生，這真是一件可喜的大事。

在這碧綠的湘江西，美麗的嶽麓山下，聳立著一片高大雄偉的樓房，這就是我們的學校。這裡向來是讀書、鍛煉的好地方。早年，我們的偉大領袖毛主席和他的親密戰友蔡和森等同志，經常在這裡度過假期，讀書、分析問題，縱談革命理想。就是我們現在的前輩，也經常懷念這個富有歷史意義的革命搖籃，去年和今年毛主席和劉主席、董必武副主席、徐老、彭德懷元帥都先後來過這裡。同時這裡又是外國來賓來湖南之後必遊之地。

湖南大學是以湖南工學院為基礎，擴展而成的一所文、理、工合一的多科性的綜合大學，在這裡將要培養大批的科學研究和高級技術人才。

近年來通過整風反右、教改等一系列政治運動，我們的政治思想覺悟都大大提高了，大家都深刻地認識到社會主義教育事業必須由黨來領導，社會主義的大學生必須走又紅又專的道路，努力把自己培養成為有社會主義覺悟有文化的勞動者，今天黨和國家給我們安排了一切學習條件，對我們寄予了殷切的期望。毛主席說過：「世界是屬於你們的，祖國的未來和希望寄託在你們身上。」我們要永遠記住毛主席的教導。過幾天，你們就要來到我們這個革命的大家庭了，我們表示熱烈的歡迎。讓我們在已有的基礎上，百尺竿頭更進一步，繼續鼓足幹勁，力爭讀書、勞動、思想三豐收。

祝你來校途中一路平安！

當時，我欣喜若狂，來不及仔細看完通知書，即與同樣拿著錄取通知書的同學們互相祝賀。我瞭解到，當年梅州中學考上大學的高中畢業生達百分之七十五。

我至今仍保留著我考上大學時記下的我們班（高三丙班）同學考上大學的情況：四十二位同學，考上大學（本科院校）的有三十一人，分佈在復旦大學（三人）、中山大學（三人）、湖南大學（二人）、華南工學院（四人）等省內外十餘所大學。另兩張紙記錄著：梅州中學當年考上中山大學的有十七人，考上湖南大學的有十一人，考上華南師範學院的有六人。

很遺憾的是，我們班的團支部書記、出身貧下中農的黃雄沒有考上大學。他的左眼失明，這大概是他沒被錄取的原因。

黃雄同學，你在哪裡，想念你啊！幾十年來，一直記掛著你。

二、艱難入學

欣喜了幾天，全家高興，村裡的人也紛紛前來祝賀，說「我們楊屋終於出了大學生」。其實不對，我伯父兒子、我的堂兄紀曾哥早已是大學生了。不過他是在廣州考上大學的。

在我之後，第二年，與我同齡的富曾也考上了大學，進入廣東水利學院。此後直到「文化大革命」，我們村再也沒有人考上大學。

高興之餘，面對現實，我們發現，入學途程充滿了艱難。

歷史給我張開了一道縫隙，但要從縫隙中站起來，並非一件易事。

辦理遷移戶口手續遇到困難。必須先把九月至十二月的我的口糧賣掉，才能取得糧食遷移證。取得糧食遷移證後，才能割戶口（辦理戶口遷移手續）。好幾天了，大隊不發給我糧食（大約一百多斤稻穀）。原因是什麼，不得而知。後來我一次回鄉時，當年任大隊倉庫管理員的××叔告訴我，是大隊「某人」不高興我考上大學，故意拖延。拖了幾日，在「某人」支吾其詞不置可否的情況下，××叔決定打開倉門，讓我媽挑走了我的一份口糧。這樣，我才辦好了戶口和糧食遷移手續。

我的入學行李是兩口破舊的箱子。這是兩口藤制箱子：一口類似柳條編織的箱子約八十公分長、五十公分寬；另一口大小差不多，裡子是薄木板，外邊是深黃色竹篾編就。放了幾件舊衣服和零星用品。湖南大學全體學生中，只有我有這種寶貝，很長一段時間，同班同學都感到新奇，要來看一看，摸一摸。這兩口箱子我用到了大學畢業，而且帶到了我的工作崗位冷水江市一中，在那裡，我的這兩口越發破舊了的箱子，同樣引起了同事們的關注，還作為「美談」傳揚著。大概是在上世紀七〇年代末我們搬新房時，那口柳條箱子因為實在太破爛，才不得不扔掉。而另一隻裡子是木板的箱子則表現好一點，仍被我妻子用來裝舊布條布片。二〇一〇年七月搬新房，被找出來了，我把它當做歷史文物裡裡外外把玩了一番。箱子蓋的裡面，我用毛筆鄭重寫下的「湖南大學楊宗錚59.8.23」字樣，墨蹟猶新，洋溢著當年的喜悅心情。我拿出相機，為這個具有深刻歷史意義的箱子拍照存檔。

除了兩口藤箱子，懷裡還揣著五十元錢。那是向縣招生辦申請到的入學困難補助。我第一次擁有這麼多的錢。當時，憑錄取通知書，考生從梅縣到廣州汽車費還一律免除。

到廣州，我在同行的一位同學親戚家住了一晚，第二天上了到長沙的火車，火車票十三元多。當時廣州到長沙火車要走二十多個小時，幾乎一日一夜。

清楚地記得，與同學走出長沙火車站（那時火車站在現今芙蓉路立交橋西南側）後在路旁攤子上每人買了一碟兩個燒賣，五分錢一個。真好吃呀，我一輩子都記得當時滋味：咬下去，滿嘴流油，內夾的金黃色油渣真香。這是我的第一「湖南印象」。現在，我也時不時買個燒賣吃，但已經難覓當年美味。時代發展了，燒賣卻沒那麼好吃了。

入學報名不到一個星期，系裡一位主管人事的老師找我談話。記得他也姓楊，戴著眼鏡。他主要問我三個問題：第一，你家庭成分是地主還是貧農？問得很怪，我想。我回答得很乾脆：地主，官僚地主。他翻看著手中的幾張表格，猶豫了一下，沒再問了。第二，你是不是有一個舅舅在臺灣。這個我填表時沒有填寫，因為我只是聽說過，而且都說舅舅生死不明。我回答：聽說過，但不知道還在不在。第三，你是不是華僑。我回答得很爽快：是的，是歸國華僑，從印尼回來的。

問話很快結束，我心裡忐忑著：莫非我有什麼不是，莫非懷疑我什麼。我還擔憂：莫非要清退我！

此後卻平安無事，我仍然在湖南大學漢語言文學系待著。

不過，全班五十個同學中只有我一個人「出身不好、社會關係複雜」，只有我一個人不是共青團員，是唯一的「民主人士」，顯得非常另類。

一次，學校舉行對臺工作座談會，居然讓我參加了。同學們都以異樣的眼光看著我。座談會上有人告訴我們怎樣給臺灣親人寫信，寫了後交到學校。我並不知道舅舅生死，當然也無從知道地址，但也要寫。我按要求寫了，也交了，但是沒有下文。

我對系裡領導問我家庭成分「是地主還是貧農」一直百思不得其解。直到一九九〇年代一次我回到家鄉時，一些當年曾在生產大隊任職的知情者才告訴我：梅縣一九五六年前後曾經進行土改複查，當時鄉里曾把我家與伯父家區分開來，改定我家為「貧農」成分，但沒有對外公佈，也沒有通知我家。此後由於受尚不知道的各種因素所制約，我家的成分仍舊是「地主」的帽子戴著。在「文化大革命」中，我母親仍然屬於「地富反壞右」不斷挨鬥。我弟弟勇曾也因是「黑五類」子弟被取消進大學機會，而且遲遲娶不到老婆。但是，據知情人說，在一九五九年我的高考政治審查表中，生產大隊確實填了我「貧農」成分並蓋了章。我恍然大悟，我說：「謝謝家鄉父老當年對我的關照，但是這還差點害了我。」

我妹妹金鳳說，她也有這個遭遇。一九六一年，她跟海南興隆華僑農場的房天送結婚時，去生產大隊辦理遷移戶口手續，曾問大隊負責人：「家庭成分怎麼填？」該負責人很乾脆地回答：「就填貧農。」「貧農」成分這個金字招牌，使得金鳳去興隆農場後得以成為共產黨員，還當了大隊黨支部書記。

經查《梅州市大事記》，上世紀五〇年代初、中期，確實進行過土改復查，而且有更改僑戶出身成分的事。該《大事記》載：「一九五二年，興梅各縣（筆者注：今梅州市地域，當時稱『興梅地區』）評定僑屬成分。」「一九五三年四月，興梅所屬各縣土改複查工作結束。」「一九五五年至一九五六年，各縣貫徹華僑政策，提前改變華僑地主的成分。」

至於臺灣舅舅那事，據家鄉尚健在的知情者說，聽當時任生產大隊團支部書記的古春蘭（已去世）說過，在我的政審表「社會關係」一欄中，是她填上去的。古春蘭是我另一個舅媽的女兒，我叫她「春蘭姊」，我「臺灣的舅舅」是她的叔父。

當年大隊幹部的執著、誠實、認真，實在可敬。而我對自己出身、成分問題的誠實、坦蕩的「招供」，似乎也是我得以在大學繼續存在的重要原因。

三、名校折騰

意想不到的是，我讀了兩個大學：先在湖南大學，後在湖南師範學院。

湖南大學是老牌、名牌大學。著名的嶽麓書院在湖南大學校區內，歸屬湖南大學管理，湖南大學把建校歷史與嶽麓書院承接起來。岳麓書院始建於宋開元九年（公元九七六年）。一九〇三年，嶽麓書院與由譚嗣同等發起創辦的時務學堂改名的省城大學堂合併，改制為湖南高等學堂，一九二六年定名湖南大學，一九三七年升為國立湖南大學。嶽麓書院大門自命不凡的對聯「惟楚有才，于斯為盛」異常顯赫，說「湖湘文化」一定要說到這座書院和這副對聯，湖南大學師生也以此自詡。我也似乎列入了「楚才」系列，著實增添了一些虛榮感。

一九九六年，湖南大學曾舉辦岳麓書院建院一千二百週年暨湖南大學建校七十週年盛大慶祝活動，我們中文系（漢語言文學系）一九五九級的部分同學曾借機聚會，老同學三十多年一遇，相見甚歡。這是後話。

一九四九年以後，湖南大學分分合合，幾經折騰，有過複雜的歷史。

一九四九年九月，省立克強學院、省立音樂專科學校併入國立湖南大學；十一月，國立師範學院亦併入國立湖南大學；十二月，私立民國大學與湖南大學合併。此時，中央人民政府任命李達為湖南大學校長。李達是中國共產黨的主要創始人和早期領導人之一，與毛澤東有深交。毛澤東應好友李達請求，於一九五〇年八月二十日題寫了「湖南大學」校名。很多大學校名是集毛澤東的題字，而「湖南大學」是毛澤東親筆所題，這也是湖南大學師生引為驕傲的大事。「湖南大學」校徽，我至今珍藏著。

一九五三年暑期，中南地區高等學校進行院系調整，湖南大學被撤銷，在原址另立中南土木建築學院和湖南師範學院。中南土木建築學院由中南區的武漢大學、湖南大學、南昌大學、廣西大學和華南工學院的土木系、建築系組成。

一九五七年，中南土木建築學院改名湖南工學院。籌建中的長沙鐵道學院鐵道建築系、鐵道運輸系和橋樑隧道系三個系寄寓在該校。

一九五九年七月，湖南大學恢復。新恢復的湖南大學是一所理、文、工綜合性大學。文科設漢語言文學系（中文系）、歷史系等，理科有生物系等。這一年，我有幸成為湖南大學恢復後首屆中文系學生。

但是，不知什麼原因，湖南大學三年後又莫名其妙地變了。一九六二年秋，湖南大學文、理科各系調整到了湖南師範學院。

湖南大學中文系學制五年，我們一九五九級已學習三年，基礎課已學完，原定四年級時分為語言和文學兩個專門化，我已經選定了語言專門化。到了湖南師範學院，一切都變了，完全按照該院培養中學教師的目標，給我們補上心理學、教育學等課程，並組織我們進行中學教育實習。學制呢？變成了不倫不類的四年半，我們於一九六四年二月畢業。

關於這次折騰，我們在湖南大學讀書時的現代文學教師葉雪芬老師在她的著作《飄逝的雲》中有較詳細記載：

一九六二年，湖南省委貫徹「調整、鞏固、充實、提高」的「八字方針」，決定湖大下馬，把中文、歷史、生物等系合併到湖南師範學院（八〇年代改稱湖南師範大學），留下工科各系辦成純工科大學，交第一機械工業部管理，原數學、物理、化學三系學生併入工科各系。「湖南大學」四字為毛主席所題，仍用此校名不變。數、理、化三系教師留下教基礎課，其餘各系教師除個別的因工作需要留下外，統統調離。

湖南師院中文系派了一位人事幹部到湖大中文系挑選教師。學生照單全收（五九級、六〇級、六一級），教師卻只要一部分。挑來挑去，他只挑了十二位教師（我是其中之一），其餘教師由省裡重新安排工作，多數是到中學任教（那時大學很少）。一個初具規模，圖書資料基本完備，教師配備到位，好端端的中文系便這樣夭折了。

湖南大學這一折騰，使很多人都不知道湖南大學在上世紀五〇年代末六〇年代初有過中文系。二〇〇五年，原湖南省高級人民法院院長、我們的同班同學吳振漢出事後，還有人竟撰文說，吳振漢「編造」湖南大學學歷，因為湖南大學沒有中文系。就是湖南大學校友總會編印的季刊《湖大人》，在簡介湖南大學校史時，也沒有提到一九五九年至一九六二年的中文系。而我呢，卻很富傳奇性，在一九九六年至二〇〇二年間，還堂而皇之地擔任過一屆湖南大學長沙校友會秘書長，而且還當過湖南大學校友總會的常務理事。

為了還湖南大學中文系的歷史面目，以正視聽，我寫了一篇題為《湖南大學中文系的前世今生》的文章，發表於二〇〇四年第二期《湖大人》（湖南大學校友總會編印）雜誌。

四、艱苦磨礪

湖南大學在長沙市湘江西岸嶽麓山下，其奇特之處是環境開放，既沒有圍牆，也沒有校門，至今亦如此。登嶽麓山，去南邊的中南礦冶學院（後改名為中南工業大學、中南大學）、湖南省有色金屬工業學校（後合併到中南工業大學）、長沙市藝術學校（後合併到湖南師範學院）等院校，均可步行或乘公共汽車從校園穿過。

從嶽麓山下的湖南大學到河東市區要過湘江，湘江中有個著名的橘子洲。一九二五年，毛澤東曾在「橘子洲頭」，「獨立寒秋」，望著「湘江北去」，見「萬類霜天競自由」，發出「問蒼茫大地，誰主沉浮」的悵惘。只過了十一年，一九三六年，毛澤東就做了回答：「數風流人物，還看今朝。」又過了七十多年，二〇〇九年十二月二十六日，毛澤東誕辰一百一十六週年紀念日，一座碩大、偉岸的青年毛澤東雕像矗立橘子洲頭，凝視湘江兩岸，成為一道特色景觀；而《瀟湘晨報》說，橘子洲正在招商，非大品牌莫來，「未來橘子洲吃喝玩樂全都有」。

半個世紀前，我，一個窮酸學子，受歷史擺弄，為命運驅使，來到湘江之濱、嶽麓山下，讀了四年半書。

剛進湖南大學時，我因家貧，申請到了被子、蚊帳和一套衛生衣褲，它們陪伴我四年半，我一直穿用到大學畢業。沒墊過床單，一張從梅縣帶來的能折疊的草席，春夏秋冬都是它。第一年冬天第一次下雪，我們從廣東來的同學欣喜若狂，我穿著木屐（也是梅縣帶來的寶貝）未穿襪子就衝出去玩雪了。大喊大叫，忘記了憂愁，其樂也無窮。其實有一雙膠鞋的，捨不得穿呢！

一九五九年國慶日，陽光燦爛，在湖南大學操坪，舉行慶祝中華人民共和國成立十週年大會。高中畢業時曾與本班同學相約國慶在北京或羊城相聚，不想自個兒來到了長沙。這一天，我穿上了入學前母親給我縫製的一套藍色中山裝。這是我慶祝祖國生日特有的實際行動，紀念祖國母親，也紀念我的生身母親，誰都不知曉我的虔誠用心。這身中山裝，我一直穿到大學畢業。

當時湖南大學學生的伙食標準是每月九元六角。經申請，我的伙食費免交，每月還有三元、四元或五元助學金，那便是我生活費的唯一來源。家裡太窮，不可能給我一分錢。助學金的用度每月算計好了，買紙筆、寄信，買牙膏、牙刷等日用品，難得與同學們一起去吃一角錢一碗的「光頭面」。

那時湘江上還沒有架橋，過河到長沙市區，橫跨橘子洲，要過兩次輪渡，來回四次，每次四分錢，一共要一角六分錢。對我來說，一角六分錢不是小數目。過河到市區玩兒，於我是一件十分奢侈的事情。我的每月用度，沒有這一角六分錢的計畫。記得進大學半年多了，系裡組織我們過河到地處北正街的銀星電影院看寬銀幕電影（那時寬銀幕電影是新鮮事物，長沙僅這個電影院首次放映，好像是一部蘇聯影片，片名記不得了），我是第一次到了市區。

這也好，週末我大都待在圖書館裡看書，加上寒暑假（因為沒有錢，大學四年半，我沒回過一次家），老師開列的中外課外閱讀書單，從古希臘悲劇到十九世紀俄國批判現實主義文學，從《詩經》《離騷》到唐詩宋詞元曲，從唐宋傳奇到《紅樓夢》到《老殘遊記》，還有魯迅、巴金、茅盾、周立波等等，我一本一本點著看，大都看完了；而且還深入圖書館藏書樓（圖書館開架借書），涉獵了自己感興趣的各類書籍。學海無涯，苦海無邊。在書架旁，我站著看書一兩個小時是常事，完了還要順便借幾本書帶回宿舍去讀。閱覽室的報紙期刊，我也幾乎翻遍了。是苦，但學有所得。囊中羞澀造就了我的生活方式：宿舍、食堂、教室、圖書館，就是我的活動範圍；除了上課、看書，我不知道還有什麼事要做。有點像專職「書癡」了。

我成了圖書館、閱覽室的常客，但是，一些小說中描寫的發生在閱覽室的浪漫戀愛故事，不知道為什麼，我就從來沒有遇到過，即使身邊或對面常有現今稱為「美眉」的在「伴讀」。

剛進大學時，學生伙食很不錯。餐票只用來打菜，白米飯隨便吃，就在一個個大飯桶裡裝著。那時我們班同學住在靠近牌樓口的學生七舍。也許是湖南大學與湖南師範學院分家一直就不太徹底，兩校之間有些設施仍然交錯在一起，有一些師範學院的學生也住在那裡，他們的食堂遠一些，有時乾脆就在我們的食堂打飯。菜呢？每到開飯有很多小販在食堂外走廊上提籃小賣，豆腐乾、鹵菜、小炒肉什麼都有，任你挑選。有些經濟條件較好的學生，也常常以此加餐。可是，寒酸的我，卻從來沒有過這種享受。

然而，大學裡「伙食不錯」的好景不長，轉瞬即逝。

一九六〇年元旦《人民日報》社論《展望六十年代》歡呼：「由於總路線、大躍進和人民公社的確定無疑的勝利，全中國的生活正在沸騰。」然而，真正迎接全國人民的，不是沸騰的生活，而是「苦日子」的煎熬。正史所稱「三年困難時期」開始了。原因呢？劉少奇說是「三分天災，七分人禍」。據說全國餓死了很多人。餓死多少？沒有一個確實的數字。二〇〇九年四月八日，《廣州日報》記者採訪水稻專家袁隆平時，袁表示：「三年困難時期，餓死了幾千萬人啊！」一本書上有一個驚人數字：僅河南信陽地區餓死的就有二十多萬人。

大學生是幸運的，因為沒有聽說餓死的。只是，食堂的大飯桶已經悄悄撤去，改用缽子蒸飯，一人一缽。學生大都要求食堂大師傅發給稀一點的缽子飯，為的是當下吃得「飽一點」，暫且「安慰」空虛的肚子。至於也會餓得快一點，那就不管了。「糧不足，瓜菜代」成了口號。冬瓜是最常見的美食。學生用飯缽培養「小球藻」，渾濁的水面上長了些綠色的藻類，據說是新發現的食品，很有營養。充滿渴求地喝下去，味道怪怪的。不少學生得了「水腫病」（我也不能倖免），小腿腫脹，手指壓下去一個窩，半天起不來。校區內的餐館，經常售賣的只有甜酒：一角錢一小碗，零星沉浮著幾粒酒渣，有些甜味而已，估摸放了點糖精。兜裡有些小錢的，還得排長隊方得一飲。

一九六〇年春，系裡組織勞動鍛煉，在附近的桃花嶺開荒。其間，我們的寫作課教師周光廓老師，寫了一首元曲小令，有句說邊挖土邊「嘔氣」（他胃有毛病，經常「嘔氣」），原是輕鬆調侃之意，不料竟遭到批判。後來周老師在「拔白旗插紅旗」的運動中，被定為「白旗」、「右傾分子」，下放平江縣一所中學教書。之後到了岳陽師專，終老洞庭湖邊。南開大學中文系高才生、年輕的葉雪芬老師說：「在這次勞動中付出了沉重的代價：流產了。住進醫院也未能保住小生命。我失血過多，卻無任何營養補充。身體變得衰弱不堪。」

（引自葉雪芬著《飄逝的雲》）

在這次開荒勞動中，我則遭遇了一輩子刻骨銘心的經歷。一次在食堂（我們在省委黨校食堂搭餐）吃飯後，我看到鄰桌還有幾個饅頭，覺得還沒有吃飽，未假思索，就隨手拿了一個邊走邊往嘴裡塞。不幸被食堂管理人員發現了，說我「犯了多吃多占大錯誤」，要「告訴你們領導」，我頓覺無地自容，只想把吃進的饅頭吐出來。實際上食堂管理人員只是嚇唬嚇唬我而已，並沒有告訴我們領導，而我卻向我們系黨支部書記王老師「坦白交代」了。W書記叫來班團支部書記等幾位班幹部，一起對我批評教育，我非常緊張。所幸學生幹部都非常寬容，他們沒有說什麼話，事後大概也沒有在其他同學中散播。

一個饅頭可不是小事。到了二十一世紀了，曾有人在互聯網上惡搞「一個饅頭引發的血案」。也有現實版的「饅頭血案」，就在我修改這本書的時候，深圳市龍崗區某工廠保安，就因一位工友多拿了一個饅頭而刀刺工友。當年我的經歷，遠沒有也不至於引發血案，但是，一個饅頭的教訓，可是夠深刻的了。我自己始終認為「罪孽深重」，一輩子引以為戒，本來就深受壓抑的性格變得更加內向了。

大學期間的政治運動和勞動鍛煉很多。「桃花嶺開荒」後不久，一九六〇年夏，我們又奉命到洞庭湖邊的沅江縣草尾公社搞「過渡」（從生產隊所有制過渡到大隊所有制），時間一個多月，與社員「三同」（同吃、同住、同勞動）。怎麼個「過渡」法，早已經淡忘，但是當時湖區農村的艱苦生活卻記憶猶新。

我們一到草尾公社，只見公社禮堂地板上鋪了稻草，上面全睡著水腫病人。社員家的鍋碗瓢盆都被砸了，都在公共食堂吃飯。所謂「吃飯」，是每人一缽蒸得很爛還可見水的米飯，菜常常是莧菜，是用「紅鍋子」炒出來的，沒有油。喝的、用的都是門前小水渠裡的水，小水渠與水田相通，渾濁的水裡遊蕩著孑孓、螞蟥。

不知為什麼，沒有安排我們幾位同學與社員同住，「三同」只剩下了「二同」。記得是住在茅草屋裡，每間兩張「床」（用竹塹子架在兩條長凳上，上面鋪上稻草編成的塹子，再鋪上草席），住四個同學。下雨屋漏，要四處移動床鋪，挑選乾處。有幾個晚上還發現進來了蛇（一種不大的水蛇），我們只好一頓亂打消滅之。晚上漆黑，膽小的同學不敢出去小便，便從用蘆葦和泥巴築就的牆的破洞中射將出去。同學們苦中作樂，比賽誰射得遠，快活得哇哇叫。

學校統一部署開展的「除四害」（蒼蠅、蚊子、老鼠、麻雀）活動，也讓我們快活了一陣子，給我留下了深刻的印象。把麻雀列為「四害」之一而除之，我們不太理解，但做得很賣力。

經查閱歷史資料，一九五八年二月十二日，中共中央、國務院發出《關於除四害講衛生的指示》，在全國範圍內掀起了剿滅麻雀的高潮。全國幾乎所有的地方（主要是城市）都採取了全民動員、大兵團作戰圍殲麻雀的辦法。男女老少，一齊上陣，連明趕夜，用「轟、打、毒、掏」的綜合戰術，給麻雀以殲滅性的打擊。據《人民日報》的一篇通訊報導，北京市在一天的突擊行動中，累死、毒死、打死的麻雀就有八萬三千二百多隻。當時流傳的一句順口溜是：「老鼠奸，麻雀壞，蒼蠅蚊子像右派。吸人血，招病害，偷人糧食搞破壞。」

我們進大學後的一九六〇年春，有幸趕上了一場圍殲麻雀的戰鬥。我的篋藏中居然還保留著一篇當年我充滿激情寫下的稿件底稿（大概是向學校廣播站寫的），歷史文物，挺珍貴的，抄錄如下，以資紀念：

通訊　　　　夜戰捕麻雀

二月十九日晚，我們第一組全體成員，奮戰一晚捕麻雀。成績是有的，可也得了不少經驗和教訓。

全組分成四人戰鬥小組三個，各小組獨立行動。據各小組一個晚上摸索後的經驗總結，近來天氣較暖和，麻雀不一定在茅草屋簷，還棲息在樹上和瓦房屋簷下，即使在茅草房的也不一定在窩裡。因此，全面搜索，找遍樹上、屋簷是很重要的一環。

群眾路線是一切工作的綱，捉麻雀也要充分地依靠群眾。我們分頭向群眾打聽麻雀時常棲息的地方。在劉秀全領導下的那個小組，還得到群眾的熱情幫助，借給了一個樓梯，因而有力地開展了工作。

戰鬥需要武器。捕麻雀，同學們熱情高漲，但是兩手空空，捉不到麻雀的。最大的問題是沒有手電筒。幸好有個張家新同學，他幹勁十足，奔忙于各同學朋友之間，借來了寶貴的手電筒。全組同學高興極了，湊錢買了三對電池，足夠使用一晚，解決了捕麻雀的最重要的「武器」問題。

同學們在明亮的手電筒照射下，奮戰了一個晚上，終於捕到了一隻麻雀。雖然只捕到了一隻，但這成績還是應該肯定的。更重要的是，我們初步摸索到了一套經驗，相信今後定會取得更大的勝利。

二一四通訊組

（注：我們住在學生七舍二一四室）

五、師生情懷

我這個很另類的學生，經過歲月的磨合，終於慢慢融入了班集體之中。或許是系領導的寬容，或許是師生們的友愛，或許是自己的與世無爭，在那強調階級鬥爭的年代，我居然在這個集體中找到了自我的位置。

一九六二年暑假之前，也就是我們即將併入湖南師範學院之前，我加入了共青團。全班同學非黨即團，三年來，唯有我是「非團員」，我是班上唯一的「民主人士」，堪稱「珍稀動物」。極力鼓勵我入團的，是一位大人物、時在校團委任職的黃美才老師。他是廣東人，是我的大老鄉；他正與我們班僅有的兩名女生之一的葉明華（廣州人）同學熱戀。我是全班年齡最小的兩個同學之一，王美才老師和葉明華同學都把我當小弟弟般看待。他倆鼓勵我寫入團申請書，我受寵若驚，遵命照辦了。班團支部書記李傳森和組織委員宋勝德親自做我的入團介紹人，規格特高。很隆重啊，班團支部為我舉行了唯一的一次入團宣誓儀式，全班同學（也就是全體共青團員）參加。自此，全班「消滅」了「民主人士」，實現「全班山河一片紅」，進入「大同世界」。

中學時代潘連華、楊冕興老師為我錘煉的文字功底，進大學後得到了充分發揮。出黑板報、壁報，往往有我的差事。班裡出班刊，我還是「排第一」的編委（編委會主要負責人）。記得有一期班刊的通欄標題「憶苦思甜，翻身不忘本；寫史讀譜，永做革命人」，還是我擬定的。畢業分配前夕，還出了《做紅色畢業生》專刊。校廣播站，常常播送我寫的稿件。有一本小說——第一部描寫大學生生活的長篇小說《勇往直前》（漢水著），當時在大學生中很流行。有編劇、導演和表演天分的吳振漢同學，曾邀請我一起將《勇往直前》改編成電影文學劇本。已經擬好提綱，開了個頭，可惜後來沒有堅持寫下去。

我也慢慢有了個「一官半職」，先是當了古代漢語課代表，然後當了班學習委員，後來還當過生活委員。差不多成「全才」了。

古代漢語課的任課老師傅銘第教授，武漢大學中文系過來的，是全系唯一的一位教授，也是全系年紀最大的一位老師。

傅銘第老師過去的情況，我們基本上一無所知。最近我在互聯網上搜索，所得資訊也不多，只知道他是中國民主同盟盟員，一九五三年曾任民盟南昌市分部臨時工作委員會主任委員。在武漢大學時，他曾為推動世界語的學習和推廣做出過貢獻。他的一部著作《現代漢語簡論》（湖北人民出版社，一九五七年）至今仍在網上有售。

由於當了古代漢語課代表，我對古代漢語課學得很認真、挺深入，這得到了傅老師的表揚。他鼓勵我多思、多問。一九六二年上學期，他命我提出「古代漢語復習報告」，交待我「多提問題」。遵命，我擬寫並提交了「古代漢語復習報告提綱」，分「關於古代漢語教材的編寫體例」和「關於《古代漢語讀本》值得商榷的問題」兩部分，共提出了十一個問題，並表明了自己的觀點。其中第七個問題，我寫道：

「何以」後面的詞（如「何以家為」的「家」）不是「以」的賓語，而是「為」的賓語提前。「以」的賓語是疑問代詞「何」，也提前在介詞「以」之前。如「何以家為」，即「以何為家」，即「憑什麼要家」；「何以伐為」，即「憑什麼要打」。這正是反問語氣，比「要……做什麼」的解釋要好些。

對我這個「報告提綱」，傅老師只是在上述「而是『為』的賓語提前」這句下面畫了紅線，並注上「①」，然後在篇末用紅筆批註：「①再考慮考慮。1962.5.23.」顯然，他對我這個觀點不表贊同，並鼓勵我繼續鑽研。其餘，則沒有批註什麼。可見，傅老師對我的學習關心得很具體、要求很嚴格。

傅老師和顏悅色，說話慢條斯理，幽默風趣，很受同學們歡迎，深得同學們尊敬。由於「職務」關係，我與他接觸較多，常送作業本到他家裡，有時聊聊。一來二往，與他家人也熟悉了。他老伴是「賢妻良母」。兩個女兒，大的在師院化學系讀書，小的還在師院附中念高中。同學們都打趣我，說傅老師要把他的小女兒許配給我了。

許配小女兒是烏有之事，傅老師待我挺好，卻是實實在在的。大學畢業我到鄉間中學任教後，他與我還常常通信。一次他的大女婿出差錫礦山，還奉他之命到我們學校（冷水江市一中，就在錫礦山下）來看望我。事後傅老師寫信來，說：「知道你生活條件很艱苦，甚為憂慮。」湖南省成立語言學會，他任會長，還有意推舉我到學會任專職幹部。不過因為「文化大革命」中世事紛擾，未能成命。

傅老師從調來湖南大學中文系就隨時隨地備受批判，一來什麼「運動」，更是首當其衝，是個名副其實的「老運動員」，在「文化大革命」中也少不了挨批挨鬥。關山阻隔，世事紛亂，我們這些他喜愛的學生，都是很久以後才斷斷續續地知道他在「文革」中的不幸境遇。我與他時有通信，可他從來沒有提起過他受到的非人待遇。最近拜讀葉雪芬老師的新作《飄逝的雲》，書中提到了傅老師被折磨的一個情節：中文系教師造反派「給（被批鬥的）

老師脖頸上用根細麻繩吊塊重黑板，傅老師覺痛，用手把細麻繩移到衣領上，立刻有位造反派教師衝上去，說傅不老實，仍複把麻繩移到傅的脖頸上」。

一九八〇年六月，我打算送傅老師一車柴煤（冷水江盛產煤炭，質好價低，而長沙市計畫供應且難覓好煤），他很快就回了信，說：「我們家中只有老弱婦孺，即使運來了優質煤也沒有人力來製作藕煤。因此，沒有必要急於運煤來長沙了。此事可以推遲到明年去辦，具體細節容後函商。」他一直記掛著想弄我到省語言學會的事，事情未成，一再說明原因，這次信中又安慰我：「你在冷水江一中牢牢紮根了，不會把你放走的。」並告訴我，「湖南省語言學會即將召開年會，正編印兩種年刊，大約下月可以出版。」

這封信裡，傅老師還附來他過去所作的舊詩《八思》（作於一九六四年十月六日），共八首七律，所思者有燈、花、火、地、山、路、碑、柱，全部是歌頌共產黨革命業績和革命領袖的，從中可見老一代知識分子的可貴可敬之精神狀態。茲錄其《六、路之思》如下：

革命從來沒盡頭，春回冬去夏連秋。砸開奴隸千斤鏈，掃盡黔黎萬古愁。
掠電沖雲歌海燕，避風逃雨恥沙鷗。請看愛晚亭前路，想見當年橘子洲。

除傅老師外，湖南大學中文系的老師大都很年輕，大學剛畢業不久，大不了我們幾歲。老師與學生相處很融洽。一九六〇年下學期開始給我們上《中國現代文學史》課程的葉雪芬老師說：「我與五九級學生年紀相近，亦師亦友，我們一同勞動，一同下鄉，一同學習，建立了深厚的師生情誼。」（引自葉雪芬著《飄逝的雲》）

二〇〇三年我們班同學聚會時，邀請了尚在長沙的老師參加，會上「年過花甲的學生與同樣年過花甲的老師歡聚一堂」的發言曾讓大家會心地大笑。

其中有位王大年老師，學富五車，態度謙和，很受同學尊敬。他一直對我很關愛，經常人前人後誇讚我。退休後，我將自己寫的一本《湖南客家》親自送到他家求教，他還領我到另一位語言學教授家裡，推介我和這本書。他曾幾次推薦我去嶽麓書社幫忙校勘古籍，雖未成事，但令我十分感動。

還有位顏雄老師，專攻現代文學，對魯迅和丁玲的研究有很高造詣。萬萬沒想到，他在參加一次同學聚會時居然對我寫的《同學錄》「後記」倍加推崇，說他曾把這篇短小文字作為範文，叫他的兒子背誦，並說「今日還帶在身上」，並即時朗讀起來。害得我措手不及，羞赧極了。

既然老師如此看重，我就把這篇短小的「後記」轉錄在這裡了：

年輕時候，我們有緣千里相會在嶽麓山下。三十年過去了，舊誼難忘，真情難卻，我們試圖尋找昔日芳華，熱望把當年同窗重新聚集在一起——這便有了這一冊《同學錄》。

湖南大學之有中文系，就只有我們，我們也就是湖南大學中文系：三個年級，一百六十多位同學少年。愛晚亭下，飄蕩過我們的朗朗書聲；湘江岸邊，留下了我們的幼嫩足跡。時間雖然無情地帶走了逝去的歲月，但磨滅不了同學們心靈中美好的記憶。手捧這本小冊子，浮現在我們腦際的，是一張張既熟悉又陌生的音容笑貌；引起我們凝思的，是三十年來風風雨雨的人生歷程。儘管生活道路不盡相同，但我們畢竟在共和國成長的道路上印下了或深或淺的足印；我們的腳步，與全國人民一道，匯成了通往美好前程的康莊大道。同學們應該為此感到慰藉，因為我們這一代人，雖然得到的不多，但付出的值得。有人調侃我們是「太正統了」的一代，我們卻不覺得失落，相反感到自豪和榮耀。逝者如斯，如今，我們天命已知，猶征程未已，不舍晝夜，執著地向前向前，繼續走完人生之旅。

然歲月不饒人。有些同學已不幸過早地離我們而去，給我們健在者留下唏噓長歎。讓我們為先去的同學祈禱，祝願他們在天國裡先行安息，祈求來世我們再成為同窗。

昔日同班共室，爾後天各一方。一冊《同學錄》在手，把同學之間的距離拉近了。以往關山阻隔，如今資訊暢通。讓我們在這一輩子餘下的歲月，再度連接在一起。不為別的，噓寒問暖也罷，切磋琢磨也行，只為同窗之誼，再現輝煌。

楊宗錚謹識　一九九四年秋月

系裡有兩位年輕女教師：一位是葉雪芬老師，一位是肖海藩老師。我們轉到師院後，肖海藩老師調到長沙市一所中學任教，聽說不久一場大病後癱瘓了。一九九六年我們同學聚會時，特地推輪椅把她請來了。很多同學她都還認識，一一叫得出姓名。師生深情依舊，歡聲笑語。

葉雪芬老師教我們現代文學，與我們一九五九級同學師生感情特別深。後來，在改革開放之初，葉老師曾在中共湖南省委黨校上現代文學課一年，學生是剛剛「解放」出來待安排工作的幹部，後來他們都在省內外擔任要職，但葉老師從未要求他們關照過任何私人問題。二〇〇九年七月，湖南人民出版社出版了她的著作《飄逝的雲》，一天，她打電話問我家怎麼走，要親自送我一本。我怎能讓敬愛的老師親自給學生送書，於是登門拜望了她。她說，這本書是她「帶有人生小結性質的散文隨筆和學術論文的自選集」。書名是原湖南省人大常委會主任劉夫生題寫。

我虔誠地拜讀了葉雪芬老師的大作《飄逝的雲》。厚厚的一本，長達四十五萬字。全書分五個部分並有兩個附錄。第一部分《生命印記》二十三萬字，佔據了全書篇幅的一半，記錄了葉老師的人生旅程，讀了感人至深。《生命印記》深刻展示了一個歷經戰爭年代苦難與和平年代風雨的知識女性的生存狀態，而這，無論對於社會學、教育教學史、婦女運動史、知識分子沉浮史，還是關於對七十年來新舊社會交替和新社會進程的思考等等，都具有實實在在的意義。除了實實在在的社會意義之外，《生命印記》還無意間向人們刻畫了一位知識女性的近乎完美的形象：既是學者教授又是賢妻良母，既獻身事業又嫻熟家務，既努力進取又謙虛謹慎，既嚴於律己又寬以待人。我從書中讀到了一位知識分子高尚、淡泊、勤奮、正直的可貴品格。

在大學時，在退休後，我們只知道葉老師是好教師，但一直不瞭解她的經歷、她的家庭、她的私人生活。讀了《生命印記》之後我才知道，一個徽州女孩，經過艱難曲折的求學之路，成為南開大學的高才生後，一輩子駐守長沙，為湖南的教育事業和文學研究貢獻了畢生精力。我是抱著虔誠的心讀完葉老師《飄逝的雲》的。我覺得，書名就如同葉老師的品格，謙遜高潔。葉老師一生淡泊寧靜，真是一片雲，一片潔白美好的雲，但我又覺得，這片雲永駐天宇，是一片永恆的雲。

還得說說我們的楊念茲老師。楊念茲老師的父親楊榮國（一九〇七至一九七八），是著名哲學家、中國思想史專家和歷史學家。新中國成立之初，他曾擔任過湖南大學文學院院長兼歷史系主任，後來長期在中山大學工作。「文革」期間，他曾被隔離審查，遭到毒打、抄家，妻子也受株連死於非命。後來，他又被「四人幫」利用，發表錯誤觀點文章，成為備受爭議的人物。人生後期，他曾任中山大學革命委員會副主任、中山大學黨委常委、第四屆全國人民代表大會常委會委員等。

但是，楊念茲老師從來沒有在學生面前提起過他顯赫的父親，他的人生也沒有受到父親的多大影響，不論是在父親的光環下或是陰影下，他都在走自己的人生道路。在湖南大學中文系，他教過我們的外國文學課。他和藹可親，與我們同學打成一片，不分彼此。我們到師院後，他調到了湖南科技報社，後來在北京工作直至退休。我調到省僑聯工作後，與他的聯繫較多。他很關心我，我曾到他家拜訪多次，他還留我吃過飯。他患有膀胱結石，卻被誤診為前列腺炎，冤枉吃了很多治療前列腺的藥，因此也成了「前列腺專家」，常熱心地向我介紹治療前列腺毛病的方法和藥物。他收藏有幾萬冊書籍，主要是古今中外的文學作品和工具書，很多都是珍品、孤品。他退休後，為他的一屋子書犯愁，他說要賣掉，而且已經編制好了目錄，估計值一百多萬元。受他之托，我曾為他聯繫福建龍岩學院和湖南長沙學院圖書館，向這些高等學府推薦楊老師藏書，答復都是「書很好，我們想要，但無法購買，因為學校買書要一本本開具發票」。

此後不久，楊念茲老師患病住院。與他父親一樣，他得了癌症，在他父親逝世後三十年，即二〇〇八年，不幸辭世。聞此噩耗，我們同學都十分悲痛。

楊老師生日與毛澤東主席是同一天，他七十歲時，我們同學曾為他祝壽。不過，遺憾的是，他並沒有如同偉大領袖毛主席一樣高壽。

六、瀏陽情結

瀏陽，現在是長沙市所轄一個縣級市，位於湖南東部偏北，東與江西省為鄰。

瀏陽，因一曲動聽的《瀏陽河》聞名於世。人們從這首膾炙人口的民歌知道，瀏陽河彎過了九道灣，九十里水路到湘江，江邊有個湘潭縣，湘潭縣出了個毛主席。

瀏陽，因出了胡耀邦以及王震、彭珮雲、王首道等黨和國家領導人，還出了個清末志士譚嗣同等人物而聲名顯赫。

瀏陽，因秋收起義而成為革命老區；如今，因盛產煙花爆竹和菊花石而走向現代化，變得越來越富庶。

瀏陽，還有一個較少為人所知的事實：她是湖南客家人人數最多的縣域，而且當地客家人的祖先大多數來自廣東梅縣一帶。胡耀邦、楊勇等政軍要人是瀏陽客家人。

唱不盡的瀏陽河，說不盡的瀏陽事。

而今，我的新家就在瀏陽河邊，在瀏陽河即將匯流入湘江的最後一道灣的環抱中。可以在瀏陽河大堤上散步，可以在瀏陽河中垂釣，深感榮幸。

大學時，差不多五十年前，就與瀏陽結了緣。

一九六一年四月二十四日至八月二十日，長達近四個月時間，我們湖南大學中文系一九五九級同學，全體參加了瀏陽的整風整社運動。

一九五八年以來，全中國一片亢奮，「三面紅旗」高高飄揚，「超英趕美」口號響徹神州；大放「高產衛星」，一些「科學家」也湊熱鬧論證出「畝產萬斤十萬斤稻穀是可能的」；大辦公共食堂，吃飯不要錢，好像共產主義真的到了。然而，好景不長，天災加上人禍，災難驟然降臨。農村中嚴重的「五風」（共產風、浮誇風、瞎指揮風、強迫命令風、幹部特殊化風）使災難雪上加霜。一時之間，農業艱危，糧食減產，農村和城市人民缺衣少食，城鄉人民遭受了嚴重的「苦日子」災難。

為了戰勝困難，挽救危局，黨和國家決定及時糾正農村工作中的失誤。一九六〇年十一月三日，中共中央發出了《關於農村人民公社當前政策問題的緊急指示信》（即「十二條」）。同一天，中共中央又發出了《關於貫徹執行「緊急指示信」的指示》。「指示信」加上「指示」，嚴令之下，全國於一九六〇年冬至一九六一年底，普遍開展了整風整社運動。

一九六一年一月二十日，中央工作會議《關於農村整風整社和若干政策問題的討論紀要》要求：「所有農村的人民公社和生產隊，無論三類社隊或者一類、二類社隊，都必須在安排生產和人民生活的同時，以貫徹執行中央十二條緊急指示為綱，進行整風整社。」

一九六一年一月二十一日至二十七日，中共湖南省委召開工作會議，決定組建工作組，進駐農村開展整風整社，糾正「五風」，實行經濟退賠，解散農村公共食堂，以生產隊為基本核算單位。

省裡決定抽調大學師生參加工作組。

我們一個班四十多位同學，光榮參與了這次載入歷史的重大事件。

我們所在工作組的領隊是時任湖南日報總編輯官健平。進駐地點是瀏陽縣北盛區蕉溪公社。同時進駐蕉溪公社的還有來自北京的外交部的官員和機關幹部。

外交部與瀏陽很有緣分。此後，在一九六五至一九六六年，外交部當時二十四歲至二十八歲的一批年輕幹部，後來成為外交部要員的唐家璿、戴秉國等人，又到瀏陽參加了「四清」運動。

官健平隊長在對全體工作隊員的動員報告中指出：「整風整社的目的是：充分發動群眾，糾正以『共產風』為主的『五風』，堅決清查混入革命隊伍內部的敵人，清查漏網的地主富農，促進農業生產。」

整風整社的對象指向公社和大隊幹部。官健平在報告中把幹部分為六種：一、瞭解情況，掌握政策的好幹部；二、想搞好工作但不瞭解情況的較好的幹部；三、思想糊塗，不瞭解情況，不懂政策，工作疲遝的好人；四、死官僚主義，嚴重不明情況，違反黨的政策，犯了錯誤不糾正的違法亂紀幹部；五、為非作歹的蛻化變質分子；六、鑽進來的封建階級和資產階級分子。

公社和大隊幹部被認為是「五風」的始作俑者和執行者。當時公社、大隊主要幹部都已經集中到縣裡「學習」。不少幹部受到批判、鬥爭。

事隔僅一年多，胡耀邦於一九六二年十一月二十六日來到瀏陽，在參加瀏陽公社黨委書記以上幹部會議時講話，他說：「你們過去做了不少工作，家鄉面貌發生了變化，但是工作中也出現了一些錯誤，如刮『五風』等等，農民積極性受了挫傷。為了糾正這些錯誤，進行了整風整社，可是不少幹部挨了批判，六十五個公社有四十一個同志挨了鬥爭，大部分鬥錯了。」陪同的華國鋒插話：「我來作了檢討。」胡耀邦笑著說：「華書記已經作過檢討，大家氣消了沒有，應該消了吧！」

這是後話。

話說當時我和黃魁同學，還有一位外交部幹部叫王振華的被分配到了龍子大隊。當時，幹部集中到縣裡反「五風」去了，大隊就由我們工作組（由少不更事的學生、各單位來的其實並不瞭解農村的機關工作人員組成）「一手抓」。工作一段時間後，工作組上級領導意識到了「一手抓」的錯誤：農村幹部積極性受到很大損害，生產無人抓，出現了分田到戶風（當時整風政策是堅決阻止分田到戶），如此等等。因此，工作組部署，強調充分發動和依靠群眾，分清兩類不同性質矛盾，劃清界限，團結好的和較好的幹部，搞好整風整社。

當時農村過的是真正的「苦日子」，農民生活異常困苦。而我們必須與社員「三同」，吃、住、勞動都選擇在最貧困的農民家裡，叫做「紮根」。我住在一位姓肖的社員家。每天紅薯米飯或稀粥加上鹹菜，不見油葷，吃不飽，餓得慌。鹹菜很鹹，但我常常多夾些鹹菜吃，飯後再猛灌水，以「慰勞」乾癟的腸胃。好在每星期日都要到公社集中彙報，這一天菜好飯香，油水充足，就把肚子使勁地撐，有時還撐得需彎腰才走得了路。

我們的工作情況，從我的一篇日記中可見一斑：

這幾天，要做幾件事：

檢查生產：中耕，除稗，消滅二、三類苗，旱土間作。

瞭解「一年早知道」和糧食情況，做得不夠時補火。

在這同時，抓好經營管理、評工記分檢查，並隊、收回土地情況，不許包產到組，只能分段排工。

查：糧食是否算了賬，交了底；指標是否到了戶、定了用糧計畫。

紮根串聯。

審查大隊幹部。對犯錯誤的幹部的教育。

嚴密監視敵人活動情況。

不是每個工作隊員都吃得了這個苦，守得住規矩，做得了這些事。官健平在六月五日對全體工作隊員的報告中說：「某些同志在下面犯了錯誤。一是違法亂紀。亂吃亂用，吃了社員的東西不給糧票不給錢；投機倒把，做倒手生意；貪污退賠款、專用款。二是違反政策。搜社員的家，沒經批准鬥爭社員；自作主張，胡亂開支公款、專用款。三是生活作風有問題。無組織無紀律，回家不請假，請了假超期；亂搞男女關係；耍流氓作風、惡霸行為。」官健平提出今後要求：一個月開一兩次整風會；要樹立革命人生觀；嚴格要求、經常自我檢查。

再苦再累我也挺過來了。年少時的艱苦生活磨煉了我。我的表現並非可圈可點，但我能做到吃苦耐勞，奉公守法。我們全班四十多位同學也沒有犯錯誤的。

我們工作還有一個任務是深挖漏網的地主、富農。我自己是一個「地主崽子」，現在要來挖地主、富農了，感情是異常複雜的。怎麼「挖」？全大隊排查，看誰家房子最好、吃得最好、穿得最好，「根子」（整風整社依靠的最窮的社員）意見最大，就是他了。有一家在半山腰，一棟二層白粉樓房，有圍牆。我們只到過他家一次，在廳裡站著和主人說了幾句話，裡裡外外轉了一圈，回到大隊部就開始寫材料，上報他為漏網富農。後來呢，卻不了了之，沒有下文了。

但是有收穫，有一個珍貴的收穫：我在聯想，我們家土改時是怎樣被劃為地主成分的。就像現在一樣草草就給人家定成分嗎？感到有點玩笑，也感到很恐怖。

還有一個意外的收穫：我竟然得到了一個瀏陽妹子的喜歡。

大隊會計叫余建國，一個喜歡看書的農村小幹部，我常到他家串門、聊天。他鄰居有個小妹叫余小蘭，正在瀏陽師範學校讀書（她對我說過在「中九班」），週末回來。一回生二回熟，每次她回來都喜歡到隔壁余建國家和我東一搭西一搭海聊一通。一次，她說她的名字不好，太俗，嚷著要我給她改個名。我想了半天，說：「叫余琴吧！」她嘴快：「什麼情？感情的情，愛情的情？」說著臉紅了，白裡透紅，真好看。在瀏陽，「琴」與「情」同音。我忙解釋：「琴弦的琴，口琴的琴，風琴的琴，鋼琴的琴。」她顯得很快活，黏著我的身子，抬頭望著我說：「啊？好的。今後你就叫我余琴吧，叫小琴，別叫小蘭了。」

一天，余建國帶點神秘地告訴我：「小蘭妹子喜歡上你了呢！她很崇拜你。」

這妹子太單純。她可能是喜歡我，喜歡我這個「大學生」、可以管一個大隊的「整風幹部」、一個她在山鄉從來未見過的外地人，但未必就是「愛情」的萌發。對於這種事，我雖然也很稚嫩，但畢竟清醒，並沒把這當回事。再說，那時，那樣子的我，「地主崽子」的我，窮酸的我，自卑的我，怎能談情說愛呀？不過，有人喜歡我，說明我還有令人喜歡的東西在，說實在的，當時就這個成就感。具體說，就是提高了點自信，打掉了些自卑，而這，當真應該感謝這位小蘭妹妹。

後來，我們回到長沙後，她還給我來了信，還寄來一張照片，用的就是「余琴」這名字。我回過信。後來，後來慢慢就沒有聯繫了。以後再未回去過瀏陽蕉溪鄉。

這個故事，在大學時我寫成了短篇小說，在幾位同學中傳閱過。可惜，原稿已不知去向。一九八九年我回到長沙工作後，有好幾次去瀏陽，但沒有去過蕉溪鄉。每到瀏陽，「餘琴」小妹活潑可愛的形象總會在我腦際呈現，想像著她會出現在村口的小河旁，辮子粗又長。

整風整社工作於一九六一年八月二十日結束，我們返回長沙。

同年八月二十一日，在省委黨校禮堂召開總結大會，中共湖南省委秘書長蘇鋼做總結報告。

蘇秘書長說，整風整社「成績偉大，前途光明」，其表現是：一、全省多數地區可以有較好的收成。二、幹部作風有很大轉變。打人、罵人、瞎指揮、強迫命令大大減少（但也出現了不指揮現象），幹群關係大大好轉，人與人之間的關係已經基本正常。三、群眾思想覺悟有了很大提高，心情舒暢了，積極性比去年強多了，社員家庭收入比去年有了增長。四、農村形勢正向好的方向轉化，前途無限光明。群眾深刻認識了「五風」的嚴重為患，今後能抵住「五風」了。

對於今後的工作，蘇秘書長表示，要求在一九六二年春節前後完成整風整社任務。工作隊改為在縣統一領導下工作，名稱統稱為「縣委工作隊」。

七、教育實習

我們考上的是湖南大學漢語言文學系（中文系），定的是綜合大學培養目標，即培養語言和文學領域的專業工作者。按照課程規劃，三年讀完基礎課程，四年級時將分語言和文學兩個專門化。我已經選擇了語言專門化。但是，上四年級時，我們湖南大學中文系一九五九級連同一九六〇級、一九六一級共三個年級的學生全部轉到了湖南師範學院中文系。師範學院的培養目標是中學教師。因此，我們一九五九級同學到了師院後，院方就一股腦兒給我們補上心理學、教育學等師範必修課程，還要組織我們進行教育實習。湖大的學制五年，師院的學制是四年，我們的學制則成了「（5+4）÷2=4.5」，四年半畢業。這個特殊學制，讓我們一輩子時常要向人家費盡口舌才解釋得清楚。

一九六三年四月十四日至五月二十四日，學院安排我們從湖南大學過來的一九五九級進行教育實習。全班分成三個實習小組，分別在長沙市的三所中學進行教育實習。我們十五位同學為一組，安排到了長沙市第十九中學。三個人在同一個班，我與劉秀全（畢業後分配到衡陽師範學校）、周觀寧同學（畢業後分配到湘潭市三中，後來回到廣州，在一個省級機關做報紙編輯工作）分配到初十三班（初中二年級）。我們每人要教兩課書，兼當實習班主任。

長沙市十九中始建於一九五八年，歷史不長，是因應中南礦冶學院（現為中南大學）一九五七年建校而興辦起來的。位於麓山南路，就在中南礦冶學院旁邊，湖南師院的藝術系和體育系（又稱師院南院）也在這裡。長沙市十九中當時只有初中，學生大半是大學教師和科研所人員子弟，一部分是附近的菜農家庭子弟。今天，我在寫這本書時，懷著念舊情感上網查了查，時隔近半個世紀，現在，十九中成了一所完全中學，有六個年級，四十個教學班，在校學生一千八百餘人，並與湖南師大藝術學院聯合創辦了「湖南師範大學藝術學院附中」。

我們的指導老師是章春盈老師，他多年來都帶領學生實習，富有經驗，嚴謹細緻。他同我們在十九中實習的同學一起住在師院體育系的學生宿舍裡。

教育實習是師範學院學生畢業前的重頭戲，必須演好，不能演砸了。四十天時間裡，天天繃緊著神經，緊張得要死。更要命的是，我還擔任了實習小組的生活幹事。與食堂聯絡、交涉，發餐票（飯票、饅頭票、菜票）、記賬，甚至還跑了幾趟回北院（院本部）中文系食堂去拿豆腐票、肉票、油票，交給我們實習就餐的食堂（食堂管理員見我就嘮叨這票那票）。先在藝術系食堂吃飯，同學們反映伙食不好，經章老師出面向系裡報告，我多方奔走，後改在體育系食堂就餐。然而這又苦了我，要跟藝術系食堂結清舊賬，退掉餐票，又要在體育系食堂新買餐票，分發給同學。但是我的辛苦有了成效，體育系食堂的伙食好多了，大家總算滿意了。

實習第一天，在初十三班班主任黃其實老師（一位已經有多年教學經驗的中年教師）帶領下，我們三位實習生跟同學們見面。我在那天的日記中寫道：

> 全班同學一對對閃亮的眼睛好奇而又熱情地瞪著我們。這時，我意識到我即將成為他們的老師時，心潮翻滾著：惶恐而欣慰。
>
> 做了十六七年學生，今天要當老師了。當第一次碰到學生迎面向我行少先隊隊禮時，我竟然不知所措，連忙回禮說「你好」，惹得學生笑開了。

十九中校園環境整潔，班上的學生也一個個清清爽爽，蠻可愛的。我很喜歡班上的中隊長何其美，他很像我的弟弟：小小的個子，黑黑的臉，樸實、熱情但有點靦腆。

很少這樣忙過、累過：要在最短時間內熟悉每一位學生，要跟學生打成一片，要組織班會活動，要做家訪，要與原班主任和任課老師協調，每天晚上要備課，要聽從指導老師的指教，要抓緊時間爭取多聽課（聽十九中老師的課，也聽同學們的課；聽語文課，也聽其他各科的課）——但是，感到很新鮮，很充實，很有意義。

同學們逐漸面臨真刀真槍，要開講了。有的講《泰山極頂》，有的講《一件小事》，有的講《粵各鄉民示諭英夷》；分配我講的是《降龍伏虎》，一齣描寫大躍進興修水利的話劇的節選。文體很特殊，語文課本中少見，學生大都沒接觸過話劇，很難講好。我與幾位同學一起備課，互相聽試講，還一個人躲在藝術系的教室裡，對著空蕩蕩的課桌椅，白天講，晚上講，試講了十幾遍。

一九六三年四月二十七日，星期六，上午八點，我平生第一次走上講臺，向學生講課。我正式成為語文教師了。我永遠記住了這一天。

講完課後評議我的課，同學們參加，輔導老師參加，原任課老師參加。說了不少優點，也指出了不足之處。我特別看重十九中初十三班原語文任課教師駱式昭老師（一位年過半百的女老師，幾天前我曾聽過她講授《回延安》，那不僅僅是聽一堂課，而且是一場藝術享受）的評議：「教得很成功，教態自然，語言簡明扼要。」指導老師章老師連續說了幾個「清楚」：「講得清楚，條理清楚，口齒清楚，板書清楚。」我激動並快樂著。我一向背著沉重的家庭出身包袱，形成了內向的性格，平日寡言少語，班上發言也囁囁嚅嚅。我想，我真正得到了鍛煉，我終於能夠改變自己。

接著，我講了另一課《去私》（選自《呂氏春秋》的一篇古文）。

實習任務快結束時，按規定每個實習小組必須安排一堂公開課。我沒有料到，輔導老師章老師竟然選擇我擔任公開課教學。也許是我講的《降龍伏虎》被他認可了吧，我想。章老師對我說：「我們一起準備吧！你能講好的。」無法推辭，我誠惶誠恐，戰戰兢兢，接受了這個出乎我的意料的「天大的任務」。

公開課內容，是講授魯迅的《我們不再受騙了》，兩節課講完。

這是一篇典範的雜文，多年來語文課本的必選教材。長期以來，不少語文教師都感到魯迅作品難教，學生也感到魯迅作品難學。學生中流傳有順口溜：「一怕文言文，二怕寫作文，三怕周樹人。」而我，偏偏被安排講「周樹人」。再說，這篇「周樹人」，時代背景較複雜，課文內容較生澀，邊揭露邊批駁的寫法較獨特，要使初中學生讀懂，必須做足功夫，深入淺出地講解。

當時強調集體備課。除章老師外，駱老師、屈老師（師院中文系老師）參加，還有向家銀、蔣宗海兩位同學。向、蔣兩位同學也講這課書，在他們所在班講，講在公開課前，為我提供了很好的學習機會，給我很大啟迪。

備課由章老師負主責。他緊緊抓住我不放，與我一起熟悉課文、尋找資料、撰寫教案，還要我反覆試講。在空蕩蕩的教室裡，我在講臺上講，章老師一個人坐在下面閉著眼睛聽。每天晚上都折騰到十一二點，而其他同學都睡了。

一九六三年五月八日，星期三，雨後初晴。這一天第三、四節課，是我講公開課。場面很壯觀。教室裡原先六縱排的課桌調整成了八排，騰出後半個教室坐聽課的領導和老師。走廊上也坐了人。我們中文系的系主任來了，教育學課程的老師來了，十九中的領導和語文老師來了，同實習小組的同學也到場。我性格內向，為人靦腆，平時與人交談都不太敢直視對方的眼睛，可不知為什麼，場面大了，我卻感到「目中無人」，能夠揮灑自如。倒是試講時面對的只是一位章老師，我老是不自在，很難有上好的發揮。

上課鈴響了，我淡定自若地走上了講臺，自我感覺良好，一點也不怯場。講課的每一句話大都是在輔導老師的督導下摳定了的，但我不是背誦，我講得自然，也有一些臨場的即興發揮。學生們的情緒也調動起來了，配合得很好，課堂很活躍。兩堂課順利地講完，我如釋重負，人都快癱了。

當天中午就評議我的公開課。

中文系蔡×老師首先發言說，執教者教態自然，好像很有課堂經驗。講話不凌亂，能擺脫講稿，融會貫通地講出來。條理清晰，體現了課文本身的邏輯性。板書有條理，寫得又快又整潔。分析時層次分明，歸納時簡明扼要。啟發性很強，學生跟著老師的講解步步深入，雙邊活動好。傳授的知識準確，體現了教者的基礎知識扎實。通過語言文字篇章結構的分析來挖掘作品本身的思想內容，思想性很強，但不是外加的。

中文系李其光老師說，這是歷屆實習中比較好的課。

中文系教育實習負責人張隆華老師指出，這次聽課規模很大，說明系裡的重視。

指導老師章春盈老師表示，感謝實習學校的大力支持，感謝院裡、系裡的重視，來聽課的人很多。我們一定繼續努力，全面完成實習任務。

教育實習結束後，經系裡評定，我所在實習小組只我一個人得了五分。是老師和同學們幫助我得了第一，我感受到了集體的溫暖。剛入大學較長一段時間，由於家庭出身、海外關係的原因，我一直很自卑，未能融入集體之中，享受集體的溫馨。此刻，我體驗到了。深深感謝我的同學們。

帶著這個光環，我完成了大學學業。

需要說明的是，我們在湖南大學讀了三年，在湖南師範學院讀了一年半，我們應該同是兩校的校友，但是湖南師範學院好像把我們忘了。據從湖南大學轉到師範學院的老師講，他們甚至在該校校史中也找不到有關我們從湖南大學中文系轉過來的三個年級情況的記載。湖南師院舉辦校慶活動、校友活動，也從來沒有與我們聯繫過。倒是湖南大學，一直把我們當做校友。湖南大學校友總會編印的《眾星之光》，收錄了我們中文系不少同學的事蹟。二〇〇七年暑假，湖南大學校友總會組織在校學生開展尋訪校友活動，我還被作為尋訪對象，受到三位小校友的採訪。採訪文章《平淡是真，知足常樂——專訪湖南省歸國華僑聯合會原秘書長楊宗錚》（劉晶瑩執筆），還登載在湖南大學校友總會會刊《湖大人》二〇〇九年九月號上（見本書附錄，湖南大學校友總會網站xyh.hnu.cn亦有貼出）。從一九九六年到二〇〇二年，我還被選舉當了湖南大學長沙校友會第三屆理事會秘書長，還成為了湖南大學校友總會常務理事之一。

我作為湖南大學校友，感到很有榮光。

二〇一〇年七月，我的大弟弟勇曾，率領他老伴和兒子、兒媳，第一次到長沙來看望我們一家，他們提出一定要到我讀過書的湖南大學看看。我和老伴陪著他們去了。在風光旖旎的嶽麓山下悠遊，他們讚賞湖南大學，也欽羨我這個五十年前的湖南大學學生。

Chapter 5

山鄉中學　艱苦磨煉（一九六四～一九七六）

一、天降大任

一九六四年二月初，放寒假時，我們大學畢業了。

這一年，中國哲學界在爭論是「一分為二」還是「合二而一」。毛澤東主宰了爭論，一錘定音：「『一分為二』是辯證法，『合二而一』恐怕是修正主義、階級調和論的吧！」於是，中央高級黨校副校長楊獻珍被批判了一年，撤了職，因為他主張「一分為二」和「合二而一」都是我國古代哲學家對辯證法對立統一規律的表述方式。

我們在大學開過哲學課，學的是艾思奇主編的《辯證唯物主義與歷史唯物主義》。覺得太枯燥，太玄乎，沒有一點「關關雎鳩在河之洲」的意境。雖然不喜歡哲學課，但我考試還是得了五分（優等）。即使讀過艾思奇，即使考試得了高分，對「一分為二」與「合二而一」孰是孰非，我還是感到很迷惘。愚鈍若此，我註定成不了哲學家。我倒是知道《三國演義》卷首裡說的：「天下大勢分久必合合久必分。」當年批判蘇聯修正主義，與「蘇修」分道揚鑣，主張「一分為二」；但是我們也要解放臺灣、統一祖國呢，主張「合二而一」不好嗎？哲學應該不是泥團，可以隨便拿捏的。不是哲學家的我，這樣想。

不過，我們終歸還是「合久必分」了。在嶽麓山下、湘江之濱「合」了四年半，我們班四十多位同學就要分開，「揮手自茲去」，各奔前程了。

一九六四年二月二日，上午，全班同學正襟危坐在一個階梯教室裡，聽候宣佈畢業分配去向，氣氛有些詭秘而凝重。我卻很坦然。「經驗」告訴我，由於自己家庭出身、社會關係是全班「最差」的，即使我學習成績突出，現實表現還可以，也絕不可能分配去好的地方、好的單位。沒有奢望即心安。況且，此前填寫分配志願表時，我毫不猶豫地填上了「一切服從黨安排」。不這樣填又該怎麼填寫呢？我毫無選擇餘地。

系主任李祜老師終於出現在講臺上。他不苟言笑，望了我們一眼，便低頭看著手中的幾張紙，一字一頓地宣佈畢業分配名單。他顯然不熟悉我們班同學的名字，念得有點磕巴。

全班四十二位同學，像撒胡椒麵般，被零散分配到全省十三個地區（市、州）。我被分配到邵陽地區。我知道，這個地方地處湖南中部，不東不西，不好不賴，是「中不溜秋」的地方。系裡的分配指導思想在我身上體現得惟妙惟肖：既要「貫徹階級路線」，又要看「現實表現」。我沒有感到不滿意。不滿意也沒用，何必自尋煩惱。

李祜主任對我們從湖南大學過來的全班同學恐怕認識不了幾個，即使他為我們講過明清文學，講過《紅樓夢》。課間休息時我們曾經在講臺上看過他的教案，一絲不苟的毛筆正楷字，令我們十分震撼。

宣佈畢，他透過黑框眼鏡，卻很有激情地祝福我們：「樹立堅定的為社會主義教育事業貢獻畢生精力的信念，做一個優秀的人民教師。」他語調並不高昂但很有磁性地繼續說：「假如你們工作五十年，就可培養五萬人，想想看，這五萬人的影響有多大！」

李祜主任希望我們「工作五十年」，可是，只不過幾年後，「文化大革命」中，這位深懷社會主義教育事業激情的資深教育工作者，卻「畏罪自殺」了，同她夫人一起。這是後來我才聽說的。至於什麼「罪」，我不知道。他也已經不會知道我們後來培養了多少萬人。

我自我調侃畢業分配受到了「中不溜秋」的待遇，但是，「赴任」期間的遭際，卻使我「很受傷」，處處感到被「等而下之」。

孟夫子說：「天將降大任於斯人也，必先苦其心志，勞其筋骨……」

我從歷史縫隙中鑽出來，有幸大學畢業，但畢竟是區區草芥，而且身負家庭出身、海外關係沉重包袱，未敢冀獲大任，然而註定要苦心志，勞筋骨。

一九六四年二月四日下午，我與一同分配在邵陽地區的黃永和、趙石生、黃魁同學共四人，在寒風細雨中乘火車去報到。學院為我們買好了火車票，發給我的火車票上標明，是三〇五次列車，十五點五十六分開。不像現在的「高鐵」奔跑如飛，當年慢悠悠的火車，不到三百公里途程，爬行了一個晚上，於五日清晨才把我們拉到邵陽。

在邵陽市濕漉漉的街頭攤點，四人胡亂吃了碗米粉就去專署人事科報到。

剛放下行李圍著火爐坐下（冷啊），一位女同志走過來寒暄幾句後便一一指名分派我們：黃永和留在專署人事科，趙石生到邵東縣委宣傳部，黃魁到隆回縣人民法院，楊宗錚到新化縣文教科再行分配。他們三人都是邵陽地區人，只有我一個是外地人。他們三人都根紅苗正，只有我一個人家庭出身不好、社會關係複雜。他們分配比我好，在料想之中，但我沒有想到，邵陽市的中學也留不了我。

新化縣在哪裡？我茫然不知所措。

與同學執手相看，揮手道別，獨上征程，望盡天涯路。

一九六四年二月六日，我坐上一輛貨車改載客的雙排座汽車，七十七公里，顛簸了三個多小時，一路嘔吐來到了新化縣城。在用卵石鋪成的滿是黑色泥汙的小街旁，找到了縣文教科。安排我在招待所住下。好像都在忙乎過年似的，把我撂在一邊，沒有人招呼我，跟我寒暄。孤寂中上街找到黑不溜秋的劇院，去看祁劇《謝瑤環》，空曠冰冷的劇場裡只有幾十個人。我知道是田漢寫的劇本，很好的戲，但幻燈字幕模糊，又聽不懂唱念，沒有心境，只看了約半點鐘就出來了。

我以為好歹總會把我留在縣城某中學吧。可是，繼續把我往下發落，要我去「新化十四中」，該校在冷水江鎮。理由似乎是對我的關照，說那裡「離鐵路最近」（那時湘黔鐵路修到了金竹山，屬冷水江鎮管轄範圍，離十四中尚有十多里路），「廠礦很多」（有「聞名世界」的錫礦山）。

認命吧！我沒有提出任何異議。

當年二月九日上午，我冒著風雪，乘著小船（那時新化縣城到冷水江鎮還沒通公路），在一條叫資江的河中逆流而上，來到我的人生新起點，報到來了。

這天是農曆甲辰年十二月二十六日，傍晚；地點是湘中山間小城冷水江鎮，資江碼頭。大雪紛飛，霧鎖寒江。一個年輕人肩挑破舊行李，艱難地從小汽船出來，冒著刺骨寒風和漫天飛雪，踏上了濕滑的河岸碼頭。

這個年輕人就是我，一個二十出頭的應屆大學畢業生，一個廣東省梅縣人，一個印尼歸僑，被發落到這裡，孤身隻影，前來他被分配的工作單位報到。

已過農曆小年，但不見過年景象。茫茫四顧，大有「千山鳥飛絕，萬徑人蹤滅」的境界。我倒吸了一口冷氣，蹣跚著走到一間貼有「售票處」紙片的小屋前，只有一位老人在裡面哈著氣，腳下有一盆炭火。我向老人家問路，話不通，艱難地交流了幾句。征得他同意，我把行李寄放在裡面，踏著碎瓊亂玉，走了兩里多路，來到了掛有「新化縣第十四中學」招牌的敞開的大門前。

傳達室老者眯著眼聽明我的來意，立即大步流星進去通報。一會兒，迎面走來三位老師，事後才知道，他們都是學校領導：校長黃長清、校團委書記曾暢元、教導主任錢岳鳴。

他們大概是剛開完會出來，熱情地招呼我，把我帶進了學校辦公室。辦公室很暖和，但有刺鼻的煤氣味，裡面燒著通紅的煤火。

我的簡單行李，不知什麼時候已經被接來，安放在一間小房裡，那便是安排給我的臥室。房間陰冷潮濕。輾轉反側，幾乎一宿無眠。

幾天後就是除夕。留校的只有四位年輕老師，為首的是校團委書記曾暢元。他們包了一大堆餃子，把我叫去，飽餐了一頓。這便是過年。雖然簡單得可以，但留校老師噓寒問暖，感到暖意融融。

他們張羅著，給我房間端來火盆。冷水江鎮盛產煤炭，冬天取暖全用煤火。忙碌之中他們忘了交代，我則完全不知情，煤火能夠取暖，也能使人中毒。大年初一早晨我醒來，感到頭異常脹痛，昏沉沉地起床，差點摔了一跤。中午了，吃飯時，我直想嘔吐。老師們有經驗，見狀，即刻想到可能是煤氣中毒，立即熬了一大碗蘿蔔湯讓我喝下。當天下午，他們在我房裡安裝了排煙管，並教我火盆使用注意事項。我算是領略了人生新生活的第一課。

我在這所中學，一待就是二十一年。

二、小鎮名校

大學畢業時，系主任李祜老師叮囑我們要為祖國工作五十年。我不知道李祜老師是怎麼計算的，但是，按照我國的退休制度，工作五十年，誰也辦不到，除非當上黨和國家領導人。

我的實踐是：一九六四年參加工作，到二〇〇二年退休，為人民服務三十八年。三十八年中，我待在湘中冷水江的時間占了一半多。冷水江是我的第二故鄉。那裡，至今仍有我很多的同事、朋友和學生在。我時不時回到冷水江，只要有一人知曉，立即會呼朋喚友，前來相聚，令我回應不及，應接不暇。

冷水江原是新化縣的一個區。一九六〇年經國務院批准設立冷水江市（縣級市）。一九六二年在國民經濟調整中被撤銷，仍為一個區，複屬新化縣管轄。一九六九年起恢復縣級市建制，原屬邵陽地區管轄，後隸屬婁底地區（後改稱婁底市）。

冷水江地處湖南「幾何中心」，湘中腹地。看湖南省地圖，在正中間，資江中游，距省會長沙二百三十多公里。

我到冷水江時，此地是新化縣的一個小鎮。當地人又稱此地為「老鼠港」（當地口音「老鼠港」與「冷水江」音近）。鎮域有一座著名的礦山，叫錫礦山，其實產銻，號稱「世界銻都」。鎮裡幾條小街，還是沙土鋪路。有一座令當地人很驕傲的建築，叫「萬人飯店」，不過四層樓，是「三面紅旗」狂熱年代的產物。

鎮裡人口不多。在那裡待幾年後，在「街上」一走，好像互相都認識，得不斷點頭、握手、寒暄，猶如電影《早春二月》芙蓉小鎮中的情景。

「一個教師外鄉來……」，《早春二月》中小鎮教師蕭澗秋面對小橋流水的玲瓏小鎮感喟，「我呼吸著美麗而自然的新鮮空氣了，鄉村真可愛喲……」

我不可能是蕭澗秋，我與他只有「外鄉來」這一點點相同；湘中小城冷水江鎮也遠沒有柔石筆下江南水鄉芙蓉小鎮那般美麗，我更沒有蕭澗秋式的激情。但是，我這個外鄉教師在這個並不美麗的山間小鎮紮下根了。我是很能夠安身立命的。

在冷水江市一中的「外鄉來」的教師還有一位生物老師賴林繼，廣東增城人，比我早來幾年，也比我早離開，調回老家去了。

新化十四中是冷水江鎮唯一的一所完全中學，創辦於一九五六年，其前身是錫礦山完小附設初中班。一九五七年分出，改名「新化縣礦山中學」。一九五八年納入縣立中學系列，命名為「新化縣第四初級中學」。一九六〇年初設立冷水江市時，更名為「冷水江市第一中學」。一九六二年撤市，改名「新化縣第十四中學」。一九六九年後復名「冷水江市第一中學」。

別小看這所小小的山鄉中學。冷水江市及周邊農村貧苦人家子弟，都是通過這所學校「跳出農門」，改變人生道路的。讀書苦。這裡是地道的「寒窗」。在這所學校讀書的學生，全部寄宿，讀書、生活全在周長不過二千米的圍牆裡面。只有一個面積大約一百多平方米的砂土鋪就的操場，操場內還擠著一個簡易籃球場。很少開展文娛體育活動，間或組織學生看一場電影。學生除了吃飯、睡覺，就是上課、自習。星期日也有很多學生在教室裡奮鬥。

一九七七年恢復高考後，我們這所簡陋學校的學生高考成績卻出奇的好。至一九九六年的二十年間，有二千多名學生考上大學。高潮出現在一九九二年高考，湖南文、理科「狀元」，都出在這所學校。我不敢掠美，那是在我離開這所學校之後出現的奇跡。

據說新化縣當初是把「新化十四中」當作「新生力量」下決心辦好的。措施之一是一九六二年以後每年都安排了一批大學本科畢業生到這所學校任教。我來到這所學校時，大部分教師年齡在三十歲以下，這在全縣各中學是僅有的。

我們語文組的劉一龍、羅守讓老師，比我早一兩年來到學校，又同是湖南師院中文系畢業，因此感到格外親近，他們對我這個異鄉來客也給予了很多的關照和幫助。

他們兩位與我一樣，「出身不好」、「社會關係複雜」，我似乎找到了同類。但不知為什麼，我的政治處境似乎比他們要好一些。他們博學多才，我很景仰。劉老師精於古文，羅老師則對現代文學和文藝理論有專攻。我呢，可能是撿了個漏子，於現代漢語和寫作方面稍有優勢。幾個人各有所長，優勢互補，對中學語文教學，感到遊刃有餘。

他們的後續發展很不錯。「文革」結束後，劉老師、羅老師兩位上調至婁底師專，教大學去了。我這沒長進的則一直留在中學。羅、劉這些「文革」中的「牛鬼蛇神」先後加入中國共產黨，並先後擔任過婁底師專中文系黨支部書記。劉老師在婁底師專（後改名為湖南人文科技學院）成為教授，功德圓滿後退休。羅老師很有闖勁，先是到了海南，後來到了廣東潮州，在韓江師範大學，也是當了教授，退休後安享晚年。

當年全市有一個共識，認為冷水江市語文教學力量是最強的。比我們年齡稍長的語文教師李伯堂、羅因等老師，教學經驗豐富，對我們年輕老師多有提攜，我們深有體會。當年冷水江市「語文界」的名教，還有鍾友愛、王德新等老師，我至今仍然對他們深懷崇敬之情。遺憾的是，鍾友愛、羅因等老師，已先後離世，願他們到了天堂仍然當語文教師。

在這所學校，二十一年抗爭、拼搏，我還是很有些成就感的。我一生留戀這二十一年。

一九六四年我分配到該校工作時，學校有六個初中班、六個高中班。我第一個工作是教初十九班語文，然後教初二十二班、初二十六班。兩年後遇上「文化大革命」，「紅衛兵」大串聯，學校基本停課。一九六五年進校的高九、高十班，停停打打，還在斷斷續續上課。高十班班主任伍玉壺老師不知何故上吊自殺了，讓我接了該班班主任和語文課。此後我一直擔任高中語文教學。

一九七〇年代初，市里開辦「五七大學」，教學班設我們學校，要我教語文課。沒有教材，市里充分信任我，都由我自編、自刻（刻蠟版）、自印。

幾乎同一個時間，市里舉辦「高師函授班」（湖南師範學院主辦），我又在那裡任教，教那些沒有達到大專文化水平的初中語文教師。

一九七五年，全省興起「電化教學」（實際上只是用幻燈片和錄音機作為教具）。地區教學輔導站選中我上示範課，內容是語文課本中魯迅小說《藥》。在市里試講後，我被拉到長沙參加省裡的觀摩教學，居然獲得一等獎。

一九七六年，全省興起小學漢語拼音基本式教學，我在市教學輔導站主任曾慰南老師（我的頂頭上司，也是親密同事，後來調婁底地區黨校任職）的帶領下，前往益陽市參加省裡舉辦的學習班，回來後即編寫了「漢與拼音基本式教學」教材，在全市小學應用。承蒙曾慰南老師看得起我，我還受命擔負起了輔導小學教師教「基本式」的重任。

一九七七年起，連續幾年，地區教學輔導站組織編寫高考語文復習資料，我都擔任現代漢語語法和作文部分的編寫任務，其中作文部分，還被收集到湖南省教學輔導站編印的復習資料中。

一九七八年前後，市里舉辦湖南廣播電視大學中文系教學班，我受聘擔任輔導教師。同年，我被漣源地區（後改稱婁底地區）教育局聘為「高師本科中文課程兼職教師」。

一九七八年起，我幾乎年年擔任高三畢業班語文教學，有時還兼班主任，直至一九八五年秋我離開該校。

一九七九年後，我「時來運轉」，先後被提拔擔任副教導主任、副校長直至校長。

三、「文革」劫難

大學畢業當了語文教師，正當我躍躍欲試，要施展所能，大幹一番的時候，史無前例的「文化大革命」爆發了。

一位好不容易從歷史夾縫中走出來的小人物，再次在歷史的狂風惡浪中顛簸、抗爭。

小鎮的「文化大革命」是全國、全省的縮影。也有兩派：造反派和保守派。還有個逍遙派。社會上兩派還搞了武鬥，動了真刀真槍。一位「湘江風雷造反司令部」的頭頭、冷水江鐵廠工人，我至今仍記得他的名字，叫冷君香的，被「高司」（「湖南高等學校造反司令部」的簡稱）頭頭董某（冷水江電廠工人）槍殺了。「文革」後，殺人的董某被判了十幾年徒刑。

學校師生也分成了兩派。先後兩任校長黃長清、庾國植都成了「走資派」，挨批挨鬥，靠邊站。其實他們都是好人、好校長，我一直這麼認為。黃長清校長和他妻子劉英老師，還十分關心我，看重我。我一輩子不能忘懷。

一九六六年暑假的一天，老師們在區裡集中學習回來，出身不好的老師，大都發現房門洞開，屋內一片狼藉。我的住房也不例外。經清點，我失去的東西不多，但都是我所珍貴的：四個日記本、一本大學畢業時同學們題寫贈言的本子、一張畢業合影、十幾張同學贈送的照片；還有，把我貼在書架上的題簽「俏也不爭春只把春來報」也揭去了。是「紅衛兵小將」幹的。這叫「抄牛鬼蛇神的家」，查找「罪證」。「俏也不爭春只把春來報」就是罪證之一，說我自認為「俏」，目中無人，驕傲自大，牛鬼蛇神怎麼能「俏」。我說那是偉大的導師、偉大的領袖、偉大的統帥、偉大的舵手毛主席的詩句、最高指示，他們說這是「打著紅旗反紅旗」。

被抄去的物件不知所終。我最心疼同學的贈言和照片。在幾十年後同學聚會時，我才再次看到大學畢業時的合影，精心複製了一張。

要寫大字報。不寫是不行的。紙筆墨糨糊都有，寫了就貼，批判「劉少奇資產階級反動路線」，揭發「走資本主義道路當權派」，「打倒牛鬼蛇神」，「老子英雄兒好漢，老子反動兒混蛋」、「將無產階級文化大革命進行到底」……大字報鋪天蓋地，校長、教導主任、「牛鬼蛇神」、「臭老九」的房門都被大字報封住了，須低頭方能進去。

非常不幸，屋漏更遭連夜雨。在寫一張大字報時，我出事了，出的大事。當時，大字報中只要出現「劉少奇」三字，都得用紅筆打上「×」。我疏忽了（也許是麻木了），寫好後也沒有認真檢查，漏了一個「劉少奇」沒打「×」。結果，「把牛鬼蛇神楊宗錚揪出來鬥垮鬥臭」，「誰保護走資本主義道路當權派就打倒誰」，「誓死捍衛無產階級司令部」的大字報貼滿全校，封住了我的房門。我嚇壞了，渾身發抖。在當時，這是彌天大罪，會把你置於死地的。記得縣裡的一次批鬥大會上，有位經常帶領人們呼喊口號的老師也許是喊「打倒」喊得太多弄糊塗了，鬼使神差般把「捍衛無產階級司令部」喊成了「打倒無產階級司令部」，當場就被「造反派」揍得半死。

惶惶然不可終日。紅衛兵已經醞釀要把我鬥垮鬥臭，再踏上一隻腳。

猶如神兵天降。這時，劉天炳老師幫我說話了。我祖宗八輩感謝他。

劉天炳，湖南綏寧人，早我兩年畢業於湖南師範學院歷史系，家庭出身貧農，根正苗紅。時任教導處副主任。在老師的心目中，他很「左」。但他一直對我像是另眼相看。一九六七年一月，他組織老師步行大串聯，共有五人，我參加了。我們步行到韶山後，經長沙，走平江，到達湖北的通城、咸寧。到咸寧後，確實走不動了，上了火車直達武漢。然後坐火車回到冷水江。完成這一「壯舉」，我們五人被贊許為「老紅衛兵戰鬥隊」。共同「戰鬥」，使劉天炳對我多了幾分瞭解，他不認為我是「牛鬼蛇神」。

「大字報事件」發生後，正當我準備「束手就擒」之時，劉天炳發話了，他找來紅衛兵頭頭說：「那是筆誤。」並親自拿著紅筆，在那個「劉少奇」上補了一把「×」。

事關我政治前途甚至生命安全的一件「驚天動地」的大事，意外地、平靜地落下了帷幕。

在歷史滾動的車輪中，我差點被碾死。

也許是一系列的幸運，使我得以在歷史的夾縫中掙扎著前行。

但是，「文化大革命」的劫難遠沒有結束。

一九七一年，學校進駐了「軍宣隊」，隊長是市武裝部T部長，來頭很大。

T部長不辭勞苦，親自聽課，查教案，並且很有見地，經常發表一些高論。

在聽化學老師趙婉君講「原子」一課後，他在大會上以不屑的口氣說：「講了半天還沒有講清楚，我一句話就講清楚了：最有力量的不是原子彈，而是人，用毛澤東思想武裝起來的人。」

他又聽了數學老師賀季讓講「拋物線」一課，之後，洋洋自得地在大會上說：「臭老九講拋物線，繞來繞去，我還是沒有聽懂。很簡單，我這個大老粗都知道，射尿就是拋物線。」他不但是「大老粗」，而且是個男人，所以懂得「拋物線」。聽者欲笑不能，欲哭無淚。

T部長還整到我頭上來了。他把我的教案悉數收了去，最終發現了一個「大問題」。我在教案中引用了這麼一句話：「被打倒的階級人還在心不死」。這句話的句讀應該是「被打倒的階級／人還在／心不死」，本來是標準的「文革」語言，充斥於報刊上、大字報中。不幸的是，我們的T部長偏偏要讀成「被打倒的階級人／還在心不死」，於是乎，他覺得抓到「階級鬥爭新動向」了。「階級人？」他在大會上高聲嚷著，「只有階級敵人，哪有什麼階級人？階級鬥爭熄滅論，階級鬥爭新動向。」他站起來，舉起拳頭高呼：「打倒階級鬥爭熄滅論！」「階級鬥爭年年講月月講天天講！」操場上幾百號人跟著高呼，口號聲響徹校園，震懾著我脆弱的心靈。

這年暑假，軍宣隊把全市中小學教師全部集中在我校，辦「學習班」，長達四十多天，老師不准邁出校門一步。當時我妻子在學校食堂當炊事員，被T部長說成「來歷不明的人」，當天即被趕走。我百思不得其解，她是我老婆，有結婚證在，怎麼「來歷不明」了？事後有人告訴我：T部長說，食堂也要抓階級鬥爭，地主崽子的老婆，是階級異己分子，不能在「要害部門」工作。

學習班一直辦到當年九月中旬，好像正未有窮期，可是，有一天，卻突然結束了。我們注意到，掛在校門上方的林彪揮舞著紅寶書的巨幅畫像，突然不見了。

四、「文革」日記

上面講的一些「文革」故事，由於涉及自身，而且受到傷害，所以留下的記憶比較深刻。但是，就具體事實而言，隨著歲月的流逝，「無產階級文化大革命」的印記已經逐漸淡薄。一些當年的文字留存，或許還記錄下一鱗半爪。退休後整理舊藏，饒有興趣地翻看了僥倖存留的幾本「文革」期間日記，覺得很有些意思，摘錄幾段，以為紀念。

先說明一下，我寫日記沒有形成習慣。心血來潮時會記一段時間，但堅持不了多久，很少能連續寫完一個本子的。

再說明一點，這幾個日記本有深刻的時代印記。其中一個是三十二開的小本子，封面具有典型的「文革」標誌：紅色塑膠套（如同紅寶書《毛主席語錄》一般），上印「韶山升起紅太陽」金色藝術字和韶山毛主席舊居圖案，下方還有「瞻仰韶山紀念」字樣，「韶山」二字是臨摹毛澤東手跡。扉頁卻蓋了個有「冷水江市先進集體和先進工作者代表大會紀念，一九七一年一月六日」字樣的圓形紅色印章。這個本子、這個印章，大概是我在「文革」中不幸中之幸運的一個見證：政治上受歧視、遭壓打，業務上卻還「被先進」。

第一頁，我工工整整地抄了七段「毛主席語錄」，其中一段是：「世界觀的轉變是一個根本的轉變……」

第二頁，我寫了一句口號：「反驕破滿鬥私心，繼續革命永向前。」

下面摘錄幾段日記。為保存歷史原貌，純粹「裸錄」，未作任何增刪修飾。

一九七一年二月十三日，星期六

偉大領袖毛主席教導我們：「團結起來，爭取更大的勝利。」以前，我與一位老師鬧不團結，至今已有多年。不團結，已經給革命事業帶來了損失，長此下去，是對黨對人民的犯罪，是對毛主席的不忠。由於領導的關懷和同志們的幫助，我有了進步。我檢查了自己的錯誤，承擔了責任。我一定遵照毛主席的偉大教導，加強革命團結，為人類作出應有的貢獻。

一九七一年三月三日，星期三

今天，我們在李隊長（注：駐校「工人毛澤東思想宣傳隊」隊長）房裡學習《矛盾論》。在李隊長的啟發下，我們展開了關於「一分為二」問題的討論。有人提出了一個問題：化合反應，比方氫和氧化合成水，怎樣用「一分為二」的哲學觀點去解釋？我們就議論開了，最後，大家有了一個統一的認識：「事物都是一分為二的。」不論是自然界還是人類社會，都是如此。在化合反應中，也嚴格遵守了這一定律。顯而易見，分解反應是「一分為二」。化合反應呢？這同樣也是「一分為二」。看事物，應該看它的全過程，不應該靜止地看問題。我們通常所看到的水，不過是物質在某一階段上的一種表現形式。在水之成為水之前，它無疑是氫和氧。就是成為水了，組成水的氫和氧也是互以對方為存在的條件與前提的，它們的「統一」是相對的，而它們的對立則是絕對的。當組成水的條件遭受破壞時，例如通過電解，它們的「統一」就遭到了破壞，又「一分為二」成氫和氧。因而，物質的「分」是絕對的，而它們的「合」則是暫時的、相對的。用毛主席的光輝哲學思想分析問題，四海而皆准。

一九七二年十月四日，星期三

今天晚上，再一次學習了中央兩報一刊一九七二年國慶社論《奪取新的勝利》。這篇中央社論，首次公開引用了毛主席在致江青同志的信中的兩句話：

「人貴有自知之明。」

「經常想一想自己的弱點、缺點和錯誤。」

毛主席這兩句偉大的教導，是當前批修整風運動的指路明燈。

我覺得，我最大的弱點和缺點是：背了家庭出身不好的沉重包袱。因而政治上不求上進，工作上只求不挨批評。其實，黨的階級政策和知識分子政策是明確的，只要忠於黨、忠於人民、忠於革命、忠於毛主席，我們的前途是光明的。學校黨支部對像我們這樣的教師是非常關心的，而自己卻還被沉重的包袱壓得欲進不能，這是十分錯誤的。真是對不起黨、對不起毛主席、對不起撫育我成長的人民。

一九七三年三月四日，星期日

斯大林在《致〈工人報〉》一文中說：

「在工作中決不要拒絕做小事情，因為大事情是由小事情積成的——這是伊里奇的重要遺訓之一。」

記住斯大林的話——也是列寧的重要遺訓——不要拒絕做小事情。「勿以善小而不為」，我國古代也有人說過。我要在平凡的小事中積累改造世界觀的成果，以使自己從剝削階級的立足點邁向無產階級的革命陣地，為解放全人類而戰鬥。

一九七六年一月九日，星期五

誰也沒有想到，一條大不幸的消息傳來，我們敬愛的周恩來總理與世長辭了。

我負責學校廣播室工作。同往常一樣，今日清晨六點整，我打開擴音機。在《東方紅》樂曲之後，接著傳來了廣播員悲痛深沉的聲音。啊！怎麼會有這個消息——我們敬愛的周總理逝世了！我不相信自己的耳朵，我心裡一陣緊張，默念著：莫非收錯了吧！但是，消息是確實的：周總理與世長辭了。

悲痛的淚水，頓時迷住了我的雙眼。

老師們都起床了，一個個圍著收音機，或站在大喇叭下，靜默，哀泣，在收聽這個噩耗……

我們沒有按慣例做廣播操了，大家心裡一片悲哀。

幾天後，我這個很少寫詩的人，寫下了一首《七律・哀總理》：

驚聞噩耗擾晨曦，冷霧霪身淚濕衣。品德高人人欽敬，才華出眾眾稱奇。終身輔佐成大業，舉世歌吟頌無私。億萬生民同一哭，哀期總理再生時。

一九七六年九月九日，星期四

這是一個不忍記憶的日子！

這是一個令人悲痛欲絕的日子！

誰會想到啊，我們敬愛的偉大領袖毛主席，竟然和我們永別了！

下午快五點鐘時，我正在家裡洗菜。忽然，學校的高音喇叭叫了，傳來了哀樂聲。我心裡一怔，想：可能是哪位中央領導同志逝世了。但是，我當時根本沒有想到會是……

我真不忍把毛主席的光輝名字同「逝世」二字聯繫起來。

過了一會，又響起了《國際歌》樂曲。這時，我意識到了……

但是，我仍然不願想起會是這樣的事。

我一口氣跑到廣播室。小郭和崇軒正在慌亂地調擴音機，一時收不到中央人民廣播電臺的廣播。我心裡很焦急，就幫助調。我把手伸進機內，用手直接撥動可變電容器，終於清楚地收到了廣播……

是一個低沉的聲音在廣播。

廣播員沉痛的聲音，證實了毛主席逝世的消息。

在場的老師，個個都沈默著。

我坐也不是，站也不是。太令人悲痛至極的消息啊！眼睛濕潤了，我走出廣播室，來到走廊上，掏出手絹，擦拭著眼睛。

今晚，又再次聽了《告全黨全軍全國各族人民書》。

毛主席沒有離開我們！

毛主席永遠活在我們心中！

敬愛的毛主席永垂不朽！

一九七六年九月十七日，星期五

昨天就聽廣播電臺廣播了《人民日報》《紅旗》雜誌、《解放軍報》社論《毛主席永遠活在我們心中》。今天，從報紙上看見了。

學校組織老師學習了這篇社論。

社論傳達了毛主席生前的囑咐：「按既定方針辦。」「按既定方針辦」，這六個字，字字千鈞。

這六個字，體現了敬愛的毛主席對我黨、我國前途的無限關懷！

這六個字，給我們指出了前進的方向！

我們要遵循毛主席的囑咐，「按既定方針辦」，把毛主席開創的無產階級革命事業進行到底！

一九七六年十月六日，星期三

今天晚上，學校黨支部組織教工學習了《人民日報》社論《學習毛澤東思想，繼承毛主席遺志》。

我給學生出的作文題目也是：《學習毛澤東思想，做革命接班人》。

一九七六年十月九日，星期六

今天早晨，中央人民廣播電臺廣播了中共中央兩個重要決議：一是在首都建立毛澤東主席紀念堂；二是出版《毛澤東選集》第五卷和以後各卷以及籌備出版《毛澤東全集》。這是全國軍民的一件大喜事。

今天早晨的廣播，還提到了「以華國鋒同志為首的政治局」這樣的詞語。這是第一次這樣提，可能中央已按毛主席生前的確定，安排好了人事。我們一定在以華國鋒同志為首的黨中央領導下，沿著毛主席指引的航向，奮勇前進。

一九七六年十月十五日，星期一

從前幾天廣播《八億人民的共同心願》這篇社論以來，有了一個新的提法：「任何背叛馬克思主義、列寧主義、毛澤東思想的人，任何搞修正主義、搞分裂、搞陰謀詭計的人，是註定要失敗的。」

此後每天的報紙和廣播，都提到這樣的話。

一九七六年十一月十日，星期三

「四人幫」是背叛馬列主義、毛澤東思想的修正主義者。

文化大革命中，他們違背毛主席關於「要文鬥，不要武鬥」的偉大教導，搞什麼「文攻武衛」，實行全面內戰，破壞毛主席的偉大戰略部署；

批林批孔中，他們夾進一個批走後門，搞三箭齊發，轉移鬥爭大方向；

在學習無產階級專政理論中，他們別有用心地大批「經驗主義」，妄圖以此打倒中央到地方一大批革命領導幹部；

他們大批「民主派」，把矛頭指向中央和地方各級革命領導同志，借評法批儒，吹捧自己……

事實證明，他們是貨真價實的修正主義者！

打倒「四人幫」！

馬列主義、毛澤東思想萬歲！

緊緊團結在華國鋒主席為首的黨中央周圍，把毛主席開創的無產階級革命事業進行到底！

五、勤懇勞作

大學畢業不久就遇上「文化大革命」，而且歷時十年。二十幾歲到三十幾歲，正當人生的黃金時期，寶貴光陰卻在紛亂中流逝。

但是，我雖然屢遭「貶謫」、失意，而且險遭不測，十年間，卻從未萎靡頹廢。

「獨在異鄉為異客」，其實我並不感到孤獨。「異鄉客」還有一位，教生物課的賴林繼老師，廣東增城人。惺惺相惜，我們感同身受，相處融洽。全校教師，尤其是語文教師，大多在三十歲以下，大多是大學本科畢業，志趣大體相同，有很多共同語言。「出身不好」的教師不少，不像在大學時那樣，全班只是我一人的「專利」。人以群分，自然我們形成一群，但群而不黨。「文革」中那麼多人被打倒並「踏上一隻腳」，身邊儘是「臭老九」，我暗自慶幸自己還算有不那麼壞的處境。

我的性格是要做事，做了就要做好，因此一直執著地在幹活。更兼有一些領導和老師理解我、幫助我，我得以踏踏實實地做了一些事。「文革」後對我的「提拔」說明，我的工作成績，得到了公眾和上級的認可。

「文革」中，學生流動頻繁，課業不多，但學校力求維持「復課鬧革命」。例如作息時間，仍然堅持。有一段時間，我曾負責學校廣播室。不管寒暑風雨，早晨六點正，分秒不差，我一定準時播出中央人民廣播電臺的報時號：「……嘟——，剛才最後一響，是北京時間六點整。」用的是高音喇叭，十分嘹亮，這實際上也是向學校周邊地區報時，附近幾里地的「各界群眾」都習慣了「一中時間」。隨即播放《運動員進行曲》，這是起床號。十五分鐘後，播放廣播體操樂曲，全體師生已經列隊在操場做操。然後是跑步鍛煉。

我每週公佈各班學生給廣播室的來稿，學生廣播員不愁無稿可播。廣播哪一篇，由廣播員決定，無需審核，是真正的直播。有一些令人哭笑不得的稿件，也會被廣播員播出，例如《為革命搞好午睡》，充滿時代色彩，我一笑置之。

有一段時間我還分管學校圖書室。我把混亂的書架重新整理，按照圖書分類法，重新排架。「文革」時鬧書荒，幾乎買不到書，我到全市唯一的新華書店守點，一來新書，迅即購回，並在圖書室門前公佈新書目錄。浩然的《金光大道》，我一次買回十本。雜亂的十幾份報紙，也被我清理好按月裝訂保存。

有一段時間市教委的打字機放在我校廣播室寄存，我竟然無師自通，學會了打字。那是一臺舊式機械打字機，字盤很大，佈滿一千多個常用鋼字，用手柄操作把一個一個鋼字夾起，敲擊捲筒上的蠟紙。我發現字盤上鋼字佈局很不合理，不容易記憶，於是全盤打亂，按字詞結合規律，重新編排。不多時日，即很熟練，一小時最多可打一千八百多字，速度不遜機關專職打字員。

我上作文講評課要評講的學生作文，用這臺打字機列印出來了，在學生中引起轟動。因為當時都是刻蠟紙「油印」，學生從未看到過自己的文章被端端正正的字體列印在白紙上。市教委的一些文件，也交給我列印。不過我不太安分，一些錯別字、不通的語句我擅自改了，但沒受到批評，反而受到表揚。不過，打字機搬回市教委後，可苦了新來的打字員小妹，「楊氏字盤」她不熟悉，幾回回來請教我。我告訴她，你把我字盤上的鋼字全部按次序列印出來，然後背誦記憶。她竟然聽了我的，長期保持我鼓搗出來的字盤不變，她笑稱這是「楊氏打字機」。

我本人生活拮据，但在冷水江市一中，我是私人訂閱報刊最多的。據郵局人員講，冷水江全市只有我一個人訂閱了《中國語文》和《文字改革》兩種雜誌，我訂的報刊還有《語文學習》《語文教學與研究》等等。

我上語文課有一大發明：教學生聽「記錄新聞」練習聽寫。「文革」中，中央人民廣播電臺有一個「記錄新聞」節目，廣播員一字一句慢慢念讀新聞，旨在讓各地廣播站、報紙收錄發佈。我發現這對培養學生的聽、記、寫能力很有幫助，於是到電影院借來笨重的錄音機（當時的錄音機又粗又重），守夜（這節目經常半夜才開始播送）錄下「記錄新聞」節目，上課時搬到教室裡播放，讓學生記錄，然後評分。學生興趣盎然。不久引起了市教委的關注，組織一些學校的教師來觀摩教學，受到肯定和讚揚。但終因當時錄音機是個稀缺設備，未能推廣。

一九七九年春，學校決定買一臺彩色電視機。這是一件大事。當時全市只有市廣播站、冷水江鐵廠各有一臺彩電，有一些單位有黑白電視機，而極少數「先進」家庭，會有一臺比巴掌大不了多少的九英寸的黑白電視機。我校教職工都還沒見過電視機。本市還沒有彩電賣，聽說長沙也罕有，決定去廣州買。

這是一次「重大行動」。學校派我（當時我是教導處副主任了）和總務處副主任譚順林一起去。肩負重任，誠惶誠恐。提早作了部署，已經通過關係事先與廣州某商店聯繫好，買「日立」的，十八英寸的，價格三千元。當時三千元是一個很大的數目。十元一張的票子，三千元就是三百張，厚厚的有三大疊。譚順林用特製皮帶，把三千元錢捆在腰間。我則身上帶些零錢備用。為了安全，兩人坐了火車臥鋪。我是第一次坐火車臥鋪。當時，這是很奢侈的。

到了廣州某商店，說明來意，店主馬上點頭哈腰，熱情招呼。譚順林解開腰帶，大大咧咧把一捆捆鈔票往櫃檯上一甩，嚇得店主連叫「別莫別莫」，急忙將鈔票用報紙包好，把我們請進裡間，一張張清點鈔票，確定無誤後成交。

彩電買回學校，轟動全校師生。當晚，彩電擺在操場主席臺，全體師生一千多人觀看，附近居民聞訊也湧進來了。當時只有冷水江鐵廠有一個差轉臺發射傳輸電視信號，信號不太好，有一些雪花點子。螢幕十八英寸，也太小。不過，大家看得津津有味。只能收到一個電視臺的節目。記得當晚放的是《血疑》，日本電視連續劇。直到螢幕上出現「完」字，大家才依依不捨地散去。

Chapter 6

歷史機遇　人生轉折（一九七六～一九八五）

一、小城躁動

一九七六年，多事之秋。三位偉人相繼辭世。唐山大地震。吉林隕石雨。「四人幫」覆滅。

地陷天塌、風雲激蕩的一年。

小城冷水江對於世事的反應雖然總要慢一拍，但這一年，也在不時躁動著。年初，一月八日，周恩來總理逝世。中央人民廣播電臺幾經折騰，才在第一套節目於九日晨四時十二分向全國、全世界首次播出了中共中央、全國人大常委會、國務院關於周恩來總理逝世的訃告，播出了哀樂和周恩來同志治喪委員會名單。

冷水江市一中全校師生是在九日早晨七時中央人民廣播電臺的一陣哀樂聲中得知這一噩耗的。

十日，學校要舉行悼念周恩來總理全體師生大會，我負責找周總理大幅畫像，到處都找不到。先到學校圖書室翻檢，爾後去了書店，再後來去了市文化館，都找不到。沒有辦法，最後，我將報紙上登載的周總理遺像剪下來。開大會用這像，太小了。我找到一塊長約二米、寬約一米的長方形木板，鋪貼上白紙作底，把剪下來的像貼在正上方，然後四周貼上寬約十釐米的粗粗的黑框。製作好了，豎立在主席臺前中央。加上主席臺上方的「沉痛悼念周恩來總理」的白底黑字橫幅，也顯得樸實而莊重。

事後，市里有人來學校，瞭解悼念周總理的情況。整整一天，分別找了領導、老師、學生、工友談話，覺得神秘兮兮的。也找了我，詢問周總理遺像製作過程，我據實回答。

好久以後，我才從一些渠道中得知，當時「中央」曾有指示：各機關、單位、工廠、學校等，一概不許設靈堂、開追悼會，不許佩戴黑紗、白花，不許上街、去天安門廣場舉行悼念活動等等。在當時特殊歷史背景下，全國人民無法充分表達對周總理逝世的哀思。

一座小城一所中學的小小悼念活動，竟然驚動了「有關方面」。據說，我們學校是全市唯一舉行集體悼念活動的單位。當年的政治氣候，在偏僻小城激起了不大不小的漣漪。

一年以後，情況發生了巨大變化。一九七七年初周總理逝世一週年之際，大量的悼念詩文、文藝節目噴湧而發。郭蘭英懷念周總理的一曲《繡金匾》如泣如訴，感動得全國人民歔欷落淚。柯岩的詩歌《周總理，你在哪裡》轟動全國，在偏僻的冷水江一隅，也在傳誦著。我當時為這首詩所感動，刻印下來，發給學生作為課外補充讀物。恰好這時市教學輔導站正在組織全市語文公開課教學，要我主講。我答應了，並提出講《周總理，你在哪裡》，教輔站曾慰南主任（我的老同學、知心朋友）贊同。他「知人善任」，放手讓我講。

我準備了幾天，開講了。教室設在大禮堂，兩個班學生一起上課，全市的中學語文老師幾乎到齊，市文教局的領導也來聽課。曾慰南主任主持。

周總理，我們的好總理，／你在哪裡，你在哪裡？／你可知道，我們想念你，／——你的人民想念你！／我們對著高山喊：／周總理——／山谷回音：／他剛離去，

他剛離去，／革命征途千萬里，／他大步前進不停息。

我用錄音機錄放廣播電臺裡的朗誦。激情的女聲在禮堂裡回蕩著，全場出奇的安靜。然後，我用了兩個課時，從內容到形式，對詩歌進行了剖析和欣賞。最後，重播了一次錄音。教學效果很好，得到了市教育局領導的表揚。曾慰南主任緊握我的手擁住我的肩膀。我感到抒發了鬱積多年的對周總理的崇敬之情，心情舒暢至極。

一九七六年七月六日，朱德委員長以九十歲高齡與世長辭。小城冷水江，又是一陣震動。

一九七六年八月二十八日唐山大地震，反映到我們學校，是接收了兩位從唐山轉學來的學生。是兩姊妹，一個讀高一，一個讀初二。他們的父母在地震中雙亡，投親來到冷水江，她們的叔叔在市武裝部當副部長。

一九七六年九月九日毛主席逝世，小城冷水江籠罩在悲痛之中，到處哀樂低回。學校設了靈堂。靈堂正中貼了巨幅毛主席遺像。全校師生臂戴黑紗，輪流守靈，我與幾位老師一起守了一晚。

這回再沒有人來瞭解悼念情況。

還有一個大規模的活動，是「迎接英明領袖華主席」的巨幅畫像，全市大遊行。學校教室黑板上方，並排張貼著偉大領袖毛主席和英明領袖華主席的畫像。

湘中小城消息閉塞。粉碎「四人幫」，十幾天後才在冷水江街頭交頭接耳地傳播著。一九七六年十月十八日，冷水江全城突然群情爆發。是日，數萬市民聚集廣場，高呼「打倒『四人幫』」。突然大雨傾盆，集會群眾冒雨遊行。

「這一年是共和國成立二十六年後的一個拐點，以山呼海嘯開始，以大地歡騰結束。」《共和國記憶六十年》一書（孟雲劍、楊東曉、胡騰著，中信出版社，二〇〇九年一月）是這麼說的。

但是，當時我並沒有意識到，這一個「拐點」之後，我的命運會因此而改變。

歷史再次向我張開了縫隙，我的人生開始了第三次轉折。

我，這才真正開始站起來了。

二、恢復高考

恢復高考，推動了我的政治生命的復蘇。

一九七七年十二月某日，我們冷水江市一中七名教師，打點行裝，坐汽車一路顛簸三個多小時，來到邵陽市參加高考閱卷。當時冷水江市屬邵陽地區管轄。

我們心情很激動。一是時隔十二年，恢復了高考，對於通過高考上了大學從而或多或少改變了自身命運的我們這些中學教師來說，高考無疑是神聖的字眼。二是以往不受信任、從未被派「公幹」因而很少出過學校大門的我們這些「牛鬼蛇神」們，居然被挑中去從事如此重要的工作，真是受寵若驚。一位嘗過掛黑牌遊鬥滋味的老師說：「高興得出了一身冷汗。」

我們當時並沒有意識到恢復高考在中國現代化歷史進程中的偉大意義。

二〇〇七年底，在紀念恢復高考三十週年的日子裡，鋪天蓋地的文章指出了這一事件的歷史意義。官方對恢復高考的評價是「中國教育乃至中國歷史上的一件大事」。一九七七年首屆高考北京地區文科狀元、現任中青在線首席執行官的劉學紅說：「恢復高考是撥亂反正的開端，是新時期的第一道曙光，在它之前，沒有任何別的動作、沒有任何別的事件比它更合適作為時代轉折的象徵。」特別指出了高考「時代轉折」的意義。

鋪天蓋地的文章還道出了一個驚人的事實：一九七七年和一九七八年通過高考進入大學的學生，已經成為了當代中國的頂樑柱。其中，有不少人活躍於黨政高層，中央部委和地方的主要負責人中，大多數是恢復高考後的大學畢業生，他們被稱為「中共執政史上的『共和國一代』」。

人們還津津樂道法學、金融領域引人注目的「七八級現象」和「八一級研究生現象」。

北京大學法律系一九七七級的八十三名學生，三十年後已經群星璀璨，成就輝煌。他們中間有國務院副總理，有跨國大企業高管，有奧運會的體育仲裁員，也有著名的法學家；有活躍在政法戰線上的法院院長、高級檢察官和大律師，也有大學校長和法學院的院長……他們是在各個領域引領我國法治建設的佼佼者，他們個人的成功融會到了國家昌盛、民族復興的偉大時代中。

中國人民銀行的研究生院，第一屆招收的八一級研究生不到二十人，卻出了一位人民銀行副行長、一位國家外匯管理局局長以及深圳證券交易所的首任所長，這個班級的畢業生還創辦了全國第一家股份制銀行、第一家證券公司、第一家上市金融機構、第一隻基金。

科技界、經濟界、文化界、教育界……當代中國各個領域成就卓越者，都有他們的身影。

三十年後回憶起當年閱卷的經歷，心靈不禁震撼：我們用一支朱筆，參與了一個偉大的歷史進程。我們的一支朱筆，曾經評判這些當代中國的佼佼者。李克強、李源潮們也是在當年參加高考的，雖然他們沒有在湖南邵陽地區參加高考，他們的試卷我們沒能榮幸過目，但是，與他們同一命運的一批莘莘學子，都接受了我們這些「牛鬼蛇神」、「臭老九」的評判和挑選。心靈震撼之餘，我們又深感榮幸。

參加高考的人很多。全國，一九七七年是五百七十萬（湖南報考人數達六十三萬，當年只錄取了一點一萬人，百分之二不到），一九七八年有六百一十萬。積壓了十多年的考生齊齊湧進考場，潮水一般。當時的考生構成及年齡差距之大，「就像古代的科舉考試」，有長著鬍子的中年人，也有嘴上無毛的毛頭小子；有已達十年教齡的民辦老師，也有稚氣未脫的應屆高中畢業生；有散步也像操正步的轉業軍人，也有捧著紅寶書跳過「忠字舞」的宣傳隊員；有剛剛卷起褲腳的泥腿子，也有在塑膠涼鞋上釘鐵掌的修鞋匠……真是一派「千軍萬馬齊擠獨木橋」的火爆場面。

湘中小城冷水江市也是這般情景。

當年的高考是各省組織，自主命題的。湖南語文考卷的作文試題是命題作文，題目是：心中有話向黨說。全卷滿分一百分，其中作文文科滿分五十分、理科滿分七十五分。

很有趣的是，大部分試卷不足一千字，儘是標語口號。「敬愛的毛主席，我們想念您」，「敬祝毛主席萬壽無疆」，「偉大的中國共產黨萬歲」……充斥試卷頁面，甚至還有「將無產階級專政下的繼續革命進行到底」、「批鄧、反擊右傾翻案風」的「文革遺風」躍然紙上。這些考生不知道：正是鄧小平復出即果斷決定恢復高考為他們提供了改變人生道路的機遇，但他們還在「批鄧」的混沌狀態中迷茫著。

只要不是堆砌口號，而是情感真摯、語句通順的作文，我們都給了較高的分數；少數能通過具體事例表明心跡、「向黨」說出肺腑之言的文章，我們則給了高分。

令我們感到驚異和欣喜的是，語文考卷竟然設有「古漢語譯現代漢語」試題。選的「古漢語」（文言文）很短，是《孫子兵法・軍爭》篇一段：「……朝氣銳，晝氣惰，暮氣歸。故善用兵者，避其銳氣，擊其惰歸，此治氣者也。以治待亂，以靜待嘩，此治心者也。以近待遠，以佚（逸）待勞，以飽待饑，此治力者也……」

得滿分的極少，有不少「白卷」，有一些則望文生義胡亂「翻譯」一通。大概是「文化大革命」中「突出政治」遺風猶在，一些學生見「治」即「譯」成「政治」：「治氣」是「政治空氣」、「治心」是「政治紅心」、「治力」是「政治力量」。這些都曾令我們捧腹，又令我們哀歎。

當年湖南高考一篇滿分作文（考生謝柳清，准考證號〇〇一二九五），至今仍在網上流傳。作為歷史的紀念，特下載轉錄在這裡。

心中有話向黨說

心啊，你慢點兒跳，慢點兒跳，讓我靜下來，把心底的話兒向黨傾吐，把我真實的思想感情向黨彙報。心啊，你慢點兒跳……

我是一個生長在毛澤東時代的青年，我經常為此驕傲、自豪。從我開始懂事，是黨把我送到了學校。在那裡，我勤奮學習，刻苦用功，雖有「四人幫」的干擾，但是因為毛主席的革命路線占主導地位，我的知識還是學得了不少。黨啊，我感謝您，這是您的英明領導。七二年，我帶著滿腔的熱情，帶著建設社會主義新農村的理想，離開了我親愛的學校，來到了廣闊的天地裡鍛煉，來到了老貧農、老支書家裡報到。五年的風雨啊，使我學會了不少的知識，經受了貧下中農好思想好品德的薰陶……

五年了啊，五年了，我聽到了五次大專院校招生的喜訊，目睹了五次大專院校的招考。但是，我從不過問，也從不啟口，我只是虛心地接受再教育，勉勵自己好好地接受勞動改造。一個十幾歲的青年，難道真的不想上大學，難道看到黨需要我們的時候真的無動於衷、逃之夭夭？不，為了實現四個現代化，誰不想升入大學，繼續深造？可是，我的父親是個教師，在「四害」橫行的日子裡，「臭老九」的孩子怎能進高校？我的心沉悶，我想哭，但是我不能哭出聲，因為「四害」會說你是「大學迷」，是不想接受勞動改造。每當北斗升起，我總是仰望著它，訴說著心底的不平，期望著東方的拂曉！我相信，有毛主席的英明領導，這所謂教師是「臭老九」的謬論，只是一股暫時彌蓋藍天的烏雲，是不可一世的反動叫囂。我長呼北斗，橫眉「四害」，熱血在周身沸騰，怒火在胸中燃燒。

啊，黨中央一舉粉碎了禍國殃民的「四人幫」，今天，我們解放了！當我顫抖的雙手接過小小的「准考證」時，我從未流過眼淚的眼睛這一次濕潤了。我望著這份珍貴的「准考證」，心啊，如卷起的春潮。這哪是一份普通的「准考證」啊，這是黨中央給我的權利，我一定認真復習功課，勇敢地站立起來，接受祖國的挑選，接受黨的驗考！

心啊，你慢點兒跳，你慢點兒跳。此刻我感情的潮水，又一次強烈地拍打著我的心田，心潮逐浪高。黨啊，升大學是我的志願，但是能否錄取，請您相信，「一顆紅心，兩種準備」我早就做好了。在我未來的崢嶸歲月裡，我一定高舉毛主席的偉大旗幟，革命到底不動搖！

我有多少話要向黨傾訴，我有多少真摯的感情要向黨彙報，但是，我無法抑制自己的心跳！

此後，一九八〇年至一九八二年，我連續三年被湖南省招生委員會聘請參加高等學校招生考試閱卷評分工作。這是全省統一閱卷了，地點都在湖南師範學院。

三、光環加身

我的有政治意義的生命開始於一九七八年。

決定性的事件是在這一年年底召開的中共十一屆三中全會。科學的春天來到了，我政治生命的春天也來到了。

意想不到的一系列光環接連加在我身上，令我有點措手不及。

一九七九年秋，冷水江市委宣傳部「三三三辦公室」（對臺工作辦公室）幹部鄒建芳找到我，向我瞭解我舅舅在臺灣的情況，動員我給舅舅寫信。我說我不知道舅父死活，更不知道舅父通訊地址。他說，沒關係，「寫好後給我們，我們會協助寄發」。同時，要求我為對臺宣傳寫稿，並帶我跟他一起參加了在邵陽市舉辦的通訊員培訓班。我陸續寫了好幾篇，後來鄒建芳高興地告訴我，有一篇被中央人民廣播電臺用上了，我記得那篇稿子的題目是《四人幫與蔣幫》。

一九八〇年十一月間，冷水江市籌備成立中國人民政治協商會議冷水江市委員會。市政協籌備組要選擇一位非共產黨員擔任常委，選中了我。這時，我的「政治身分」成了市里考慮的大問題。學校黨支部書記羅遠清（一位令人尊敬的軍隊轉業幹部，後來擔任冷水江市人大常委會副主任）動員我加入共產黨，並親自做我的入黨介紹人；而市委統戰部提出，市里籌備建立民主黨派，計畫成立致公黨，而全市唯一的一位致公黨黨員年老體弱多病，難以開展工作，考慮物色我加入致公黨。而結果是，十一月二十日，學校黨支部先期批准我加入了共產黨。這可為難了市政協籌備組那頭，他們急忙與市一中黨支部商議，待市政協正式成立後，再宣佈已批准我入黨。於是，我成了中國人民政治協商會議冷水江市第一屆委員會已具共產黨員身分的「非黨」常務委員。

在這所山城中學，二十一年間，我大部分時間是普通語文教師。一九七七年後，突然被大步提拔，從語文教研組長，到年級組長，到副教導主任，到副校長，到校長。這時，到了一九八三年。

我在冷水江市一中的工作，不斷得到市里的肯定，屢屢受到嘉獎。一九七八年，我被評為冷水江市「文衛學大慶學大寨先進個人」，出席全市「群英大會」，即被認定為市勞動模範。

一九八三年，我被評為冷水江市「立功人員」。冷水江市人民政府頒發給我湖南省人民政府製作的《立功證書》，文曰：「在一九八三年度中，工作成績優良，同意記功。」

一九八三年七月一日，我同時被評為冷水江市和婁底地區市、地兩級優秀共產黨員。

一九八〇年前後，我曾經有可能走上另一條人生道路。

先是與我同時參加編寫高考復習資料的新邵縣語文教師江灝，動員我與他一起報考研究生。那還是在一九七七年，我三十六歲，那已經是報考研究生的最高年齡限制。當時「研究生」是新鮮名詞，我不瞭解這個詞對於人生的含義，學校、家庭、個人的複雜因素使我猶豫多時。江灝去報考了，我沒去。此後，聽說江灝老師考上了研究生，但一直不知道他後來的去向。直到二〇〇八年，我才從湖南師大王大年老師處得知，江灝研究生畢業後，一直在湖南師範學院中文系任教，早就是教授了。

一九八二年，廣東汕頭大學創辦，我曾去函自薦；一位學生的姐姐（畢業於華中師範學院）已經在汕頭大學，也鼓勵我去那裡。同年，深圳廣播電視大學公開招攬教師，我也去函聯繫。兩所學校均曾向市里發函「調閱檔案」。而這時，我在冷水江市已經小有名氣，市教育局、市里領導都齊齊勸我「莫走」，「冷水江發展前途很大」。曾表示過「一切服從黨安排」的我，還是一如既往很聽話的，就沒再為「跳槽」跟外界有所聯絡了。

一九八〇至一九八三年之間，各地曾經在中學教師中選拔縣（市）級領導幹部。我的一位湖南師大校友、雙峰縣一中教導主任（原是數學教師）已經被選拔為該縣副縣長。冷水江市也風傳我已定為「副市長」人選之一。後來沒有成為事實，我也沒有去考究為什麼。但我很快由副教導主任變為了副校長（一九八〇年八月）。不久，我又當了校長。

光環籠罩之下，一九八〇年代初擺在我面前的多條人生之路，孰優孰劣，哪是禍哪是福，真的難說。其中一條，就是我實實在在走過來了的這條路，直至今天，我認為，還不錯。但我還是很羨慕江灝老師走的「研究生」之路。我認為，我還是比較適合做書齋工作。去汕頭或深圳，也還不賴，有可能生活環境比我現今要好些。至於當「副市長」之類，現在回想起來，要慶幸沒走這條從政之路。雙峰縣那位副縣長同學，上任不久就已經對我大倒苦水，說「不會做官」、「孤獨之至」。以我這種性格，這種境況，恐怕很難在「官場」中混下去，不僅是「孤獨」問題，還有可能在什麼時候就敗下陣來，不會有好的人生結局。

四、牛刀小試

我人生最得意者，是我的語文教學成績。至今，我仍然非常留戀那一段自認為「史詩」般的生活。

一九七八年九月至一九八〇年七月，我第一次全程帶完一個高中畢業班（那時高中是二年制），當班主任，教語文課。當時冷水江市一中已經不辦初中班。我所帶領的是高六十六班，是學校的重點班。這個班，傾注了我在粉碎「四人幫」後獲得的新的全部活力。與恢復高考後頭幾年考生「中、青、少」濟濟一堂不同，一九八〇年高考時，考場上幾乎全是應屆高中畢業生了。我為寫這本書搜索舊有資料時，發現了一本我在一九七八年編寫的《冷水江市一中語文復習提綱》。說是「提綱」，卻寫得很詳細，厚厚一本，長達八十七頁（十六開油印紙）。也就是從這一年開始，高考成績排名逐漸成為常態。高六十六班與兄弟班高六十七班（班主任、語文老師是鍾治平，我的親密戰友）高考成績都不錯，兩個班除了錄取人數居全地區前列，還有多達二十幾位學生考上了清華大學、北京大學、復旦大學、中山大學等全國一流高校。

世代生活在山間鄉鎮的冷水江人以第一次擁有名牌大學學生而奔相走告，「一中不錯」成了街談巷議的熱門話題，人們爭相把子女送到冷水江市一中讀書。

其中，要說說我的一位「得意門生」楊親二。他是錫礦山下一個貧困村莊貧困農民的兒子，父母大字不識。他內向、刻苦，數學成績很好；英語口語不怎麼樣，但筆譯能力很強。我重點輔導他的語文，成績提高顯著。高考後填報志願時，他徵求我的意見，我鼓勵他報考生命科學專業，我說「這是前沿學科」，他不假思索，當即同意，選報了華中師範學院生物系，最終以高出該校錄取分數線二十多分的成績被錄取。我真後悔，當初沒有要他填報清華、北大一類名牌大學。但他很爭氣，大學畢業後一路讀研究生、博士、博士後，師從吳征鎰院士，在種子植物分類學等研究領域取得很大成就，一九九五年即成為中國科學院植物研究所研究員，曾擔任《植物分類學報》主編，已培養碩士和博士研究生九名。二〇〇八年起，他來到廣州任中國科學院華南植物園研究員。在北京、在廣州，我曾與他多次見面，他幾次對我說：「我現在寫論文得心應手，得益于中學時打下了良好的語文基礎。」

帶領這一屆高中畢業班，也是我校在高考「指揮棒」下教學如何運作的第一次真刀真槍的實踐，為此後每年的高考拼搏取得了寶貴的經驗。

此後，我每年都是接教高三年級，而且接教的是一中向來較為薄弱的文科班。也就是說，年年都要拼高考，而且連續幾年，我都參加了高考閱卷。那個忙啊，每晚都要到深夜十二點以後才能睡覺，幾乎沒有休息過星期日，但忙得充實，精力充沛，不覺得累。以致落下個「後遺症」，離開中學二十多年了，至今我很少在晚十二點以前上過床，晚睡已然成了「頑疾」。

一年、兩年、三年，我反覆琢磨歷屆高考語文試題，甚至連「文革」前的高考試題我也收集齊全仔細研究了。加上參加高考閱卷時一能全面接觸考生試卷從而瞭解高中學生語文真實水平，二能與各地語文教師交流切磋，另有收穫。慢慢地，我逐漸摸熟了高考語文命題的門道，也就能胸有成竹地指導高考復習了。

當時，高考語文滿分一百分，作文占了三十分，是個大頭。高考復習時，除了對現代語文、古代漢語、課文內容等基礎知識、基本技能不間斷地反覆訓練外，我主攻作文輔導。

除了事前精心進行作文指導，我還十分注重事後作文講評。每次閱完學生作文，我都要選擇兩三篇寫得較好的刻印出來（自己刻鋼板、油印），發給全班學生。除了普遍點評此次作文得失，就詳細分析那兩三篇作文，指出優缺點，並舉一反三，總結此類題目作文的要領。講評的是學生自己的作文，貼近學生寫作實際，因此學生很愛聽，聽得進。尤其是被刻印出來作為講評範文的作者，更是受益多多，而且深受鼓舞，從而大大提高了學生的寫作興趣和寫作技能。

我還注意不是一味把少數幾位寫得好的學生的文章作為範文，而是不斷擴大範文作者的面。只要是有一些亮點的文章，我就會選為範文。這樣，受到鼓勵的同學越來越多，作文講評成了學生普遍愛聽的課。有一位女學生其他科目成績平平，作文也不怎麼樣，高考信心不足。一次作文，她寫了一位凌晨掃大街的清潔女工（後來我才得知寫的就是她的媽媽），文章寫得細膩、深刻，感情真摯，雖然文字表達尚有不少瑕疵，我也選為範文進行講評。講評時，我注意到，這位學生十分專注，而且動情了，她在偷偷地擦拭眼角。此次講評後，她寫作文特別用心，短時間內就有了很大提高。對升學信心不足的她，那年考上了婁底師範專科學校英文系。二〇一〇年初我見到她時，她說她是該校（已更名為湖南文理大學）英語系系主任了。

有耕耘就有收穫。一九八三年高考，我居然差點完全猜中了作文題目。

在深入分析歷年高考作文題目以後，我猜想，今年作文可能出看圖作文題。於是，臨近高考時，我從《人民日報》上選了一張漫畫，漫畫題目是《現代乞丐》，畫一個外國乞丐，用計算器盤點乞討成果。我向學生指明，這類題目，首先要準確、簡練地描述漫畫內容，接著點出漫畫的主題即所要表達的思想，這兩小段須簡明扼要。第三段根據漫畫主題展開議論。議論一定要緊扣漫畫主題，條分縷析，寫深寫透。最後一段回應開頭，簡明作結。學生交卷後，我選了三篇各具特色的作文進行講評。講評完後，我宣佈，誰還有興趣重寫這篇作文，我一定當面評改。有半數左右的同學重寫了，我當然也就任勞任怨「面授機宜」了。

一九八三年七月七日，高考第一天上午，語文開考。我走進一個考室後門，迫不及待地從監考老師手中要來試卷（當年這樣做並不違規），一看，我的天，作文竟就是看圖作文，而且「圖」也是漫畫，不過漫畫內容不同罷了。試卷選的漫畫是《這下面沒有水，再換個地方挖》，畫的是一個人挖井，幾次都是差不多要挖到水時，又換了個地方再挖。

我當時異常激動，知道我復習進程的同事也過來祝賀。語文考畢，我班學生一下湧過來簇擁著我，一個個喜形於色，七嘴八舌，笑語盈天。冷水江全市口頭傳播著一條新聞：一中猜中了作文題目！

高考成績公佈，我班考生語文成績平均七十九・六分，全地區第一。全省排老幾，就不得而知了，我不在意。我在意的是，由於語文成績拔高，學生高考總分也就拉上去了。當年湖南文科分數線本科四百七十五分、專科四百六十二分。而我教的這個班，語文九十分以上的有四人，最高的孫彥魁九十八分；八十分至八十九分的十三人。這年，全班五十六位學生，考上大學的四十六人。其中，一位進了北京大學，一位進了復旦大學，一位進了南開大學，破了我校文科考生未上名牌大學的紀錄。有意思的是，三位都是女生。她們三人大學畢業後，二位去了美國，一位在深圳。

看漫畫作文，此後似乎成了高考作文的一個保留節目，而且我注意到，很有趣的，相隔十三四年又會重來一次。時隔十三年，一九九六年高考語文試卷，又出現了看漫畫作文題，要求仔細觀察《給六指做整形手術》和《截錯了》兩幅漫畫，寫一段說明文字和一篇議論文，其要求同一九八三年的幾乎一模一樣。又過了十四年，到了二〇一〇年，看漫畫作文又出現在「全國卷」中，漫畫內容是一張餐桌，許多貓在吃魚，就一隻貓在捉老鼠，別的貓說：「都什麼年代了，有魚吃還捉老鼠？」要求「選准角度，明確立意」，寫一篇文章。

除語文教學深得其中「三昧」外，我也不甘寂寞，搞點「學術」。

在沒有任何資料可供參考的情況下，我曾花了很大精力，利用幾本字典，按照現代詩韻「十三轍」規則，編寫了一本《現代漢語詩韻》，自己刻鋼板、油印，印裝了五十本。我在全市語文教師和詩詞愛好者中散發，得到了知音者的贊許和鼓勵。

還有，我曾應市教學輔導站主任、我的同事和同學曾慰南老師之約，為全市語文教師作過一次「學術報告」，談的是文字改革話題，講了一個下午。為此我曾花了個把月時間，寫出長達二萬餘字的講稿。可惜的是，講稿遺失。在寫這本書時，我翻箱倒櫃，也沒能找到這篇講稿。

另外，一九七六年，我還自編了《中學語文課本魯迅作品教學》的小冊子，也是自刻自印。我曾把這本小冊子捎給我大學時的老師、湖南師範大學教授、對魯迅深有研究的顏雄老師，向他討教。後來在一次見到顏雄老師時，他對我說：「你哪裡弄來這麼多關於魯迅作品的資料？」我不好意思地說：「沒到哪裡去找，一點一點積累的。」

一九七六年，冷水江市舉辦「五七大學」，學員是市里的一些年輕幹部，有三十餘人。借了市一中一間教室，舉行了一個開學典禮，便宣告成立。要我擔任語文教學，但是連教材也沒有。市里指示「敢想敢幹，自編」，於是，我就忙開了。我參照湖南師範學院新編的《現代文學作品選》，挑選在大學時學過的古典文學作品，選擇報刊上刊登的革命文章，共五十四篇，編成了一本《冷水江市五七大學教材・語文》。

此前，一九七五年，我還奉市文教局之命編寫了一本《冷水江市師訓班語文教材》。當年我還真有點「蠻勁」的。我寫這本書時找到了昔日編寫的這些「教材」，都是厚厚的一本，還真為當年的勇氣和幹勁而自我感歎。

向報刊寫點「豆腐塊」大小的東西，也是我的興趣，不過常常收到退稿信。那時的編輯很負責的，幾乎每次不用的稿件，都會退回，且有退稿信，有的還用手寫，意見提得很具體。例如我曾寫過一篇題為《一種新出現的標點符號》（長達三千五百餘字，不是「豆腐塊」那種的），投《文字改革》（後改名為《語文建設》）和國家語言文字工作委員會。不久即收到退回的原稿和退稿信，其中國家語委的退稿信是手寫的，文曰：「你來信提到的斜線號（／），確實是一個值得注意的標號。我們在所著《〈標點符號用法〉解說》（語文出版社）的附錄中收了它，也就是提醒人們注意的意思。至於幾十年後再行修訂《用法》時它能否被正式承認，那還得等待客觀事態的發展。」

「修得真身」，登上「大雅之堂」的，記得只有一篇。尋找多年未得，這一次清理舊藏，居然發現，喜甚。文章題為《語言文字要有法規》，登載在《光明日報》一九八六年七月二十四日第二版「讀者論壇」專欄裡。

有時興起，我舞文弄墨搞搞創作，不為發表，只為自娛。其中有一首詩，錄以備忘：

辛亥革命七十週年感懷

辛亥革命七十週年前夕，葉劍英委員長提出實現祖國和平統一的九條建議。消息傳來，激動人心。吟成幾句，不假修飾。

神州辛亥起風雲，革命先行是孫文。古往今來無此業，前赴後繼有斯民。欣看祖國日強盛，不忘臺灣尚離分。順應潮流乃大節，民族統一認同根。

清理舊藏，又發現兩首當年的「大作」，好有味的，錄在這裡吧：

敬呈胡校長（一九七九年十二月十日作）

一九七九年十二月五日，在冷水江市委黨校學習期間，校長胡正山同志邀余談詩。胡校長引經據典，出口成章，不才我受益匪淺。作此以贈，聊表謝忱。不諳舊詩音律，斗膽呈上，以此討教。

玲瓏草舍半山間，暢敘爐邊金玉言。應是辛勤添妙語，果然揮灑著佳篇。常聞璞玉藏深壑，始見光華耀眼前。也要錘煉千百日，豈能馬虎度餘年。

聽課

一九七七年五月五日下午，聽郭福華老師講課，有感而作。

清風陣陣過欄杆，洗耳恭聽課正酣。後輩勤勞堪敬佩，前途燦爛要登攀。忠誠教育精神在，永遠尋求道路寬。且喜中華除鬼魅，如今邁步度雄關。

五、歷史玩笑

十一屆三中全會以後的「關鍵詞」是：落實政策。落實華僑政策是黨和國家整個落實政策內容的一個重要組成部分。在過去的歲月裡，華僑遭難頻仍，需要落實的華僑政策，「欠賬」太多。一九八四年，全國各地落實華僑政策正在如火如荼地進行。在廣東，落實華僑政策主要包括兩個方面：一是落實「僑改戶」政策，即改變華僑地主、富農成分；二是落實僑房政策，即把土地改革、人民公社化、「四清」和「文化大革命」期間錯沒收的華僑房屋退還給華僑房主。

其實，「文化大革命」結束不久，全國落實華僑政策（包括落實華僑私房政策）就已經啟動。就落實華僑私房政策問題，中共中央、國務院早在一九七八年就下發了三號文件，一九七九年又下發了七號文件。一九八一年十一月二十六日，國務院僑務辦公室、國家城市建設總局轉發「上海市落實華僑私房政策的情況」的通知，「望各地房地產部門和僑務部門共同配合，抓緊做好落實華僑私房政策的工作」。

彷彿是加上最後一把火，中共中央、國務院於一九八四年十一月九日又下發了《關於加快落實華僑私房政策的意見》（以下簡稱《意見》），指出：「黨的十一屆三中全會以來，各地在落實華僑私房政策方面，做了大量工作，多數地方已經基本清退十年內亂期間擠佔、沒收的華僑私房。但對土地改革中沒收、徵收和私房社會主義改造中錯改造的華僑私房以及代管的華僑私房，長期沒有歸還。對此，歸僑、僑眷和海外僑胞反映十分強烈。」

《意見》還指出：「各級領導必須認識到，落實華僑私房政策，對於保護華僑的合法權益，激發他們的愛國熱情，促進四化建設和實現祖國統一大業具有重要意義。」

《意見》第一條開宗明義規定：「在土地改革中，農村和城鎮沒收、徵收的華僑私房，一律退還華僑房主。」

當年，我並不知道中央和各有關部門就落實華僑政策問題下發了這麼多文件，而只是通過市里成立的僑聯小組（組長是曾青平，泰國歸僑，一個也是需要落實政策的受苦受難的歸僑，祖籍廣東揭西），從湖南省僑聯、省僑辦的歸僑朋友那裡斷斷續續知道了落實華僑政策的消息。我詳細瞭解情況後，給廣東省梅縣人民政府僑務辦公室寫了一封信，申明我家的華僑身分，要求退還土改時被沒收的我家房屋。那封信還沒有提到改變出身成分的問題。

沒有想到，很快就有了好消息，而且是意想不到的「雙喜臨門」。

其一，由地主階級變為工人階級。

一九八五年六月二日，梅縣人民政府給我家發出《階級成分通知書》（梅府成字第〇〇六一號），文曰：「城東區葵上鄉葵上村戶主楊雲添，其家庭成分經查證在一九五五年貫徹落實華僑政策時漏改，現改為華僑工人成分。根據國務院（七八）三號及省委（七九）七六號文件規定，特發給階級成分通知書。」

據有關資料，至一九八五年底止，梅縣人民政府為一九五五年已提前改變成分以及一九八〇年代初以來補改一九五五年應改而未改和漏改成分的二千三百多戶華僑地主、地主華僑、華僑富農，發給了確認改變成分的通知書。我家是二千三百多戶之一。

我的家庭出身一下子由地主階級變成了工人階級。遲遲到來的「工人階級」出身，讓我悲喜交加。三十多年來我十分羨慕工人、貧下中農出身，如今，我也是工人階級子弟了，但是，除了無限感慨，我卻高興不起來。歷史給我一家開了個天大的玩笑。這個玩笑開得太殘酷。「地主成分」這個沉重的枷鎖，嚴重影響了我家三代人。父親病餓早逝，母親遭受空前苦難，弟妹不能繼續升學，家庭中最幸運的我也一直被壓得喘不過氣來。我們的兒女，也因我們兩代人的悲苦經歷而使人生道路受到傷害。歷史不堪較真。「工人階級」這個在三十多年來無比嚮往的榮耀「出身」，到了二十世紀八〇年代，對於我、對於我家，已經沒有多大意義。但是不管怎樣，我們還是感謝梅縣人民政府堅定地落實華僑政策，還了我們家庭出身的真實面目。

其實，早在一九七九年一月十一日，中共中央就已經作出《關於地主、富農分子摘帽問題和地、富子女成分問題的決定》，宣佈：除極少數堅持反動立場的以外，凡是多年來遵守政府法令，老實勞動，不做壞事的地主、富農分子以及反革命分子、壞分子，一律摘掉帽子，給予農村人民公社社員待遇。地主、富農家庭出身的社員的子女，他們的家庭出身應一律為社員，不應再作為地主、富農家庭出身。

這個文件當時我也不知道。只是因為一系列光環加身，一九七九年以後，讓我感到出身成分已經不重要了。

「改變成分」雖然已經沒有實際意義，但是它畢竟莊重地表明了一種歷史態度，深深刻下了歷史的印記。梅縣人民政府對歷史負責的認真態度，是令人敬重的。

這份《階級成分通知書》又使我想到，我剛入大學時系領導問我「家庭成分是地主還是貧農」，並非空穴來風。《階級成分通知書》上的「漏改」二字，也透露了箇中資訊。最近我查閱了有關資料，證實了這一點。早在一九五五年，梅縣就提前改變華僑地主、富農成分一千七百六十四戶。但在以後歷次政治運動中，又將已改變成分的「僑改戶」重新戴上地主、富農的帽子。很有可能是當年確實有過更改我家成分的事，只是由於至今還不明白的原因，沒改成，按《階級成分通知書》的說法叫「漏改」了。而當時「改」與「不改」或「漏改」的糾葛，已經反映到了我的大學入學檔案中。我的檔案，肯定有「地主」成分的內容，也有「貧農」成分的記載。歷史的糾葛，時代的謬誤，致使我的入學檔案出現矛盾，差點使我付出莫名的代價，因出身成分不清的問題，我當時有可能被趕出大學校門。回想起來，心有餘悸。歷史的是非曲直，已經沒有必要去較真，但是，歷史的謬誤錯訛，要由個人用命運去承擔，這擔子也確實太沉重了。

其二，土改時被沒收的房屋退回來了。

更改我家出身成分的《階級成分通知書》發出四個月後，一九八五年十月十五日，梅縣人民政府又發給我家《房屋產權證明書》（梅僑房字第〇〇〇〇九三號），文曰：「城東區葵上鄉葵上村僑戶業主楊雲添有房屋楊屋內壹拾陸間，按中共廣東省委粵發〔一九八四〕二四號文件的規定，已落實歸還房產所有權，特發給證明。」並用附件標明十六間房屋坐落四至。

據相關資料，至一九八七年止，梅縣按政策落實歸還土改時被沒收的農村僑房三千七百六十三戶，共一〇〇點五三萬平方米。我家是其中一戶。

這就是說，土改前伯父楊公宏和我父親楊雲添弟兄倆及眷屬居住的十六間房，都被認定為僑房，全部退還。我父親是華僑，我伯父不是，我不知道梅縣認定我家和伯父家的房屋都是僑房的理由（也許認為伯父是香港同胞，比照落實華僑政策辦理）。但是，有一個事實是，我家與伯父家從未分家，土改時也是因為「沒分家」這個理由把我家與伯父家一起劃為官僚地主成分的。土改時伯父是「官僚地主」，我父親也是「官僚地主」成分；落實僑房政策時我父親的房屋是僑房，伯父家的房屋當然也是僑房。三十多年了，梅縣始終如一對我們父親和伯父「認定一家」，政策連貫，確實十分難得。這一點，卻是求實，而不是玩笑。

我作為楊雲添長子，楊紀曾作為楊公宏長子，弟兄倆一起商議，按土改前居住情況，分配了兩家房屋。其他弟兄姊妹咸表同意，畫押簽字。

我家退回的房屋，除「認祖歸宗」的仁曾夫婦及其子女居住過一段時間外，至今沒有人居住，經常要維修。弟弟勇曾擔當了維護祖屋重任。祖屋啊，不能丟的，這是我們的根。我們商定，祖屋是我們兄弟姐妹共有財產，不得分割，要子子孫孫傳下去。現今，誰需要誰去居住都可以，也不需要向誰交付「租金」。今後萬一因公共需要必須拆遷，所得補償亦為共有。

幾年後，又來一喜，雙喜加一喜，是為三喜。

其三，伯父由「反動黨團骨幹」變為「起義投誠人員」。

一九九一年九月十日，中共梅縣委員會落實統戰政策辦公室發出文件（梅縣委落統字〔一九九一〕二十七號），題為《關於確認楊公宏按起義投誠人員政策對待的通知》，文曰：

楊公宏，又名楊雲恩、楊遜之，男，本縣城東鎮葵上管理區人。一九五二年七月被處決。

楊在解放前曾在原國民黨廣東省貨物稅局任秘書。一九四九年四五月間，脫離國民黨到香港，經我地下黨成員林汝瑞同志（現廣州電梯工業公司離休幹部）的策動，表示願意投誠，並向我提供特務分子名單數十人，為我接管廣州做過有益工作。

上述情況，經查屬實。為此，根據中央六部（院）（一九八〇）第九九二號文件有關規定精神，經研究，確認楊公宏按起義投誠人員政策對待，並建議人民法院對原判予以複審。

事隔一年後，一九九二年九月二十二日（農曆壬申年八月二十六），廣東省梅縣人民法院下達刑事判決書（〔一九九二〕梅發刑字第四號），文曰：

原審被告人楊公宏，又名楊雲恩、楊遜之，男，漢族，梅縣城東鎮葵上管理區人。因反動黨團骨幹一案，於一九五二年七月二十七日經與梅清理積案委員會批准處死。

案經本院依照《中華人民共和國刑事訴訟法》審判監督程式組成合議庭，再審查明：

原審被告人楊公宏，在解放前曾在原國民黨廣東省貨物稅局任秘書等職；一九四九年四、五月間，脫離國民黨到香港。經我黨地下黨員林汝瑞同志的策動，表示願意投誠。依據黨和國家對起義投誠人員既往不咎的政策，原判以其歷史問題科刑處死不當，應予糾正，撤銷原判。經合議庭評議及提交本院審判委員會討論決定，改判如下：

一、撤銷一九五二年七月二十七日興梅區清委會對楊公宏批准處死的判決。

二、宣告對楊公宏的歷史問題不應追究刑事責任。

我的可憐的伯父啊，一下子由「反動黨團骨幹」變為了「起義投誠人員」，可是，人已死，不復生，九泉之下，伯父之靈有知，不知作何感想。我們這些活著的人，身背幾十年「罪惡」的包袱，艱難走過人生旅程，今日，卻是感慨萬千。經瞭解，一九四九年十月一日前的「起義投誠人員」，是按離休幹部對待的。那麼，伯父下一輩，我的紀曾哥、鳳姊他們，也理應都成為「高幹子女」了。

然而，糾正錯誤僅僅是一張紙。伯父楊公宏的遺屬，並沒有如同現在一樣錯案會有國家賠償，也沒有誰會把他們當作「高幹子女」給予諸多優待。他們還是他們，平平常常一芥草民。話說回來，「平常」，他們也就知足了。不作另類，復歸平常，這是歷史對他們的安排。這種安排，已經表明歷史的進步了，他們也無意再對歷史較真！

據伯父之子紀曾哥和純曾弟回憶，伯父落實政策一事，從一九八六年起，至一九九二年，歷經五年，他們奔波無數，一波三折，方才完成。其中起重要作用的是當年親自策反楊公宏的林汝瑞的證明材料和當年林汝瑞的上級鄭橋的證詞。

「三十年河東，三十年河西」，時移世易，物是人非，歷史真會作弄人。歷史輕輕的一個閃失，會給一些人的生存和命運帶來多大的變故！渺渺人生，為歷史付出的代價實在太大了。

我大學時的一位同學、老鄉吳煥宜（廣東興寧人氏，他一直在衡陽教書，加上我，是我們大學一個班中迄今仍在湖南的碩果僅存的兩位廣東人）在二〇〇一年六月十八日給我的來信中同情我一生「羅命運之播弄」，又調侃我「有緣身受世態炎涼」，接著的一段話卻像是歷史學家說的，又像是散文大家寫的：

你的始乎珠玉塵埋，繼而鋒芒初露，終於脫穎而出，你身邊發生的那些令人啼笑皆非的事，實在是當代中國的一齣滑稽戲，可入吳趼人《二十年目睹之怪現狀》。天將降大任於斯人，故有此苦其心志的遭際也。已經過去了的，也就成了美好的回憶，後人也可藉以瞭解我們曾經生活在什麼樣的時候，生活在什麼樣的地方。

Chapter 7

工作異動　事關海外（一九八五～一九八九）

一、海外關係

鄧小平一句話「海外關係是個好東西」，改變了我的人生軌跡。

一九七七年十月二日，鄧小平接見港澳同胞國慶代表團和香港知名人士利銘澤夫婦時說：「什麼『海外關係』複雜不能信任，這種說法是反動的。我們現在不是海外關係太多，而是太少。海外關係是個好東西，可以打開各方面的關係。」

現在的年輕人可能對「海外關係」這個名詞昔日的內涵感到不解，但對一些五十歲以上的人來說，非但洞悉，而且還會牽連出一幕幕辛酸的往事回憶。

「滿紙荒唐言，一把辛酸淚。」在一九八〇年代以前，每個人在填寫個人資料「社會關係」一欄時都要如實填上有無海外關係或港澳臺關係。這些關係，在那個年代對一個人的一生事業和社會處境有著重大的影響。一旦具有「海外關係」，政治上受歧視，工作上受限制，每次政治運動一來，就要受到各種打擊。特別是「文革」時期，「海外關係」幾乎就是「裡通國外」的同義詞。荒唐吧？那確實是個荒唐的年代。

我的一位同鄉、泰國歸僑曾青平（上文提到他曾任冷水江市僑聯小組長），一九五〇年不顧家人強烈反對，獨自一人回國參加「抗美援朝保家衛國」，起初在北京某軍用機場做地勤工作，後因「海外關係」，不久即下放到湖南邵陽某跳傘培訓學校打雜，「文革」中被打成「泰國特務」，發配到冷水江一家紅磚廠「打紅磚」。妻兒跟隨著他遭受磨難。

我的處境比老曾好得多，大概因為我不是在機場等「要害」部門工作。我是背了「出身不好」、「海外關係」雙重包袱，三十多年忍辱負重，低調度日。

鄧小平的講話讓所有「海外關係」的當事人激動異常。廖承志的一篇重要文章《批判

「四人幫」所謂「海外關係」問題的反動謬論》（載《北京日報》一九七八年一月四日第三版），成了我的珍藏。

「海外關係」開始吃香了。在冷水江市的反應之一是「泰國特務」曾青平獲得平反，並被委任市工農機械廠副廠長，後來擔任市僑聯主席。

湖南省於一九七九年成立了歸國華僑聯合會（簡稱「僑聯」）。接著，各個地區也相繼成立了僑聯。婁底地區於一九八四年籌建僑聯組織。但是，婁底地區的歸僑很少（幾乎全部集中在冷水江市，有八人），而僑聯主要負責人，必須由歸僑（或僑眷）擔任。當年負責籌建地區僑聯的是婁底行署辦公室主任曾暢元。他四處尋找負責地區僑聯工作的適合人選。

曾暢元原是二十年前我剛到新化十四中報到時為首接待我的學校團委書記。他一直對我很關心，曾多方扶助我。例如在一次全縣教師學習班上，他推薦我參加編寫《學習簡報》。他很瞭解我，信任我，是我遇到的少有的對出身不好的人持信任態度的黨團幹部。他離開學校後，當過公社書記、縣裡幹部，一九八四年時擔任婁底行署辦公室主任，後來做到行署副專員。

一九八四年十二月，婁底地區召開首屆歸僑僑眷代表大會，選舉我擔任婁底地區歸國華僑聯合會副主席，婁底地區僑聯宣佈成立。

曾暢元後來對我說：「我是打著燈籠找『海外關係』，終於找到了你。」在地區的領導幹部中，他確實是能找到「海外關係」的唯一的人。

事出突然。我在冷水江市一中正當興旺時期，光環加身，工作順暢，而且那時我被任命為市一中校長不久。突然工作異動，腦筋一時轉不過彎來。不同於早幾年不同意我去汕頭、深圳，冷水江市委這次立馬表示同意，因為「下級服從上級」，地區有令，焉敢不從？大學畢業分配時就表過態「一切服從黨安排」的我，這次又得服從了，妻子也同意，於是調動成功，促成了我的人生的又一次轉折。

我是因為包括「海外關係複雜」等因素而來到冷水江，又因「海外關係」而離開冷水江，我的人生道路其實不是自己在奮鬥，而是歷史在安排。我這一輩子，可以說是在政治的玩笑和歷史的誤會中走過來的。

這次調動，可以說又是一次歷史誤會，因為我壓根是個教書匠，不應該成為一名「機關幹部」，更不應該成為一個部門的「領導者」。

但是，我「榮任」地區僑聯副主席之時，我所教的一個高三班還有半年才畢業。於是，市里跟地區協商，讓我拖到一九八五年七月，方才離開學校，離開冷水江市，到婁底地區履新。

我十分留戀冷水江市一中。

在冷水江市一中長達二十一年，雖然中經「文革」動亂，荒廢了一些時日，但我還是十分努力的，工作成績也還算過得去。對此，我於心無憾。

我「獨在異鄉為異客」，在偏僻小城一個不見經傳的學校度過了大半生，不感到遺憾的，還有就是，我與之共過事的同事，有不少成了我的良師和摯友。

除了上文提到的同事之外，一定要提到謝本恒老校長。這位上世紀五〇年代即是新化師範學校校長的老教育工作者，一九五七年時，他先是領導「反右派」而後不幸自己也成為「右派」。直到改革開放年代，他才被重新發掘出來，當了冷水江市一中校長。我有幸在一九八〇年代當副教導主任、副校長直至校長時與他共事（我當校長時他是校黨支部書記），從中得到不少教書、育人和做人的教誨，一輩子受用不淺。我與他合作得很好，或者說，他與我合作得很好，互相尊重，坦誠相見，工作愉快。

此前，學校由另一位老校長黃長清主持，他也是我的良師和益友。他與妻子劉英（後來也成為學校負責人）還對我這個外地人的生活很關心。我結婚時，劉英老師還借給過我五十元錢（當時五十元相當於我一個月的工資），許久以後我才歸還她。

與我較長時間在一起生活、工作的老師，亦師亦友的同事，除在上文提到的以外，還有李其昌（書記）、羅遠清（書記）、庾國植（副校長）、易壽松（團委書記）、蘇建設（政治教師）、伍慰杞（政治教師）、彭亦墀（政治教師）、李伯堂（語文教師）、鍾友光（語文教師）、羅因（語文教師）、鍾治平（語文教師）、海恩雲（語文教師）、李錫川（語文教師）、陳遠征（語文教師）、吳代瓊（語文教師）、王宜中（語文教師）、伍愛珍（數學教師）、賀季讓（數學教師）、陳義堂（數學教師）、楊秀生（數學教師）、張玉輝（英語教師）、劉益華（英語教師）、謝禮光（歷史教師）、蘇進（歷史教師）、楊篤坤（物理教師）、石仕倫（物理教師）、王承祿（化學教師）、趙婉君（化學教師）、張複之（化學教師）、張益友（化學教師）、晏端陽（地理教師）、肖奇才（體育教師）、姚幗英（體育教師）、吳公卿（總務老師）、曾茨娥（校醫）等等。

在寫到我在冷水江市一中工作這段時間的事情時，這些同事（不完全名單）的形象一直在我腦際徘徊，我不能忘記他們，我無以感謝他們，只好在這裡敬錄他們的名字，寫進我的書中，以為永久的記憶。

我還得寫到一個人，我十分敬重的一個人，他就是冷水江市教師進修學校的高級教師王德新老師。當年我搞「電化教學」獲得成功，有他一份大大的功勞。那堂課（魯迅小說《藥》）的幻燈片就是王德新老師繪製的，畫得很好，評獎時對我講的課的肯定，就包括幻燈片的製作。他是江蘇豐縣人，西南師範學院高才生。跟我相似之處是，同樣受到歷史的播弄。他懷才不遇，顛沛流離，最後來到冷水江，從事教育教學工作，貢獻了他的聰明才智。他博學多才，又謙虛謹慎，堪稱當世師表。我離開冷水江後，與他仍時有書信往來。一九九六年，我贈他一首七律。不揣淺陋，抄錄於此：

學長傳書喜且驚，湘中不了別離情。德才俱備君當屬，新巧兼能眾有評。志在村黌勤授業，身居鬧市恥爭名。葡萄酸澀由它去[①]，雲自悠閒水自清。

真應得上「拋磚引玉」這成語，不想他回贈我一首金玉之作，用正楷字書寫成條幅寄我，詩、書俱絕，令我「受寵若驚」，倍加珍惜，藏諸箱篋。二〇一〇年七月遷新居，我鄭重地把這個條幅裝裱，掛在我書房門口。是一首七律，用我原韻。誠惶誠恐，敬錄於此：

示教當年滿座驚，透析傑作寄深情。宗師垂范留佳話，錚骨超塵有定評。創業海邦非致祿，獻身家國豈追名。無端榮辱風雲幻，流水高山品自清。

① 學長賜書稱，書齋取名「酸葡萄齋」，意在「雖羨慕榮華富貴卻不可得，只好學那隻狐狸望葡興歎以自慰」。

我當年的學生，已經不乏頗有成就者，不少人（即使在國外的）仍然經常聯繫，或者常來看望我，我心欣慰。

由於「文革」的原因，有不少學生沒有走出冷水江，仍然在家鄉生存、發展。有的則在外地學成歸來，紮根家鄉開創事業。他們經過努力拼搏，大都取得不小成就，有的成了市黨政機關負責人，有的成為小有名氣的企業家……每次我因公或因私回到冷水江，都會引來一批批我原來的學生相聚。他們尊敬我，讓我於心惴惴。有一位叫黃祥岳的學生（在冷水江市檢察院任職）居然把我當年對他作文的批語全部保存下來，剪貼成冊，題名「楊宗錚先生硬筆書法選」。我驚問「為什麼這麼做」，他說：「一為牢記老師的寫作指導，二為學寫老師的一手好字。」令我動容，感慨莫名。他複印了一本贈給我，這本「真跡」成了我在冷水江市一中當教書匠難得的珍貴記憶。

二〇〇九年年底，學生高志榮攜其詩稿來訪。這位因「文化大革命」和「惟出身論」被剝奪了繼續深造權利的學生，幾十年來在為生存而戰的艱苦日子裡，居然練就了一身詩詞功夫，眼前的這本詩稿，即是碩果。他很謙虛，說是特來徵求我的意見，請我替他改詩。花了半個多月時間細閱其詩稿，篇中洋溢著的詩人氣息、筆底神韻、人生體驗、生活哲理，隨時在感染著我，令我欣喜。詩稿《後記》提及我，我已經忘卻的事，學生卻銘記於心，不禁感慨萬分。茲摘錄如下：

余從讀詩歌到能謅幾句下里巴人，蓋得益於兩人。一是余之恩師楊宗錚先生……楊先生任過市一中校長，亦曾任過余之語文老師及班主任。畢業後常詣校拜訪。其見余性喜格律詩詞，即借一本王力著的《詩詞格律十講》予余。後該書不慎遺失。楊老師不但沒怪罪，反而又將一本油印書借之予余。余賴該書掌握了一些格律詩之基本知識……

卻之不恭，勉為其難，我為高志榮同學這本詩集寫了一篇《序》。

二〇〇六年，在省內外很有些名氣的冷水江波月詩社為慶祝該詩社成立二十週年向我徵詩，雖然系出中文卻一直不會寫詩害怕寫詩的我，遵命寫下了一首七律，題《獻給冷水江市一中》，詩曰：

飄萍雨打任由天，輾轉棲身資水邊。直認他鄉為故土，承蒙摯友潤心田。廿年勞苦非圖報，百樹芳菲競鬥妍。老朽黃昏慚作頌，有心躍馬卻蹣跚。

波月詩社的中堅人物李謨高，是冷水江市一中高八班學生，我沒有教過他的課，他卻一向十分尊敬我這個老師。他也是大學中文系畢業生，曾任冷水江市教育局局長，工作敬業，為人耿直，克己清廉，但家庭生活屢遭不幸。趁該詩社徵詩之際，我為他寫了一首詞，錄於此，以為紀念。題為《鷓鴣天‧贈謨高》：

天妒賢能志益堅，披荊斬棘永驅前。鴻才博得同儕贊，正氣贏來百姓傳。冬夜裡，捧華篇，甘醇一盞醉心田。鷓鴣聲裡長相憶，何日逢君再續緣。

上述兩首詩詞，承蒙錯愛，已收進《冷水江詩粹》。

一九九六年九月，冷水江市一中慶祝建校四十週年，我應邀回去參加盛會。在慶祝會上我發了言。這個發言，被整理刊登在一九九六年十月十九日《冷水江報》上，題為《夢繞魂牽冷水江》。我說（寫）道：

我不是冷水江人，但冷水江是我的第二故鄉。是歷史和際遇，把我這個剛從大學畢業的外省人，推向了這塊陌生的土地。從一九六四年二月到一九八五年七月，我在冷水江市一中工作了二十一個年頭，當語文教師，後來還負責學校行政工作。在冷水江的二十一年，是我一生中精力最旺盛的黃金時期。我感到無怨無悔的是，我把人生中的黃金時代獻給了冷水江市的教育事業。我雖然離開冷水江市十一年了，但冷水江市一中的校園和師生，冷水江市的大地和人民，仍然使我夢繞魂牽。欣逢冷水江市一中四十週年大慶，我回到了冷水江市一中，回到了我的第二故鄉冷水江市。

一九六四年二月，我來到冷水江市一中（當時叫新化十四中）時，這所學校的條件還是較差的；冷水江市第一次建市剛剛撤銷不久，整個城區像一座山區小鎮。當時的冷水江市一中年輕，人也年輕，除黃長清校長年紀稍長外，包括當時的校團委書記曾暢元同志，教職工大都是三十歲以下的年輕人。整個學校朝氣蓬勃，來勢喜人。不久遇上「文化大革命」，學校遭到破壞，領導和教職工受到摧殘。但是，全校上下，出於教育工作者的天職，仍在堅持「復課鬧革命」，抓住每一個機會，開展教學工作。粉碎「四人幫」後，冷水江市一中獲得了新的活力。一九七七年冬恢復全國高考，學校即組織應屆和歷屆高中畢業生參加考試，打響了第一炮。此後幾年，在市委和市政府的領導下，冷水江市一中越辦越好，高考升學率逐年大幅度提高，一九八三年出現了一個高潮，得到市里和地區的表彰。

一九八五年七月我離開冷水江市一中後，全校師生在新的領導班子領導下，更是步步高升，成績驕人。我為冷水江市一中的每一個進步、每一個成績感到高興，我衷心祝願冷水江市一中興旺發達，再造輝煌。

二、五味雜陳

到婁底地區僑聯工作，與學校工作完全不同。一切都變了。

首先是環境艱苦，始料不及。

社會上有人說：「僑聯僑聯，實在可憐。」胡耀邦於一九八三年在全國僑務工作會議上也引用過這句話，不過，他反話正說，從另一個角度鼓勵僑聯幹部努力為僑服務，為人民服務。

僑聯為什麼「可憐」？主要是體制問題。僑聯全稱是「歸國華僑聯合會」或「歸僑僑眷聯合會」，是各級黨委領導下的群眾團體（或曰「人民團體」），與共青團、工會、婦聯等同屬「群團」系列，但是，在領導、運作中，各人民團體的地位和待遇是不一樣的，僑聯如同庶出，往往被忽視。黨委、政府的工作報告和文件，都稱「工青婦等人民團體」，僑聯就被「等」掉了，成為「等而下之」之列。僑聯的編制、經費、辦公條件等等，都遠不如同屬「人民團體」系列的「工、青、婦」。僑聯雖然屬於黨委領導，但不是黨委直屬部門（往往「寄居」於黨委統戰部），也不是政府機構，沒有任何發號施令的權力。既無權又無錢又無位，所以「實在可憐」。

「僑聯實在可憐」的情況，是我到僑聯工作後才逐漸瞭解到和體會到的。朋友、同事見面時祝賀我「高升」，我只能強作笑臉。

婁底地區僑聯與地區僑務辦公室合署辦公。牌子兩塊，公章兩個，編制各有，但經費統一。僑辦負責人是一位Y副主任（婁底地區從邵陽地區「獨立」出來時從邵陽過來的老副處級幹部），僑聯負責人是我這個副主席（按照「官本位」，我從校長這科級上升為副處級了）。我來之前已經分好了工：僑辦Y副主任分管辦公室、人事、黨支部；僑聯副主席我分管經濟、僑政和宣傳聯絡。有人對我說：「你沒掌權。」我無所謂。我大大咧咧來到陌生的工作崗位，不知水淺水深。我一心想熟悉新的工作，搞好新的工作，內心確實沒有要去爭個什麼高低。

儘管我「姿態」甚高（有人作此評議），但後來我還是慢慢覺察到，「僑辦」的人處處對我好像有些防範，總感覺好像不是一家人，相處不太融洽。主管僑辦、僑聯的行署辦公室曾暢元主任覺察到了兩者之間的齟齬，曾在一九八七年三月的一次會議上指出：僑辦、僑聯是一家，彼此尊重，工作分頭抓。我發言說：對同志，要不分彼此，主動協作，互相支持。對上對下，要一個口徑。工作，分工不分家。對僑務工作對象，要熱情服務，做僑胞的知心人。Y副主任也表態：加強團結，領導以身作則。同志之間，互相諒解，求大同存小異。

後來我才瞭解到，全省各地僑聯、僑辦合署辦公的，除非僑聯主席和僑辦主任是同一個人，像「一家人」的甚少，起糾紛、鬧矛盾的，大大的有。

起初，婁底地區僑聯編制三人，僑辦四人，外加一個司機。我新來，沒有房子住，家屬仍在冷水江市一中；秘書長溫可湘，司機蘇小平（我們稱他為「小平同志」）也沒房住——從我這個副主席到秘書長到司機，三條男子漢，三張單人床，擠在一間辦公室住宿，長達兩年。

溫可湘是廣州人，菲律賓歸僑。大概也是因為「海外關係」等原因，他從湖南農學院畢業後，一直在最基層單位新化縣農業局任農業技術工作，長年在農村折騰，艱苦備嘗。大概也是因為「海外關係」，他同我一樣，得以來到地區僑聯工作。惺惺相惜，我們彼此互相理解，協調一致，合作愉快。同事四年，我到省僑聯後，溫可湘任地區僑聯副主席、主席，實至名歸。

我從中學校長任上調來，從管理七八十位教師一兩千名學生，到一間辦公室三個人相向危坐，環境落差太大，以至很長時間都適應不過來。

地區僑辦設立在先，人多一些；地區僑聯成立在後，人少一些。兩個單位合署辦公，好像僑聯是依附於僑辦的，沒有工作自主權。再加上初次涉足機關，不諳人事關係處理，不熟機關工作規則，碰了不少軟硬釘子。雖未鼻青臉腫，卻也五味雜陳，很不是滋味。

成為我永遠的歉疚的，是我正在讀初中和小學的一子一女，不可能貼身照管，耽誤了他們的學習，辛苦了賢妻。即如一九八五年八月我剛到婁底地區僑聯，來不及熟悉環境，還未安頓好生活，就連續公差在外，長達兩個多月：十月二十三日至十一月八日，參加省僑聯組織的參觀學習團去福建、廣東，費時半月；十一月十四日至十二月四日，我與僑光公司經理李均衡一起第二次去四川，為一樁經濟案子打官司，前後二十天；十二月十一日至二十七日，還是為了那個案子，與溫可湘秘書長一起，去廣東中山找僑光公司前任F經理瞭解情況並商討引進捐贈事宜。自己勞累不說，兩個多月沒跟家人打過照面，欠家人太多，情感上很過意不去。

地委倒是很重視發揮僑聯的作用。一九八五年春，我還在冷水江市一中繼續當我的校長，繼續教完我帶的一個高中班，適逢有一位日本企業家，有意向在婁底建立彩電生產線，地委W書記指派我，陪同地區經委一位負責人去北京，找全國僑聯服務中心引資負責人居中談判。在北京期間，我們曾與關係人等去八達嶺長城一遊。我掏腰包購的旅遊票。

我第一次在黨政機關出公差，回來後連費用怎麼報銷都弄不清，甚至報銷單都不會填寫。僑辦負責財務工作的一位女同志K，硬是要我一張一張憑證說明事由，看見去長城的票，一臉不屑，扔在一邊。我說明緣由，她硬是不同意報銷。我很氣，當著她的面把票撕了。從此，與她的關係一直處理不好。我不知道是我的不對還是她的錯。而同我一起到北京的地區經委的那位同志說，這是工作需要，不是個人遊玩，為什麼不能報銷，並說他所有的票都報銷了。我在學校從來沒有碰到過這等窩心事。

出差還常常遇到一些意外。

一九八七年六月，我陪同香港同胞曾老先生和他的外侄女周小姐去張家界參觀，僑辦那位女同事K同行。在索溪峪，住在「專家村」（一家園林式賓館），安排曾老先生、周小姐各住單間，我與司機合住一間，K一個女的，只好再安排住一單間。據賓館經理說，周小姐所住單間是高級套房，中央首長王首道、趙紫陽總理夫人、省委毛致用書記都住過，但周小姐看後不滿意，她情願住K某那間普通客房，於是作了交換。我跟K開玩笑說：「好好享受一番，今晚別睡。」誰知到了深夜一點多鍾，K衝出房間大喊「有賊」，原來是她發現有人劃開紗窗、趴在窗臺上正向裡窺視。我們聞聲急起抓「賊」，卻不見蹤影。我暗暗慶幸，好在周小姐換了房，不然驚嚇了外賓，非同小可。可是把K驚嚇了，我也於心不安。

消息不脛而走，只是走了樣。第二天，我們在遊覽金鞭溪途中，即不斷聽到有人議論：專家村昨晚遭搶劫，搶的是外國人。

萬萬沒有想到，回來之後，K卻對人說，是我故意安排她住那間，使她受到傷害；而對她的昧心說法，僑辦Y副主任並不阻止，一笑置之。僑聯、僑辦合署辦公，一起派員陪同外賓，卻埋怨僑聯的副主席「暗算」了僑辦的幹部，真不曉得是什麼邏輯，我有點不知該怎麼開展工作的感覺。

僑聯、僑辦的糾葛，在有形無形中展開。

一九八九年初，地區僑光公司（地區僑辦僑聯主辦主管）出了個經濟案件：剛調入不久的職工J，私自盜用公司款向省僑匯公司購進憑僑匯券銷售的白沙煙三十三箱，價值三點七萬元，在長沙就地倒賣，得四點六萬餘元，一轉手獲利近萬元，而且公司被盜用款項追不回來。本來分工我是管經濟工作的，但是因為其中牽扯到機關某些人的利害問題，不讓我參加調查，調查過程一直遮遮掩掩。後來地區檢察院插手，我才知道一些內情。當檢察機關搜查J家時，有關利害人卻躲避直面J家人，要我出面作搜查見證人。J本人是怎樣調進僑光公司的，我也不知情，因為我不管人事。搜查J家時，我才第一次見到J本人，一個單單瘦瘦的小青年。此案結局如何，我也不得而知，沒有誰對我說過。

一次，溫秘書長見僑辦幾個人都有相同的旅行袋，幾經詢問，才知道是「發的」。乖乖，僑聯僑辦合署辦公，經費統一，發旅行袋，僑辦的有，僑聯的沒有，這是哪門子怪事！一向逆來順受的我發火了，大喊：「我要查賬！」事情鬧到地委W書記那裡，W書記叫我去他辦公室，問明原委後，他笑著對我說：「不改書生意氣，真是好樣的。」他反問我旅行袋怎麼辦，我說：「算了，今後只要一視同仁，開支透明就行了。」W書記握著我的手說：「你看你自己可以解決問題。就按你的意見辦吧！」這件事我後來未再提起，但僑辦的人對我小心謹慎多了，處處提防，不過也未敢再造次。

一九八五年初僑聯成立時，我是副主席，僑辦的負責人Y是副主任。副主任、副主席，都是副處級，儘管人家是「老處」，我是「新處」，但級別畢竟相同，而且人家畢竟抓住了權，心理上好像也沒有很大落差。但是到了一九八八年，情況變了。

按照僑聯《章程》規定，地區一級僑聯，一屆任期三年。一九八五年僑聯成立時是第一屆，到一九八八年要換屆了，這時風傳我會當主席了，那就是「正處級」了。這還了得！因此，起了風波：僑辦Y副主任鬧著要「分家」，僑辦、僑聯不再「合署」，各自為政。原因簡單不過：僑辦Y副主任擔心大權旁落。

地委W書記找我瞭解情況。我彙報說，過去只要有人提到僑辦、僑聯分家，就會挨批評，斥為「不團結」、「鬧分裂」，現在為什麼主動提出要分了？主要原因是僑聯「換屆」。W書記一聽就明白，說，分不分是地委考慮的事，你現在專心搞好換屆籌備工作。

我與W書記素不相識，我到地區僑聯任職後也從來沒有去拜望過他，不知道他為什麼瞭解我、支持我？我的直感是，他十分熟悉地區各部門工作情況和人事情況，對待下屬公正、公平。有幸的是，我後來到省僑聯後，W書記調到省委統戰部任常務副部長（後任湖南省人大常委）。省僑聯與省委統戰部在同一棟大樓辦公，我得以經常見到他。有一段時間，W副部長負責聯繫省僑聯工作，我們更是能得到他的耳提面命，深受教誨。向您致敬，尊敬的W部長！

一九八八年五月，僑聯換屆，我真被選舉為主席，是正處級了，而「他」還是個副主任。但是我沒有因此「官大一級壓死人」，我沒有要求重新分工，但是人家卻對我愈加掣肘了。有一件事，使我心裡煩透了。

行署新建了一棟幹部宿舍，僑辦僑聯終於分到了幾套住房，在一個單元一側一到五樓共五套。我要僑辦Y副主任先挑選，他不客氣，果斷選了三樓，我於是選了二樓。有一次，一位想到地區僑辦僑聯來工作的某縣僑聯幹部送一臺彩電給Y副主任，他來得真不是時候，從二樓樓道經過累得氣喘吁吁時恰巧被我撞見了。那人後來對人說，僑聯主席選擇住二樓，是為了監視住三樓的僑辦副主任。我聽了，真弄不懂這是哪門子邏輯，窩了一肚子火。

因此，有很久一段時間，我一直不適應機關工作，「身在曹營心在漢」。雖在僑聯任上，卻留戀學校工作。有一次，地區一些幹部需要參加文化考試，組織復習班，請我上課，我欣喜若狂，忘了自己是僑聯負責人，儼然又成為一名教師，全身心投入。反映很好，受到稱讚。但事畢回到令人窒息的辦公室，又感到茫然無助了。

三、為僑服務

不過，自己是「僑」，「為僑服務」，我有感情。歸僑、僑眷中很多亟待解決的問題，我感同身受。累點，苦點，怨點，煩點，都算不了什麼，好好幹吧！只要做事，很多煩憂都會拋諸腦後的。做事，把事做好，是我一向的信念。

首先是熟悉工作。中共冷水江市委「獎給優秀共產黨員楊宗錚同志」的一個筆記本，被我記滿了婁底地區海內外僑情、僑務工作法律法規、僑聯歷史、落實僑務政策情況等與過去在中學工作時完全不同的內容。

我主持，在全地區第一次詳細調查了僑情，製成了分類表格，得出了「臺轉僑」僑胞占全地區僑胞百分之五十七點七的結論。「臺轉僑」，指經臺灣移居國外的僑胞，湖南省僑情特點之一是「臺轉僑」的多，但是「多」到什麼程度，一直沒有一個確切資料。我的「五十七點七％」的結論，提供了一個參考資料。這個資料，在此後全省的僑情報告中被反覆引用，得到確認。另外，我寫出了《婁底地區華僑的成因和現狀》的研究論文。這篇論文獲得了省僑辦、省僑聯的聯合獎勵，並收進了相關論文集。

鑒於「臺轉僑」僑胞多，「臺」與「僑」聯繫密切，因此我們把臺情與僑情一併調查，臺胞與僑胞的工作一起做。後來，由於這種工作的普遍性，被中國僑聯確定為「僑務對臺工作」，作為僑聯工作的一個組成部分。我一開始的工作與後來中國僑聯的部署不謀而合，我感到我的工作上路了。此後，僑聯的一些工作會議，大都有對臺工作部門的人員參加，例如一九八七年五月二十六日至三十一日在長沙湘江賓館召開的全國僑聯聯絡工作會議（全國僑聯副主席黃軍軍主持）上，全國臺聯副會長彭騰雲和中央對臺辦綜合處處長樂美真就曾與會並講話。

一九八七年四月二十九日，我在雙峰縣調查僑情時獲知一個動人故事：臺屬晏汝羅在參觀廈門胡里山炮臺後寫詩一首：「旅遊福建到邊防，一對鴛鴦隔海望。盼臺早日回祖國，夫君攜眷回故鄉。」詩寄到臺灣去了。不久，晏汝羅收到丈夫從臺灣寄來的一個瓷碟，上有夫婦人頭並列圖像，並有一首詩：「六六老夫六五妻，祈求逾越古來稀。相思萬里夜夜望，今世團圓應可期。」我把這個故事寫成一篇報導，後刊登在省裡主辦的一份涉臺刊物上，在全省一次對臺工作會議的領導報告中被引用。

一次下鄉調查，受到強烈的心靈震撼，更堅定了我為僑服務的決心。

雙峰縣一個偏僻的鄉村，有一家僑眷，女主人五十多歲了，其丈夫解放前在中越邊境幫人販運物資，後淪落越南南方。三十多年來斷斷續續有些音訊，女主人知其丈夫在國外生活困苦。女主人忠於婚姻，一直守寡，撿了一個瘦弱女孩撫養，十多年了，相依為命。兩間漏雨漏風的土磚屋，家徒四壁，潮濕骯髒。因為有「海外關係」，「五保」也沒有她的份，靠房前屋後種些作物為生，間或親友有些接濟。我們到她家時，一老一小正吃午飯：一人端一碗稀粥，碗中飄動著一些不知叫什麼菜的菜葉。

雙峰話我聽不懂，老人口齒也不清楚，靠陪同的雙峰縣僑聯幹部的溝通，我向她瞭解情況，表示慰問，同時送上我們準備好的一袋大米、一壺菜籽油、兩斤豬肉和一床棉被。

由於政治上長期受到歧視，全國三千萬歸僑僑眷，在同一文化層次的人群中，一般處在底層。政治上的受歧視勢必帶來經濟上的困難，歸僑僑眷需要太多的幫助，讓他們同全國人民一道，在歷史的途程中站起來。所以後來，在一九九〇年，出臺了《中華人民共和國歸僑僑眷權益保護法》。我們國家立法保護歸僑僑眷合法正當權益，說明我們國家對歸僑僑眷這個弱勢群體的歷史和現實處境終於有了正確的認識。這是我們國家的幸運，廣大歸僑僑眷的幸運。

婁底地區僑聯的工作，瑣碎之事多多。算得上大事的，是與香港富豪余彭年的交往。

余彭年現在以「大慈善家」聞名於世。據胡潤（英）與東方愚（中）所合著的《胡潤百富榜：中國富豪這十年》（中信出版社，二〇〇八年十月），余彭年「第三次問鼎胡潤慈善榜首位」，最近五年（迄二〇〇八年）捐款金額達三十億元，「可以排在美國慈善榜的第三十位」、「入圍英國慈善榜前十名」。該書稱余彭年為「老善者」、「令人尊重的專職慈善家」。

余彭年是湖南省漣源市（原稱漣源縣，隸屬婁底市）人，原名彭立珊。在長沙市，至今仍然有一支叫「立珊專線」的公交車隊在運營，那是他在一九八〇年代中期捐贈的；長沙火車站廣場的噴泉、五一廣場地下通道（近因修建地鐵被拆除了），也是他在當年的捐贈。而在那之前，最初接觸彭立珊的，是湖南省僑聯系統的幹部。

一九八二年間，改革開放不久，深處內陸的漣源縣尚處於混沌初開時期，當地百姓和幹部「左」的羈絆尚未清除。當此之時，彭立珊從香港衣錦榮歸，回到闊別二十餘年的老家，設席幾十桌，大宴鄉親。大部分百姓欣然赴宴，而幾乎全部受邀的縣、鄉、村幹部則缺席，說是「不吃資本家的飯」。

那時當地幹部對彭立珊有意疏遠，還有一個原因是，據說彭立珊是一九五六年在上海流浪很不得意時偷渡到香港去的，有些幹部怕沾上「關係」而受「牽連」。再一個傳說是，彭立珊在香港賺的錢「不光彩」，在香港的漣源老鄉都少與他打交道，連彭立珊初到香港時接收他打工的一位龍姓書店老闆在彭立珊發跡後也不太理睬他。然而，時隔不久，隨著彭立珊在漣源捐贈醫院設備、修橋補路、救濟貧困農民，當地慢慢改變了對他的印象。

一九八六年十一月，地區僑聯參與組織婁底地區在深圳舉行的婁底籍港澳同胞座談會。陣容強大。地委W書記為首，一位副書記為副，地委統戰部領導參加，地區僑聯由我和溫湘秘書長出席，彭立珊先生之子彭亞如（時任漣源市僑聯主席）與會。會址設在深圳紅嶺賓館。應邀參加的港澳同胞有四五十人，彭立珊是其中之一。

當時獨有彭立珊一人沒有住在婁底地區安排的賓館裡，他一人自選雅園賓館住下了。在雅園賓館餐廳，他宴請了W書記等領導，我作為地區僑聯負責人，有幸獲邀作陪。席間更多的是客套應酬，鮮有涉及彭立珊本人事業、投資捐贈意向等問題。W書記禮節性地提議歡迎彭先生到家鄉投資創業，彭立珊婉轉地以「我不會賺家鄉人的錢」回應。第二天他沒有出席座談會，獨自一人先行回香港去了。

為「引進」彭立珊，湖南省僑聯系統幹部做了開創性的工作。婁底地區僑聯和漣源縣僑聯幫助彭先生的大兒子彭亞如從老家太和鄉的農民轉變為漣源縣人民醫院的一名職工，後來彭亞如又成了公務員，擔任過漣源縣僑聯主席、漣源市政協常委、婁底市僑聯常委。

當年，彭立珊的二兒子在長沙娶妻成親，是湖南省僑聯的領導做的媒。二兒子夫婦到香港定居，也是湖南省僑聯幫助辦理的手續。可見當時彭立珊與僑聯關係的密切。

但是當省裡有關部門認識到彭立珊的「價值」後，在接待彭立珊時便有意無意地繞開僑聯，僑聯負責人得知彭立珊駕到，想去敘舊，也不得其門而入。而彭立珊本人也似乎對僑聯已經淡忘或者疏遠，回湘時不再與僑聯聯繫。儘管如此，在後來很長一段時間內，每年春節前夕，湖南省僑聯照例會給他呈寄賀年明信片，但一般都沒有得到回音。

後來，彭立珊與湖南的關係，也漸行漸遠。

一九八四年，彭立珊給長沙市某著名醫院捐贈了十輛配置完備的救護車。然而，第二年他回到長沙，意外發現有一輛救護車已改為領導用車，車上原有的救護設備已被拆除。

彭立珊對此事耿耿於懷，曾在香港某報披露此事。他後來對湖南的捐贈逐漸減少，連他曾答應為湖南全省每個縣醫院配備救護車的意願，也沒有再兌現。上世紀九〇年代，彭立珊打算把深圳市彭年廣場私產捐贈給深圳市時，湖南省曾力爭他捐贈給湖南未果。

即便如此，彭立珊仍然受到湖南人民的尊敬。人們最受感動的是余彭年（我在這裡就改用人們所熟知的「余彭年」大名吧）捐資用於白內障病人的復明手術的「彭年光明行動」。據《胡潤百富榜：中國富豪這十年》披露：「彭年光明行動」「二〇〇七年一年即完成白內障手術五萬例。三年時間即發展至全國十二個省、市和自治區，很多被救治者都是來自貧困山區的農民。」

四、香港會親

二〇〇九年十一月初，在《南方週末》工作的女婿張華去臺北參加一個論壇，我托他去看望我那年近九十歲高齡的舅父。早幾年知道舅父因中風導致行走困難，且有老年癡呆苗頭，我憂慮於心。女婿到達臺北當晚，就去看望了我舅父——按客家人習慣，女婿應叫他

「舅公」，女婿按照河南習俗叫他「舅爺爺」。看望中，他們談興正濃時，舅媽打電話過來，說：「張華到了。你跟你舅說說話吧！」聽到電話裡舅舅聲音洪亮，口齒清楚，我懸著的心舒緩了。

事後，張華在他的「微博」中發表了感慨：「晚上去看望了舅爺爺。他是當年國民黨第一期青年軍，後至上校，用現在時髦的詞來說，那時是蔣介石的CFO。他於一九五〇年撤到臺灣，如今已是將近九十高齡，經常失憶，但對比較久遠的事又記得很清楚。當老人家用顫抖的手拿出來民國三十六年（一九四七年）蔣介石送他的照片和贈言時，我恍如看到了那個紛亂的時代。」

是的，舅父生活在「那個紛亂的時代」。我母親和舅舅出生于極其貧困的農村家庭，按照土地改革時的標準，不是雇農也應該是赤貧。姐弟倆在他們的雙親相繼亡故之後相依為命。我母親嫁給我父親後遠赴南洋，舅父為謀一條生路報考了青年軍。「一寸山河一寸血，十萬青年十萬軍」，當年蔣介石號召知識青年從軍是為了抗日，但我舅父更多的是謀碗飯吃。我們一家從印尼回國後，內戰戰事正緊，接著全國大陸解放，姐弟倆未能見上一面，此後即資訊全無。在我進入大學後的人生歷程中，舅父的「懸案」一直是我「社會關係複雜」的主要因素。

一九八五年，當我家成分由地主階級變為工人階級的時候，終於有了舅父的消息。他還在，而且過得很好。他托冒著危險經香港偷偷返回家鄉的朋友捎帶口信給我母親。不久，舅父通過我在冷水江工作時結識的朋友、已定居香港的吳文宣先生帶給我一臺彩色電視機。吳先生不辭勞苦，扛著彩電過羅湖海關，我到深圳口岸接回。

一九八八年春，舅父決定在香港與他親姐姐即我母親會面，要我和妹妹金鳳陪送。當時，臺灣尚未「解嚴」，舅父不能徑回大陸省親；大陸因會臺灣親人而赴港，也是稀罕事。我當時在婁底工作，這是一個相對「後進」的小城。我的赴港申請，驚動了相關部門，知道的同事也頗感疑惑。金鳳在海南當地辦赴港手續，較為順利。我和母親在湖南辦手續，則遇到一些波折。母親因她的戶口不在湖南，不能辦理。婁底地委統戰部、婁底行署辦公室的領導聞訊，都向地區公安處要求破例辦理，以「共同做好對臺工作」。母親赴港手續最終得以辦成。我則因為是處級幹部、共產黨員，需由地委審批、呈省委組織部批准，拖延了些時日，不過最後也辦好了。臨行前，地委組織部、統戰部領導找我談話，交待相關注意事項。

一九八八年三月三十一日，我陪著母親來到香港，在吳文宣先生家住了兩晚，妹妹金鳳第二天從海南趕到。

吳文宣先生是廣東梅縣人，印尼歸僑，原是冷水江鐵廠幹部（其妻封女士也是鐵廠幹部、印尼歸僑）。冷水江市一中與冷水江鐵廠僅一座圍牆相隔，我們得以結識。老吳一九五七年被打成「右派分子」，在廠裡一直受到壓制，工資很低，生活清苦。一九八三年全家四口申請赴香港定居獲准，暫住在筲箕灣道成安街。到香港後，吳先生在一家公司任職，還負責工會工作，其妻封女士則在政府衛生部門謀到一份差事。吳先生笑著對我說，來香港後，他不遺餘力替工友說話謀利益，「人家說我是『左派』，但在大陸，卻把我當『右派』。」此前他與我舅父已有多次電話聯繫，並受舅父重託過羅湖海關送我彩色電視機。他真情誠懇，得知我們在香港會親，熱情邀請我們吃住在他家，給我解決了很大困難。

一九八八年四月二日下午，吳先生命他的侄女、一位見過我舅父一面的臺北姑娘盧小姐陪送我們去迎接舅父。

我們早早來到啟德機場，在出境大廳長長的通道邊屏息等待。下午三點許，只見通道盡頭出現了一位頭髮略禿了的旅客，他雙手推著行李車，一邊向兩旁張望，一邊輕移腳步。我猜想是舅父，心情一陣激動，悄悄對母親說：「那位可能是。」母親將信將疑：「沒那麼年輕吧！」盧小姐說：「很像。」他慢慢走過來，一步一步走過來了。我伸出了雙手，輕輕地情怯地叫了一聲：「阿舅！」他放下行旅車，向我點了點頭，撲上去拉住我母親的手：「阿姊！」姐弟倆滿眼淚花，卻都說不出一句話。盧小姐眼眶也濕潤了。我跨過欄杆，幫舅父推車。舅父和母親，一個在欄杆內，一個在欄杆外，手拉著手朝前走。

母親與舅父，一別四十餘年，沒想到卻在香港啟德機場的通道上相逢。姐弟倆終於走到一起來了，他們手拉著手，走完了這條長長的通道，來到了大廳門口。分久必合，骨肉分離的時代行將結束，臺灣與大陸分離的長長的途程，也許將走到盡頭了吧！

兩岸分離的狀態兩年後就發生了重大變化。一九八九年七月十五日，臺灣當局宣佈「解嚴」，即宣佈解除實行了三十八年的戒嚴體制。「解嚴」的最直接、最迅速的效應是，臺灣的大陸籍老兵潮水般回到大陸家鄉會親。舅父也不必偷偷躲在香港會見親人了。一九九〇年後，他多次回到故鄉梅縣。一九九五年那次，他把妻子和兩個兒子帶回老家，實現了海峽兩岸親人大團聚。舅父頻繁地在兩岸之間奔走，後來主要是為了維護梅縣古氏祖墓、編修梅縣古氏族譜，他儼然成了梅縣古氏族人的代言人。而這些，不但是義務的，他還捐出了大筆資金。

舅父非常念舊。臺灣「解嚴」前，他就委託我尋找他於一九四〇年代在蘇北一帶「混飯吃」時的張佩×朋友。經過輾轉追尋，有了結果。江蘇省興化縣僑務辦公室一九八六年七月二日回覆：「經我縣公安局×峰派出所調查，張佩×，女，年約五十五歲，大約一九八一年病故，生前在南京火車站做簽票工作，其夫陳××年約六十五歲，聽說在鹽城市任政協副主席，張生前未育子女……」

一九九一年八月，舅父又叫我尋找另一位叫丁山×的朋友。他在信中較為詳細地介紹了他與丁山×相識相知的情況：

「丁山×，江蘇省泰興縣黃橋鎮人。一九四六年，我服務于蘇北人民服務隊，住到他家附近。他聰明好學，我視他如同手足。那時他可能是十五六歲。他上有二位哥哥，還有一位姐姐。一九四七年春，我離開蘇北部隊，支援他到上海去念書，他念的是上海國立機械職業學校。一九四八年，我在南京聯勤總部財務署服務時，他還從上海來南京相聚，大概在暑假。一九四九年，部隊轉進到上海。二月底三月初我們在上海見最後一次面後我即赴廣州。從此以後，就無音訊了。不論如何，請你給我查訪一下，因為他是我唯一的思念中的好兄弟。」

我與江蘇省泰興縣公安、民政、僑務等部門多方聯繫找人。最終，江蘇省泰興縣僑聯主席陳×於一九九二年二月二十九日回覆：「丁山×家住泰興縣黃橋鎮，兄弟五人，丁山×是其老三，解放後一直在上海一學校教書。『文革』期間，可能因其歷史問題或家庭成分等，造反派令其交代問題，後從三樓跌落身亡。」「據其兄長丁絳×回憶，他們幾個兄弟與你舅父感情較深，你舅父是廣東人，確於一九四九年二至三月份在上海與丁山×見過面分離。」

我把調查結果先後寫信告知舅父，舅父總是一聲歎息：「江山依舊，人事已非……」兩次與舅父見面，一次在香港，一次在梅縣。十多年過去，隨著年齡的增長，舅父身體一年不如一年，令人憂慮。所喜舅媽雖亦高齡，但身體健康，對舅父照料無微不至，舅父可以安享晚年。這次張華得以親到臺北看望舅爺爺，令我備感欣慰。

Chapter 8

僑聯工作　事業高峰（一九八九～二〇〇二）

一、非常時期

一九八九年十月，我的人生之路發生了第四次轉折：我調到湖南省歸國華僑聯合會工作。此前，剛剛經歷春夏之交的「風波」。

這場風波，在湘中的一個地級城市婁底只是激起了微瀾。

一九八九年五月十八日上午，行署召開各部門負責人會議「緊急通報」：今天上午，長沙街頭水泄不通；婁底師專二名青年教師十六日晚上開講座，題「自我選擇」，說「中國奴才太多」，聽的人二百多，有二名學生昨早乘六十二次上北京去了；漣鋼今天上午九點有二千多學生打橫幅遊行，正向市區進發……行署C秘書長要求：機關幹部堅守工作崗位；做好勸阻工作（不遊行、不上京）；有意見可反映、可對話；不圍觀，不表態；單位文件該收的要收起來；加強子女工作；加強值班。

後來，婁底又有過幾次遊行，但不溫不火，沒出事故。

一九八九年六月八日，行署辦公室傳達中辦、國辦電報，「確保城市安全和穩定」。

一九八九年六月十二日，僑辦僑聯黨支部召開支部委員會議，傳達地直機關工委會議精神：堅決支持平息反革命暴亂；充分發揮黨員的模範作用和黨支部的堡壘作用；學習三天，學習「五一九講話」、「四二六社論」、「六四社論」、李錫銘講話、袁木答記者問、告黨員人民書。

一九八九年七月五日至七日，地委擴大會議，通報「風波」概況，部署學習、整頓事宜。

一九八九年七月十四日，機關黨支部貫徹地委指示精神，開始考核幹部在「風波」中的表現。經過學習、自查，黨支部Y書記認為：「三十一名職工其中十四名黨員經得起風波的考驗。」

在整個春夏之交，我和一家均在婁底，十分關注時局，但恪守黨紀政規。讀電大的兒子，讀中學的女兒，亦循規蹈矩。

要調動我到省僑聯的事我早就知道，但是我沒有想到會這麼快，而且在這個時候。這是在「非常時期」的工作調動。當時，「風波」剛過去四個月，國內局勢仍在調整穩定過程中，對各級幹部仍在進行審查，幹部一般不作異動。按當時省僑聯領導的話說，這是「破例」，是省委組織部對省僑聯的信任，也是對我的信任。我真沒有想到在這樣的時期，調動工作這樣順利。

調動如此順利，還有一個原因，就是婁底方面對我調到省僑聯也很支持。我一九八四年十二月當選婁底地區僑聯副主席，一九八七年冬換屆，我被選為主席，按幹部任職年限和僑聯章程等規定，婁底需要我繼續擔任僑聯主席。但是婁底地委W書記、婁底行署秘書長曾暢元以及地委組織部的領導都同意放我到省裡。我十分感激婁底地區領導對我的理解、支持和關照。

一九八九年十月五日，單位為我調省僑聯開歡送會。行署曾暢元秘書長和陳、何兩位副秘書長出席，市委統戰部李部長和幾位副部長、科長出席，僑辦僑聯機關以及僑光公司人員全體出席。李部長說，我們地區又少了一位好同志。楊主席有人品，是人才，能講會寫，做了大量工作，取得了很大成績。曾秘書長說，六〇年代我們就相識了，從冷水江到婁底，從學校到僑聯，老楊服從安排。地區僑聯剛組建，沒一點基礎，找到了楊主席，工作得很好，作風上也很不錯，省裡一再表揚，也發現並挖走了這個人才。到省裡後，望發揚在這裡工作的好思想、好作風、好經驗，擔負更重的擔子，把工作搞得更好。到省裡後，對婁底僑務工作要更加關心，給予方便。

我一個人先到省僑聯上班，家屬仍然留在婁底，又一次與家人分離。我又住在一間辦公室，自己弄飯吃，還曾去附近省人大食堂搭餐。由冷水江至婁底，由婁底至長沙，因工作調動，我與家人幾年之內第二次分居。因為工作，我對家人欠下太多的親情債。家屬到一九九〇年八月二十二日才搬來長沙。

調到省僑聯後，我即參加了單位按照省裡要求開展的「民主評議黨員」、「黨員重新登記」活動。我在活動期間（十一月二十九日）寫的「自我總結（提綱）」中寫道：

在四月中旬至六月初的五十多天裡，我一直在婁底，沒離開過婁底一天。對最初學潮，感到迷惑。

演變成動亂後，又深感憂慮，每天孜孜不倦地看報、收看收聽新聞。認為：中國再不能亂了，再經不起亂了。

動亂波及到婁底後，對遊行、靜坐不參加、不支持。及時傳達地委、行署指示，穩住了機關。

教育讀電大的兒子，使他沒有參加任何遊行、靜坐等活動。平息暴亂後，及時學習，跟上形勢。認真學習十三屆四中、五中全會文件和鄧小平同志講話，堅定了堅持四項基本原則的信念。

以上是關於政治思想方面。關於工作方面，我是這樣寫的：

在婁底地區僑聯，克服種種困難，打開了全地區僑聯工作局面。建立、健全各縣（市）僑聯領導班子，深入調查僑情，努力做好「臺轉僑」僑胞工作，搞好對外宣傳聯絡，盡心盡力為僑服務，執筆寫了地區僑務志，等等。

信念：工作是要做的，做了就要做好，不做好不甘休。

到省僑聯後，感到工作比過去忙，但樂於接受。白天做，晚上也做，星期天也幹。修改工作報告，從星期六晚（到深夜十一點半）、星期日一整天（除中午休息了約一個鐘頭、晚飯後約一個鐘頭）直到當晚深夜，幾乎連續工作了三十個小時。星期一上班時拿出了第三稿。

審閱、修改《僑聲》第六期稿件，也是連續幾晚工作到深夜。

為了搞好新的工作，努力學習新知識。借了關於編輯、出版方面好幾本書，已看完了三本。

虛心向同事學習，如向劉錦毅同志、謝樂健同志請教。

也寫到了「廉潔奉公，艱苦奮鬥」：

平生以廉潔自好，沒有得過非分之財，從未以權謀私。

家庭生活並不寬裕，能刻苦自樂。

眼下，暫時兩地分居，孤身一人住辦公室，困難很多，也增加了家庭困難，但沒有怨言。

調到省僑聯只三個月，我被選為出席第四次全國歸僑僑眷代表大會的代表，丘武興副主席、曾北危副主席（兼職）和我，同全省十六位代表一起，到北京出席了這次大會。

這是一次非常時期召開的非常代表大會，是「風波」以後召開的第一次全國性會議。我有幸欣逢如此盛會。

在重要的歷史關口，海內外僑界人士常常起到重要的作用。國家需要華僑。辛亥革命之時，孫中山稱「華僑是革命之母」。抗日戰爭中，毛澤東盛讚華僑領袖陳嘉庚為「華僑旗幟，民族光輝」。改革開放之初，鄧小平稱「海外關係是個好東西」。如今「風波」剛過，國家需要海內外僑界人士支援安定團結，及時召開了僑界盛會。

大會於一九八九年十二月十八日至二十二日，在北京剛落成不久的國際飯店召開，規格奇高。大會開幕式在人民大會堂舉行。剛當選不久的中共中央總書記江澤民出席開幕式並致詞，稱讚「歸僑僑眷和海外僑胞為了中華民族的進步和昌盛做出了巨大的貢獻」。中央政治局所有常委江澤民、李鵬、萬里、喬石、姚依林、宋平、李瑞環接見了出席會議的全體代表並合影留念。

在開幕式大會上，丘武興副主席要我代表湖南省出席會議的代表登臺領獎。我誠惶誠恐地登上主席臺，從江澤民面前走過，在宋平手裡接過授予湖南省僑界的獎勵證書。面對著無數的閃光燈，我把證書抱在胸前，微笑著。

在非常時期召開的非常大會上，我這樣的出身，我這樣的經歷，到了四十八歲這年，似乎到達了榮譽的高峰。我應該是從歷史的夾縫中真正站起來了，這不，站在人民大會堂主席臺上來了。

《華聲報》為這次大會的召開發表題為《繼往開來，大展宏圖》的社論，說：「歷史行將跨入九十年代，今後十年是實現我國社會主義現代化總體戰略目標的關鍵階段，是決定中華民族未來命運的緊要關頭。……九十年代的各項重大任務，都需要廣大歸僑、僑眷和海外僑胞的通力合作。」

大會地址國際飯店離天安門不遠。一天，我們幾位代表在休息時間來到天安門廣場東側長安街口。廣場冰封雪壓，白茫茫一片，寂寥無人。戒嚴仍未解除，有幾位士兵站在街口，注視著我們。我們不能進到廣場裡面去，稍停片刻，惆悵著離開。

我這是第二次到北京。第一次到北京是一九八五年春我剛到婁底地區僑聯工作不久，地委、行署派我與外經委的一位幹部參加引進日本彩電生產線的談判。當時，一個晚間，乘著公共汽車經過天安門廣場時，只見天安門城樓金碧輝煌，廣場華燈燦爛，人群如織，我心情非常激動。

大會選舉莊炎林（僑界耆宿莊希泉之子）為主席，張國基任名譽主席。

在這一次代表大會上，我當選為中國僑聯委員，丘武興副主席當選為常務委員。自此，我連續兩屆（即第四屆和第五屆）當選為中國僑聯委員。每屆任期五年，連續十年，我每年一次到北京出席全國僑聯委員會議。

二、僑聯工作

到省僑聯後，我先後擔任宣傳聯絡處處長、秘書長、辦公室主任、副廳級紀檢員，其間還任過《僑聲》雜誌社社長、總編輯，至二〇〇二年二月退休。

同在婁底時一樣，幹的是僑聯工作，但是，層級高了，接觸面廣了，所做的事更多、更豐富多彩了。

《中國僑聯章程》規定：「中國僑聯是由全國歸僑、僑眷組成的全國性人民團體，是黨和政府聯繫廣大歸僑、僑眷和海外僑胞的橋樑和紐帶。」與工會、共青團、婦聯一樣，僑聯屬於人民團體系列，歸屬當地黨委領導，幹部、職工「參照公務員管理」。為僑服務是僑聯的根本宗旨。僑聯的基本職能是「群眾工作、參政議政、維護僑益、海外聯誼」。

僑聯的最高層級是「中華全國歸國華僑聯合會」（先簡稱「全國僑聯」，後簡稱「中國僑聯」）。

中國僑聯的前身是「延安華僑救國聯合會」，成立於一九四〇年九月。一九四六年三月，「延安華僑救國聯合會」改稱「延安華僑聯合會」，一九四八年改稱「中國解放區歸國華僑聯合會」。一九五〇年七月，在北京成立了「中華人民共和國歸國華僑聯誼會籌委會」。一九五六年十月，第一次全國歸國華僑代表大會在北京隆重召開，全國僑聯成立，著名愛國僑領陳嘉庚當選為首任主席。十年動亂，全國僑聯被迫停止活動。粉碎「四人幫」後，一九七八年十二月，在北京召開第二次全國歸國華僑代表大會，選舉莊希泉為主席，廖承志任名譽主席。第三次全國歸國華僑代表大會於一九八四年四月在北京召開，選舉張國基為主席，葉飛、莊希泉為名譽主席。張國基是湖南益陽人，印尼歸僑。湖南籍華僑不多，張國基能成為全國僑界最高領導人，是湖南的光榮。廣東梅縣人楊泰芳任第五屆委員會主席（原任郵電部部長）。第六、七屆主席是林兆樞（福建人）。我寫這本書時，二〇〇九年七月，中國僑聯已經召開第八次全國代表大會，現任主席是林軍（福建人）。

各省、市、自治區（除西藏外）都設有歸國華僑聯合會。湖南省十四個市（州）都成立了僑聯組織，有的叫「歸國華僑聯合會」，有的叫「歸僑僑眷聯合會」；市（州）以下，大部分縣（市、區）也都有僑聯，但部分組織機構不太健全。

到省僑聯後，我主要做文字工作，起草文件、寫工作計畫、寫總結材料、寫請示報告，等等，反正機關所有文字的東西，大都是我寫的。我參加了兩次全省歸僑僑眷代表大會（一九九四年、一九九九年），代表大會的所有文件資料，幾乎都出自我的手筆，包括省委副書記在大會上的講話，一九九四年是楊正午講話，一九九九年是鄭培民講話。他們的「講話」，在出版他們自己的文集時，可能會被收入，但是一般人不會知道，這其實是我楊某人的大作。一次代表大會下來，把所有文件彙集成冊，這其實就是我老楊的文集。

一九九七年至一九九九年，我參加了《華僑華人百科全書》的編撰工作。

《華僑華人百科全書》是在一九九三年北京大學出版社出版的《世界華僑華人詞典》的基礎上編寫的，由中國華僑出版社於二〇〇一年前後分卷陸續出版發行，共有十二卷，約一千五百萬字。其中的《僑鄉卷》（第十二卷）編委會主要由中國僑聯所屬華僑研究所的研究人員組成，主編方雄普、馮子平。編委會確定「除綜述部分分別請有關學者、專家撰寫外，具體詞條釋文則多由地方僑聯或僑辦做實際工作的人員分別撰寫」。

我作為地方僑聯「做實際工作的人員」，接受了《華僑華人百科全書・僑鄉卷》的編撰任務，負責湖南省部分的組稿和寫作。

在兩年多的時間內，從挑選寫作人員、確定詞條，到分頭撰寫、收集稿件，再到修改定稿、上報中國僑聯，我花了好些時間和精力。湖南省部分，最後定稿計有九十四個詞條，八千多字，這在中部省份是最多的。

《僑鄉卷》出版後，還寄來了稿費，是象徵性的，很微薄，一個詞條，少的只有十多元，多的三十多元。這已經是在我退休之後了。我「退而不休」，按照主編方雄普寄來的清單，一個一個地分別給撰稿者送出或寄出稿費，圓滿地打上了句號。

我負責宣傳聯絡工作，工作瑣碎繁雜，做了些什麼，大多忘記了。印象較深的一件事，是一九九五年前後，出面幫助湖南株洲工學院與馬來西亞國際現代設計集團聯合辦學，籌備成立株洲工學院國際現代藝術學院。事情幾近成功，株洲工學院領導曾經赴馬來西亞考察並簽訂有關合約，並曾經派出教師到馬來西亞進修，後因國家教委發佈《中外合作辦學暫行規定》，此事與《規定》有所抵觸，最終胎死腹中。

還有一件事是做成了的，那就是由省僑聯高鴻基主席親自負責和指導，交由我聯絡協調，在湖南省辰溪縣建成王余家潔實驗小學。這所學校是由香港王氏港建（國際）集團董事長王華湘先生為紀念已去世的夫人余家潔女士而捐資興建的。整個過程持續兩年多。我曾經在長沙和辰溪間來回奔波，終於事成，為山區教育事業的發展，為實現香港同胞的心願，作出了努力。整件事的過程頗有點戲劇性。

一九九七年十月的一天，湖南省僑聯主席高鴻基突然接到香港王氏港建中國有限公司經理林富強先生來電，委託省僑聯調查我省辰溪縣大水田鄉王姓情況，說董事長王華湘老先生擬向該鄉捐資興建小學。

遵囑，我們下去調查，發現該鄉深處群山野嶺之中，農民生活貧困，教育事業落後，孩子讀小學要翻越幾個山崗走十幾里地；但是，該鄉王姓僅二戶。進一步調查，發現是該鄉一位李姓老師，從報上看到香港王華湘先生熱心助學，於是冒名王姓老師，根據報上披露的公司名號，寫信給王華湘先生，在敘說該鄉貧困情況之後，稱該鄉百分之九十以上村民姓王，請求王先生資助辦學。我們據實回復，報告了調查情況，同時說明，雖然當地村民大部分姓王不實，但老師熱心辦學，求助心切，請予諒解，而且該鄉確實需要教育援助，建議王華湘先生酌情資助。

很快又接到林富強經理來電，說王先生決定對該鄉資助三十萬元興建一所小學。消息傳到，捐贈資金落實，該鄉老小群情振奮，用半年多時間，即把小學校舍建成。根據王華湘先生意願，經當地教育主管部門批准，該校命名為「王余家潔紀念小學」，以紀念其去世不久的老伴余家潔女士。王太太生前熱心公益，為了實現太太多年的心願，王華湘先生在香港、西安、南昌、惠州各地贊助成立「王余家潔紀念小學」以表追思，在辰溪縣的是新建的一所。王先生本人也認為：「國民教育應該放在前位，人才的培養是建設現代化的根本，故此多年來本人都非常關心本港及國內的教育事業。」

一九九八年十月二十六日，「王余家潔紀念小學」落成剪綵。王華湘先生特派代表林富強先生從香港前來參加剪綵儀式，省僑聯高鴻基主席、我和行政科科長郭劍虹陪同前往，與辰溪縣委書記一起，出席了新建小學剪綵儀式和開學典禮。幾百名小學生和村民，在山間小道旁列隊迎接，鑼鼓喧天，彩旗飛舞。望著坐落在半山腰掩映在綠樹叢中的青瓦紅牆全新校舍，我們心情分外激動。

往下，再說一個人、一件事：姚美良和他的「永芳」化妝品。

姚美良（一九五五至一九九九）是馬來西亞華僑，祖籍廣東省大埔縣。一九七四年移居香港。一九七七年繼承父業，發展香港南源永芳集團公司的業務，公司生產系列化妝品行銷中國、東南亞以至世界各地，被譽為「化妝品大王」。他熱心贊助內地公益事業，致力於弘揚中華文化，短短十年間，捐資超過一億元人民幣。他生前曾擔任全國政協委員、中國僑聯常委、中山大學近代中國研究中心名譽主任，還擔任海外多個僑團和客屬團體的領袖。

姚美良在內地，大都依託各級僑聯開展「永芳」化妝品宣傳和銷售業務。他曾贊助全國僑聯一九九〇年在廣州召開的第四屆第二次全委會議，到會委員都得到了他贈送的一手提袋「永芳」。在湖南，他通過省僑聯，為「永芳」舉辦新聞發佈會、產品推介會、週年慶祝會等活動。我有幸參與其中，曾以《僑聲》雜誌總編輯身分採訪過姚美良先生。雖然未能與他成為至交，卻也混了個面熟。他矮矮胖胖，架著個黑框眼鏡，文質彬彬，還挺平易近人的。

幾乎是整個一九九〇年代，長沙以至湖南省內各中小城市，化妝品市場上「永芳」都佔據了重要位置，大街小巷無人不知「永芳」。「妹坨」（長沙人稱女孩為「妹坨」）的坤包裡，也少不了有一兩件「永芳」。

一九九五年夏我回到家鄉梅縣探親，發現村裡小妹都有「永芳」化妝品，一問方知，她們都在梅縣永芳化妝品工廠做過工，她們大大咧咧地說：「偷出來的。」她們介紹，工廠以原材料名義進口一大桶一大桶化妝品成品，工人只是通過簡單機械把它分裝成小瓶。據知情人說，國家對進口化妝品徵收高額關稅，但對原材料則徵稅很低。

令人扼腕歎息的是，正當事業如日中天時，姚美良英年早逝。據報導，一九九九年七月二十三日，他不幸因肺部感染離世，終年僅四十四歲。

再說一個人、一件事：周威成與山村「野女孩」。

香港同胞周威成，祖籍廣東省寶安縣，馬來西亞歸僑，先在北京求學、工作，一九七三年移居香港。像周威成這樣回國後又到香港定居的歸僑，人數不少，如曾任香港華僑華人總會主席的古宣輝（曾在黑龍江北大荒勞動）亦屬此類人士，他們在香港一般經濟狀況並不寬裕。周威成在香港從事文化工作。一九九七年，在《港人日報》任職時，他從媒體上得知湖南綏寧縣李熙橋鎮滾水村有個「野女孩」于小香，生父病逝、生母改嫁後寄居伯父家，伯父無力撫養，將其安排在山中破舊矮小的木屋裡，獨自過著孤苦無依的「野孩子」似的生活。村人憐惜或有前來照料者，以此度日。周威成心情沉痛，十分同情這位「野女孩」，於是與湖南省僑聯聯繫，要資助她。省僑聯領導派我負責此事。經調查屬實，周威成答應每年資助于小香二千元人民幣（在一九九〇年代，這數目並不小），時間十年，一次將二萬元打到省僑聯專門帳戶，由省僑聯按年把錢交到于小香手中。此事在當地傳為佳話，《湖南日報》也曾報導過。我曾三次見到于小香，我退休前最後一次見到這個小女孩時，她已經讀到了小學五年級。她把她的一本作業本和一封信託我們捎給「周叔叔」。十分不幸，十年不到，周威成先生就匆匆離世，他甚至沒有見過一面自己誠心資助的「野女孩」。

三、《僑聲》雜誌

《僑聲》雜誌是湖南省歸國華僑聯合會主辦的一份期刊。因是僑界主辦，也叫僑刊。在全國各省、市、區僑刊中，它是辦得最早的幾家之一，而且堅持的時間最長，直至今日，已經有二十多年的歷史。

湖南省僑聯於一九八六年辦了個內部刊物《湖南僑訊》，季刊，主編是當時的宣傳聯絡處處長劉錦毅（印尼歸僑）。一九八九年春，省僑聯規劃將《湖南僑訊》辦成正式出版物，申請了刊號，並在全省徵刊名。當時我在婁底，應徵擬其刊名為《僑聲》，獲採用。

一九八九年我調來省僑聯，擔任宣傳聯絡處處長。適劉錦毅退休，省僑聯命我接替，任僑聲雜誌社社長兼總編輯。此後三年多，我花了很大一部分精力經辦《僑聲》。一九九三年以後，由我的同事唐志龍接手經營，後改名為《華商》，辦得多姿多彩，別具特色。

「為僑界服務，做僑界知音」，是省僑聯為《僑聲》制定的辦刊宗旨。為加大容量，擴大影響，我們將《僑聲》改成雙月刊，每期兩個印張六十四頁（還出了幾期增刊），向國內外公開發行，傳播四十多個國家和地區。最多時一期印了五千冊。與臺灣湘籍人士主辦的《湖南文獻》、美國華人主辦的《僑報》等報刊建立了交流關係。除具有海內外廣大僑界讀者外，還吸引了不少僑界和非僑界作者。馬來西亞著名華人作家任雨農、美國著名華人楹聯專家潘力生、香港著名詩人尹家珊、北京著名僑界人士廖經天、暨南大學華僑研究所所長劉昆章等等，都熱心為《僑聲》撰稿。

一九九一年初，《瞭望》週刊在北京召開全國僑報（刊）業務交流會，我應邀出席。我在會上的發言，被摘要刊發在《瞭望》週刊海外版一九九一年第十五期。我是這樣說的：

每天每天，僑聲雜誌社收到好多讀者的來信，詢問各種與僑有關的問題，雜誌社工作人員總是有問必答，有信必覆。有些讀者反映歸僑、僑眷權益受到侵害，僑聲雜誌社經過調查核實，或者仗義執言，或者協助處理，以維護他們的合法權益，成了歸僑、僑眷的知心朋友。

我不但要為《僑聲》組稿，有時還手癢癢獻點醜，寫些東西登在《僑聲》上面。在自己主持的刊物上刊發文章，算不上什麼「成就」。但是，有一些文字，我還是挺看重的。我幾乎每期都要寫《刊前語》，有好幾篇我可做做「王婆」，自誇一番。舉短小精悍的一篇如下：

雷鋒回來了（《僑聲》一九九〇年第二期）

有很久了吧，「雷鋒」似乎不見了。人們在尋找「雷鋒」，呼喚「雷鋒」。有人說，「雷鋒」出國了，說美國西點軍校就提倡雷鋒精神；有人出境探親，驚異地發現「香港也有雷鋒」。「雷鋒」能走向世界，是我們民族的光榮，但是雷鋒精神應該永駐他的故土，永駐他的同胞心間。

今天，春意漸濃，人們欣慰地看到，「雷鋒」回來了，回到我們中間，回到億萬同胞心中。人是要有點精神的，雷鋒精神應該是我們民族的精神。

負責《僑聲》雜誌之後，我最先接觸到的海外名人是馬來西亞著名教育家、作家、書法家任雨農先生。

任雨農（又名任宇農），字湘圃，一九一一年出生於湖南省望城縣靖港鎮掛榜村，早年畢業於湖南第一師範學校。一九三四年至一九三七年四月任教湖南醴陵女子師範，曾在湖南《國民日報》發表論文《政治人物左右教育》，幾乎招來文字災禍。遂於一九三七年五月南渡馬來西亞檳城。翌年，開始在《光華日報》等報刊發表文學和理論作品。一九三八年四月與朋友在檳城創辦《南風》雜誌，擔任總編輯，因呼喚海外僑胞支援祖國抗戰，被殖民政府下令禁封，不得已於一九三九年十月停辦，轉而投身教育界。一九四〇年到一九四一年，當流落南洋的郁達夫主編《星洲日報》副刊「晨星」與「繁星」時期，任雨農在其上發表不少散文、小品和舊體詩詞。東南亞淪陷的三年八個月期間，任雨農與夫人陳月蓮（廣東中山人氏）在樹膠園裡，胼手胝足製作蝦餅出售，艱苦度日。日本投降後，任雨農受聘為北海中華公學校長，之後任教檳城鍾靈中學，後來受聘於太平華聯中學，繼而受馬國教育部推選出任吉隆玻語文學院、師範學院中國古典文學講師。自一九四七到一九六二年期間，任雨農受教育部聘請，兼任華校師資訓練班華文、教育學講師。於一九七〇年退休。

任雨農先生畢生從事華文教育與華文寫作，書法精湛，為馬來西亞文化教育界知名人士。其著述甚豐，主要有《風雨南州》《湘芬堂詩詞集》《亂彈曲》《中國文學史簡編》《唐宋詩三十首箋注》《江山萬里行》等。

任雨農先生身在異國，恒念家鄉故土。一九七一年曾回鄉探親。一九九〇年五月他第二次回鄉，我有幸與他相識、相知。

任雨農這次回鄉時已屆八十歲高齡，但身體健康，精神矍鑠。他偕同夫人先遊歷了廣州、上海、南京、西安、昆明等十二個城市後，最後回到家鄉長沙。

一九九〇年五月二十二日，湖南省歸國華僑聯合會領導丘武興會見並宴請任雨農先生伉儷及其在長沙親友，我有幸陪同。席間，任先生引詩說賦，深情抒發回鄉感慨。宴畢，我贈送《僑聲》雜誌二冊請先生賜教，一生對報章極為鍾情的任先生放下茶杯、即時翻閱，少頃收藏篋內，連說「珍貴珍貴，謝謝謝謝」。他聽說我大學中文系畢業，又是印尼歸僑，便拉我坐在他身邊，猶如家鄉遇故知，親切話家常。

任先生返回馬國後不久，即寄來他這次回鄉遍遊中國十三個城市的遊記散文《錦繡河山二月遊》，我選擇其中的《楚辭孕育地——湖南》和《社會面貌各有姿彩》兩章，發表在《僑聲》雜誌一九九〇年第五期。《錦繡河山二月遊》後來更名《江山萬里行》於一九九〇年十一月由馬來西亞光華日報（孫中山先生早年奔走革命居留檳城時所創建）出版，任先生將售書所得悉數捐贈鍾靈獨立中學。

任雨農先生在《僑聲》上發表的文章引起廣泛反響。北京《瞭望》雜誌海外版記者王楓來信向我瞭解任雨農生平和事蹟，並要我提供任先生通訊地址。王楓與任先生聯絡後，任先生曾經多次為《瞭望》撰文。圍繞海外華人報導等問題，我與王楓的交往也持續多年。

此後，任雨農先生與我書信往來長達十多年之久，成了忘年之交。其間，他寄給我多幅墨寶，更寄給我一冊精緻的《任雨農書法集》。十分歉疚的是，才疏學淺的我，只能以區區

《僑聲》雜誌相報。我曾邀約任先生參加韶山為紀念毛澤東誕辰一百週年徵詩活動，任先生寫詩五首應徵，並抄錄一份贈我。這裡摘錄其中二首：

其三

記曾年少別神州，萬戶無衣萬戶愁。應是九州靈氣發，故迎公出主沉浮。

其五

欣逢百歲誕辰期，尚想當年詠雪詞。文采風流推獨步，長教田地紀名師。

由於交往日深，任先生在書來信往中慢慢少了一些客套，直抒胸臆。一次來信，他曾直陳對《僑聲》的意見和建議，說：「欄與欄的版位，如有一較寬餘地，眉目分明，讀者一新耳目，方能增其閱看興趣」、「中國法律與某外國法律，在可能情況下不妨作一比較性介紹」、「《僑聲》字粒小，編排過密，讀者不免吃力」。雜誌社上下感謝任先生的指教，逐步整改，實踐了任先生的良言。

任先生學術造詣極高，卻虛懷若谷。他在一九九〇年十一月二十三日給我的來信中說：「弟南游五十多年，于海外中華文教，未有絲毫協力；於祖宗之邦，愧無涓埃之報，一生空白，疚慚猶恐不及，何當故鄉諸賢待以嘉禮！」

其實，任先生為馬來西亞文化建設事業尤其是華文文化文教事業作出了巨大貢獻。為表彰他的業績，檳州州元首曾封賜他高級拿督勳銜（給予對國家有貢獻的人的一種榮譽）。對家鄉故土，他也是一往情深。他在一九九〇年六月十一日給我的一張條幅上寫道：「每懷湘水濤聲壯；總覺長沙月影娟。」對家鄉文教衛生事業，他也充滿深情慷慨捐助。一九八四年他的《風雨南州》一書的稿酬，全部捐贈給湖南省人民醫院。一九八七年、一九八八年、一九九〇年、一九九八年、二〇〇一年這五個年頭，他共向家鄉望城靖港中學、掛榜小學、望城一中捐資近二十萬元人民幣。一九九一年七月湖南洪災，他捐出一萬元人民幣賑災。

二〇〇九年十二月二十日早上六時二十分，任先生因身體機能衰竭，在檳城太子路住家與世長辭，享年九十九歲。

據馬來西亞《光華日報》《星洲日報》報導，任雨農先生「生前簡約，死後堅持環保不浪費，囑喪禮不燒香、不焚冥紙、不用免洗餐具、把噪音減到最低，樹立儉約的環保標杆，留下楷模！」

我是在今年（二〇一〇年）五月才得知任雨農先生辭世的消息的。感慨系之，無以為報，我將任先生寄贈給我的手書條幅（共四幅）裝裱，恭敬地懸掛在新居書房、客廳，時時瞻仰。

其中一幅是他一九九〇年回鄉返回馬來西亞後贈我的，詞作和書法俱佳，敬錄如下：

飛過重洋，更凌雲宇，細將心事神州去。長江碧浪亦多情，相偕明月盈盈注。
嫵媚山河，妖嬈禾圃，春風笑向桃花樹。漢家城闕總關情，願傾肝膽仝心縷。

予年少去國，白髮還鄉，荷承湘城仁賢殷殷款待，因制《踏莎行》以為紀念。

一九九〇年春月，宗錚鄉賢郢正。任雨農

我永遠銘記《僑聲》的另一位忠實讀者和熱心作者尹家珊先生。

尹家珊是湖南省永興縣人，居香港九龍，是旅港永興同鄉會顧問、永興華僑中學名譽校長。新中國成立之初，尹家珊隨父經澳門至香港，其間辛苦，正如尹先生在《先父望卿公傳》中所述：「為稻粱謀，不惜任何辛勞苦澀，四處奔走，排除萬難，自力更生。」由於受其父薰陶，他「自幼喜讀詩書，研習吟詠。居港四十多年，從事工商業務，暇輒與友人唱和，有感必錄，浸成詩癖。」一九八九年九月，尹先生出版《香江偷閒詩草》，存詩二百首。一九九四年八月，又出版《餘廬集》，收詩三百多首、文十餘篇。多年來，尹家珊先生參加香港《文匯報》之「馳騁文場」專欄，投詩競馳，一九九四年「馳騁文場」結集出版《詩詞選集》，收尹先生詩二十首。二〇〇〇年十二月，尹先生編就《餘廬詩文集》。捧讀這些佳作，可見其愛港愛鄉之情，光芒閃現。

自一九八九年起十餘年間，尹家珊先生為《僑聲》撰稿不輟，其詩文在《僑聲》發表者達六十餘篇（首）。他每年都訂閱《僑聲》雜誌五份，除自用外，分發給永興同鄉會諸君。他每年托我訂閱長沙出版的《湖南詩詞》。他入選《當代湘籍著作家大辭典》後，又託我代購一冊。受他委託，我將他撰寫的《生平自述》轉交湖南省圖書館保存。他編就最後一本著作《餘廬詩文集》時，邀我作序。恭敬不如從命，我勉為其難寫好寄呈，他即編入文集卷首。他寫詩贈湖南省僑聯主席高鴻基，贊他「氮工鵬展奪天巧，僑務昇華顏笑開」（高主席曾任資江氮肥廠廠長）。還贈詩給我，曰「披肝瀝膽關僑務，正國忘家揮翰宣」，過獎了，真不好意思。平日裡多書信往來，縱橫國是，談詩論文，鼎言玉語，使我受教良多。

十分遺憾的是，我與尹家珊先生從未謀面。一九九七年曾有一次機會見面：香港永興同鄉會邀請湖南省僑聯組團赴香港訪問，但終因各種原因未能成行。他成了我沒見過面的長者和摯友。不幸的是，他出版《餘廬詩文集》後不久，即臥病在床，二〇〇三年秋匆匆辭世。

通過《僑聲》，我們結識了旅臺著名湘籍人士劉脩如先生。

劉脩如先生（一九〇九至二〇〇五），臺灣著名社會學家，原籍湖南省新化縣。早年就讀於上海大夏大學，新中國成立前曾任湖南省政府社會處處長，旅臺後連續二十二年出任「內政部」社會司長，退休後仍從事社會福利工作和教學工作，卓有成績，成為臺灣政學界知名人士。在旅臺湘籍同胞中，劉脩如先生亦深孚眾望，曾被推舉擔任《湖南文獻》（湘籍旅臺人士主辦的一種期刊）發行人兼主任委員近二十年。《僑聲》雜誌與《湖南文獻》建立了友好交流關係。直至今日，近二十年了，我仍然按期收到《湖南文獻》季刊。

《湖南文獻》創刊於一九七二年，大十六開，每期整一百頁。曾任社長吳伯欽先生稱，《湖南文獻》的目標是「打開兩岸文化交流，促進一個中國和平統一，提升二十一世紀中華民族的國際地位」。所載文稿，其政見、觀念當然不與大陸盡同，但誠如吳先生所言，《湖南文獻》選稿慎重，內容厚實，旨在促進兩岸交流和中國統一，實為現今臺灣一家舉足輕重之綜合性刊物。

四十多年來，劉脩如客居他鄉，故里情懷未免鬱結於中，「衣線摩挲家萬里，舉頭望月倍思親」（劉脩如先生《哭母》詩）。海峽兩岸開放探親後，方遂還鄉尋親之願。一九八九年以來，劉脩如先生多次返湘探親訪舊，在大陸觀光旅遊，對家鄉、對大陸有了深一層瞭解，故鄉情結更加縈繞於心。

一九九二年春劉先生第二次返湘，更為海峽兩岸平添一段佳話。是年四月二十一日，時屆八十三歲的劉脩如先生第三次做新郎（他的前二任妻子已先後離世），與長沙市退休教師劉孝勤女士喜結良緣。簡樸莊重的婚禮在長沙市芙蓉賓館舉行，證婚人是湖南省政協副主席徐君虎先生（劉脩如先生好友，曾任蔣經國在贛南的主任秘書，新中國成立前在湖南綏寧縣等地任職時曾以打黑、打腐著稱，人稱「徐老虎」）。筆者有幸應邀前往致賀。年逾八十、跨越海峽兩岸結成伉儷，正如劉先生自己所說，真乃「兩情契合，佳偶天成」。難怪臺灣政要耆老陳立夫先生也欣然寄興，親題「白頭偕老」條幅致賀。

一九九三年八月，《湖南日報》報導了湖南省政府向海內外徵集炎帝陵祭文的消息，筆者將此消息剪下，寄呈劉脩如先生。不久，即收到劉脩如先生賜函，寄來大作《遙祭炎帝陵寢文》，囑我「轉達省政府主辦部門」。劉先生在信中還鄭重建議，將湖南省酃縣改名為「炎陵縣」，「俾海內外炎黃子孫認識炎祖陵墓之所在，群來弔祭」，「與陝西黃陵縣南北對稱，是湖南的光榮也有利於地方建設發展」。並囑我「商同老友徐君虎先生陳雲章先生代轉報省政府審酌核辦」。其拳拳之心，溢於言表。

遵劉脩如先生囑，我專程前往湖南省政協院內拜望徐君虎先生，轉呈劉先生函件，並轉達劉先生意願。徐老對老朋友劉先生的來函來文感到十分高興，倍加讚賞，很快就向省政府有關部門轉達了劉先生的祭文和建議。

以上情事，我曾撰小文，在一九九四年一月二十日《華僑時報》上披露。嗣後，我將該期《華僑時報》呈寄劉脩如先生。不久，在《湖南文獻》一九九四年第二期（總號第八六期）上，就全文刊發了《華僑時報》上拙文。

一九九四年五月二十七日，《湖南日報》在第八版刊發「熱烈慶祝酃縣更名為炎陵縣」專版。我想到，劉脩如先生曾建議改酃縣為炎陵縣，如今果遂其願，在臺湘籍人士也一定十分關注此事，故將此版報紙剪下寄呈劉脩如先生。不想在《湖南文獻》一九九四年第三期，就以插頁形式，全文轉載了其中一篇文章和一條消息。

一九九四年十月，劉脩如先生第四次返鄉，應邀參加由湖南省人民政府主辦的「公祭炎帝陵暨酃縣改名炎陵縣」盛大活動。在盛典現場，我再次見到了劉脩如先生。我建議劉先生撰文介紹此次盛會，在《湖南文獻》發表。劉先生表示，此行僅兩天，所知有限，反而囑我「詳詳細細寫篇紀盛文章寄給我，當在《湖南文獻》發表」。遵囑，幾天後，我寫了《湖南省各界公祭炎帝陵及酃縣改名炎陵縣盛況》文稿寄呈，不久即被刊登在《湖南文獻》第二十三卷第一期（一九九五年第一期）。

一九九七年後，劉脩如先生回到長沙定居。我前往姚正街劉府拜望，他贈我一本《劉脩如先生訪談錄》（臺灣「國史館」印行，一九九六年，臺北）。這是一個稀貴的紀念佳品，當永久珍藏。

劉先生在長沙頤養天年，我時不時還會遇上他們老兩口結伴去烈士公園散步，每次祝福他們老當益壯，健康愉快。因年高身體漸漸不支，劉脩如先生于二〇〇五年春辭世。

在主持《僑聲》期間，我有幸結識了湖南文化界一奇人俞潤泉老先生，並與之共事四年有餘。

俞潤泉亦師亦友的中共高級老幹部、個性鮮明的「高官」李銳（曾任毛澤東秘書、中共中央組織部副部長）對俞潤泉的評價很高，他在《紀念俞潤泉同志》（載《書屋》二〇〇九年第二期）一文結尾時寫道：「潤泉的經歷，一個有才華、有志向的人，一生盛年未能展其才志，只不過是這一代知識分子大同小異的遭遇中的一例。」只是，在與俞潤泉多年近距離的接觸中，我又分明感受到，在「大同小異」中，俞潤泉還有他「特異」的一面：遭遇近乎離奇，在離奇的遭遇中頑強地煥發出才智。

一九八九年，湖南省僑聯聘請俞潤泉為《僑聲》雜誌編輯。我比他晚幾個月到省僑聯，接手《僑聲》雜誌。一個很有名氣、才高八斗的前輩，在我的「領導」下默默無聞地爬著格子，令我惶恐，又感到幸運。

我第一次是在編輯室書桌前遇見他的。他並未起身，但是迅即拉過一張椅子擺在自己身旁，示意我請坐，鬍子拉碴的臉笑容可掬地向著我。他顯然知道了我是誰。他拿過紙筆，很快地寫著，「來此兼差，專誠求教」。我知道他因罹患喉癌已切除聲帶失聲，但聽力如常，忙對他說：「幸會幸會，俞老您好。」書桌上凌亂地擺著紙筆，我注意到，書桌遠角上有一小玻璃瓶，裝著大半瓶酒。

俞老負責《僑聲》「海內外詩」專欄，選稿、定稿，注釋、作者簡介，一概由他操作，我們未加干預。海內外一些著名詩詞大家、名士才人的佳作，被他拉進《僑聲》，令《僑聲》品位大大提高。俞老自己也時有佳句名篇奉獻。除此之外，俞老還常常寫些逸聞軼事刊登在《僑聲》上。《僑聲》擁有著海內外一大批文化名人作者、讀者，俞老功不可沒。

俞老送我一本他自編的詩文集《堇葵集》，他親撰的《後記》簡略地介紹了自己的生平：

俞潤泉，出生於一九二五年，筆名魯林，長沙市人。「讀書二十一年」，國立廣西大學法律系畢業後，步入記者行列。一九四五年起先後為長沙《湖南晚報》、重慶《世界日報》《國民公報》，桂林《廣西日報》及《南方通訊社》記者。一九四九年九月入「新聞幹部培訓班」，十月入《新湖南報》參加編副刊《湘江》，到一九五七年止歷任編輯、記者、收發員、資料員。一九五七年以後為工人（排字三級工）、農民（植棉、種茶，種茶九年）。一九七九年恢復工作在湖南古籍出版社（嶽麓書社）為雇傭編輯，後受聘於湖南師院（現為師大）分院文科教員，教唐宋文學，亦涉獵於明清小說及現代文學之研究。一九八二年因聲帶癌手術致殘失聲。一九八四年十月由湖南教育學院離休。離休後任湖南社科院所辦的《企業家天地》編輯、湖南省僑聯《僑聲》雜誌編輯、湖南省政協文史研究委員會編輯、湖南省文史研究館《文史拾遺》雜誌編輯。一九八八年由湖南省省長陳邦柱先生聘為湖南省文史研究館館員。

俞老的自我介紹冷靜得近乎殘酷，其間隱去了他太多離奇而慘痛的經歷。他沒有寫到在《新湖南報》時由「編輯、記者」變為「收發員、資料員」以至「排字三級工」、「農民」的緣由和過程。

當年《新湖南報》社長、後來一直在中央機關擔任要職的中共老幹部李銳十分瞭解俞潤泉上述遭遇的個中緣由，他在《紀念俞潤泉同志》一文中寫道：

就在我們黨走著一條曲折道路的二十多年裡，報社的許多人，包括我自己一九五九年後都經歷了種種坎坷與苦難。潤泉應該算是其中受害最重的人之一，因為從三反運動開始，肅反運動、反右派鬥爭到「文革」，每一次都衝擊到他。他是世家子弟，有名士氣派，根本與數字、錢財無緣。三反時，他在副刊部管讀者群眾的「抗美援朝」捐款，一同錢沾了邊，即「反貪污」。由於說不清，逼得喝來蘇水，以自殺證明自己的清白。後來長期徒刑，勞動教養，勞動改造，他都經歷過。直到一九七八年三中全會後，處理歷史遺留問題，平反冤假錯案，才還他清白之身。

李銳提到俞潤泉是「世家子弟」，這裡做簡略注釋：俞潤泉的父親俞笏，是當年湖南著名律師，湖南大學第一任法學系主任。其遠房姑母是戊戌變法時著名女俠秋瑾。俞潤泉還有一個表親，是人大常委會副委員長成思危先生。

俞老的一位朋友劉尚生在一篇回憶文章中較為詳細地寫到了俞潤泉的遭罪經歷：

抗美援朝時期，報社組織捐獻飛機，把登記捐款數目的任務交給他這個沒有任何經濟頭腦的浪漫小子。這就不免帳目一塌糊塗，為此他第一次受了處分，發配去管資料。不料資料管得不錯，卻結識愛求知的一些青年，到了一九五五年肅反，他和幾個青年被打成了「反黨小集團」，但仍在資料室工作。一九五六至一九五七年大鳴大放，他既未鳴更未放，不知為什麼卻作為反革命分子，押送勞改了。這原因誰也說不清，可能是這位老兄太熱情，你批評他一次，他就會嘮嘮叨叨地檢討，上綱上線，你要什麼他給什麼，他總認為你是對的，自己不懂社會人生。到一九六一年解除勞教，回市里一家區辦印刷廠當雜工，所謂雜工，就是拉車、送貨一類的事，每小時一角錢的報酬。可就是這種好景也不長，到了文化大革命時期，開展「一打三反」，又不知為什麼，被抓起來，判了十二年徒刑。或許是命該如此，像阿Q先生說的，世界上總有人要被砍頭坐牢什麼的。不過，勞改生活還真不那麼可怕，農場也要突出政治，他老兄和另幾個省報編輯被提拔當了勤雜犯。所謂勤雜犯就是協助管教幹部編寫形勢教育、前途教育的材料，雖然有時也出工，但是，給管教辦一些交辦事務的機會也不少。因此他老兄對這種工作，不但安之若素，而且愜意。漢代周勃說過：「吾嘗將百萬軍，然安知獄吏之貴乎！」作為一芥書生在牢中的那種謙恭有禮，當令古人折服。

「俞潤泉是個小人物，但是與大人物和大時代有著不解之緣。」李銳之女李南央在他主持編印的《俞潤泉書信集》即將出版時寫道：「一九四五年毛澤東赴重慶和談，當時國民黨進行輿論封鎖，此歷史事件只有四篇報導：《中央日報》二百字短訊，彭子岡（《大公報》）傳誦一時的千字報導《毛澤東先生到重慶》，夏衍在《新華日報》上發表二千字文章（俞潤泉給友人信中認為該報導很不真實），再一篇就是當時年僅十九歲的俞潤泉為《國民公報》所寫八百字：《毛澤東氏昨日由延安抵渝——本報記者與之握手言歡》。那天他確實是和毛澤東『握手言歡』過。這件事在中華人民共和國建國初期的肅反運動中，被指為俞受中統派遣，欲行刺毛澤東。」

俞老的一位朋友透露了俞潤泉採訪毛澤東的細節：「當年毛公赴重慶談判，俞潤泉作為一位編外記者，為一睹毛公風采，竟藏在機場的卡車後偷入機場採訪。」

還有一件事也關乎毛澤東。

毛澤東第一次回湖南時，俞潤泉是隨行記者。後來毛澤東於一九五六年寫成的《水調歌頭・游泳》詞中的「才飲長沙水，又食武昌魚」一句，權威的解釋說這裡的「長沙水」是指長沙白沙古井的水，而俞潤泉則執拗地認為，毛澤東根本沒去白沙井，當時他乘船在湘江之上，工作人員就是舀清澈的湘江之水為其煮飯做菜並飲用的。

在親朋同事中流傳著俞潤泉的生活軼事，可見他的「名士氣派」。他人緣極好，朋友很多，雖然過從甚密，經常串門，可他就是常常找不到朋友的家門。一次他端著酒壺找一位朋友聊天，竟從一樓到三樓，逐戶敲門探頭詢問，花去半個多鐘頭才找到朋友家。朋友笑他，他樂呵呵的，不覺委屈。聊到他的家庭生活，他抱怨妻子張孝雍管得太多，但又誇妻子賢慧忠誠。他們領養了一個女兒，朋友問起他女兒的名字時，他笑著說：「不男。」一九七九年平反後三年即診斷出喉癌，被割除聲帶，他仍然嗜酒，妻子不給。朋友見他家中地板、門板、傢俱上面，到處是他塗畫的粉筆字「拿酒來」。

俞潤泉生前即作自輓聯，云：「借酒以歌，不欲微才汙盛世；乘風而去，但留淺笑付人間。」

二〇〇二年四月五日，「星辰在線」網站出現了網名「春天的油菜」的帖子《長沙包子佚聞（作者：俞潤泉）》。此時，俞老正在病中，我們曾去看望他。同年四月七日，我跟了一個帖子，題為《俞潤泉，一位被埋沒的天才》（署名「湘人」），發表在「星辰在線」：

俞潤泉，一位被埋沒的天才。一生被「運動」折磨得遍體鱗傷，然而卻頑強地表現著自己金子般的光芒。他是老長沙通，長沙的過去，街巷、人物、風情、飲食……

一概都在他記憶裡。他是老新聞工作者，新中國成立前後湖南新聞界、報界的事件、人物、佚事、掌故，都在他胸中。他對湖湘文化有很深的研究，很深的造詣。他對中國古典文學、現代文學，很有獨特的、深刻的見解。他是一位本來應該大有作為的學者，可惜的是，中年之後，即時運不濟，健康受損，至今生活清貧，寫作條件極差。很高興看到俞老的這篇《長沙包子佚聞》，感慨繫之，寫了上面這些話。

俞潤泉謝世後，其妻張孝雍會同俞老生前好友編輯出版了《尚留淺笑在人間——俞潤泉先生紀念集》。

四、「出國考察」

在僑聯工作，事關海外，可我在僑聯工作的十六年間，卻只「出國考察」兩次。看了以下的敘述就會知道，所謂「出國考察」，是如此荒唐和寒酸。與當今公務員「出國考察熱」風起雲湧，歐、美、亞、澳豪華遊滿天飛相比，我感到羞愧之至。

不過，有一點卻是與現今相同的，那就是，說「出國考察」，其實是冠冕堂皇的托詞。

我們第一次去俄羅斯，是參加旅遊團，何來「考察」之有？第二次是滇西南之行，「跨出國境線」幾次，到緬甸一側看了一看，「考察」什麼啊！

一九九二年十月下旬，湖南省僑聯組織省內某些國有企業歸僑僑眷「去俄羅斯看看」。當時蘇聯剛剛解體，中國人掀起了去俄羅斯「淘金」的狂潮，東北地區的旅行社則在全國各地攬客去俄羅斯旅遊。湖南省僑聯通過黑龍江省僑聯，聯繫當地中國旅行社，組團前往俄羅斯「考察」。省僑聯派我和孫文龍副處長領隊。

我們一行十九人，從長沙乘飛機經停北京到達哈爾濱。第二天，途經俄羅斯遠東重鎮哈巴羅夫斯克（伯力），到了俄羅斯首都莫斯科和俄羅斯西北邊陲名城聖彼德堡（列寧格勒），然後原路返回，歷時八天。這是對當時具有特殊國情的國家的一次新奇的「考察」，酸甜苦辣備嘗，給人留下深刻的思索。

我們進出俄羅斯，都通過哈巴羅夫斯克（黑龍江人簡稱之為「哈巴」）海關。

哈巴羅夫斯克舊稱伯力，位於黑龍江和烏蘇里江匯合處，距哈爾濱市八百多公里。這裡曾流放原偽滿皇帝溥儀，原是個荒涼的邊城。一九六八年前後因中蘇對抗，這裡的地位變得重要起來，原蘇聯在這裡部署了重兵，於是帶動了這裡的經濟發展，目前已成為俄羅斯遠東地區最大的航空港。

在哈巴羅夫斯克機場，當天下午四點四十分，我們搭乘伊爾——六二型客機起飛去莫斯科。航程六千餘公里，從東往西不著陸連續飛行八個半小時，要飛越整個西伯利亞荒原。

這是漫長而難耐的長途飛行。說它難耐，是因為哈巴羅夫斯克時間比莫斯科早七個小時，由東向西飛行，等於在追逐太陽，太陽老掛在飛機左前方天邊不下去，快到莫斯科時太陽才西沉，降落莫斯科機場時當地時間還是當日傍晚六點鐘，而此時在哈巴羅夫斯克已是第二天凌晨一點多了。折騰到莫斯科時間深夜一點多才休息，已是連續活動了二十五個小時。

還有，在八個半小時中，飛機上雖然給了一個正餐、一次點心，但食品、茶飲少得可憐。正餐是一片黑麵包、一片白麵包，還有少許蘿蔔絲沙拉，一隻雞翅、一小包餅乾，外加一小杯紅茶。點心是一小包與正餐相同的餅乾，一小杯紅茶。我們已是又餓又渴，但就只這麼些東西，且不合口味。難耐中，我們不禁回味著從哈爾濱飛往哈巴羅夫斯克的中國民航客機，一個半小時飛行，空中小姐輪番轟炸似的，忙不迭地送給你飯盒（內容多豐富啊）、啤酒、汽水、咖啡、開水、蘋果等等，東西來不及吃完，飛機就降落了。

這是一次令人疲憊不堪的旅行。除了時差原因外，飲食不習慣（而且單調）也是一個原因。每餐就是那些乾澀的黑麵包、白麵包之類，不想吃也得吃，因為旅館裡、大街上都不見小賣部之類，休想再去弄點別的什麼吃。這時，我們帶來的方便麵起了精彩作用了。沒有開水，客房裡連熱水瓶也沒有。自己燒開水吧，有人帶了電熱杯。但插頭插不進，因為俄羅斯什麼都粗而大，連插座孔間距也大一些。辦法還是有的：剪去插頭，剝出兩根銅絲，塞進插座孔去。水終於燒開了，大家歡呼「萬歲」。一沖方便麵，即覺馨香撲鼻，於是乎狼吞虎嚥，倍覺味道鮮美。沒想到在國內不得已填飽肚子的方便麵，在異國他鄉居然成了美味佳餚。

食不甘味，還有寢不安席。在俄羅斯八天，只有四個晚上挨了旅館床鋪。有兩個晚上是在莫斯科與聖彼德堡之間往返火車上度過的，一夜列車咣當，使你欲眠不能。另有兩個晚上是因為時差關係在飛機上打發了。常常是清早一起床，就得把行李搬到汽車上，然後轉悠一天，晚上則又上了另一交通工具（火車或飛機）過夜，使人昏昏然、懵懵然，不少人還生病了。

由莫斯科返回哈爾濱更絕了，由於時差原因，連續活動四十五個小時才休息。一回到哈爾濱住處，行李一放，大家倒頭便睡。一兩天以後，才逐步將人體生物鐘調整過來。

這次「考察」最最匪夷所思、最最令人難忘的是在莫斯科練攤。

在哈爾濱臨出境前，我們被告知，每人只能發給少量盧布，大家可帶些俄羅斯緊缺的物品，到那裡去賣了換點盧布，以供零用。我們都感到茫然，好在有人悉心指導。於是，我們在民貿市場選購了中低檔的皮夾克、羽絨衣、羊毛衫，還有髮夾、泡泡糖之類，大包小包，拎到莫斯科來了。

到莫斯科的第二天下午，我們一行七十餘人（包括山東、甘肅、貴州等地「考察團」人員），分乘兩輛大巴，到了附近一個「自由市場」。

這其實只是一塊露天空地，無遮無蓋，沒有任何集市設施。黑壓壓一簇簇人群，在凜冽的寒風中，擁擠在這一片開闊地上。俄羅斯司機熟門熟路，把汽車停在距「市場」幾百米處。片刻，即有一群群的俄羅斯男女蜂擁而至，搶購我們這些人手中的物品。知情人說，這都是些「倒爺」、「倒娘」們，他們從中國人手中買得衣物，轉手到市場上一賣，或販運外地一倒，即可獲得高額利潤。因此，他們爭先恐後要從中國人身上撈到發財的機會。

我們被告知，在莫斯科專業市場上，有不成文的定價原則：哈爾濱價格翻一番，再換算成盧布。這樣，保證能順利售出。例如我們帶的羽絨衣在哈爾濱是九十三元人民幣一件，翻一番約二百元，當時人民幣與盧布比價為一比五十，因此，二百乘以五十，即得一萬盧布。一件這樣的羽絨衣，你開價一點二萬盧布，最後以一萬盧布成交，是不成問題的。我們幾位東西帶得少，每人就那麼一件羽絨衣、一件皮夾克，外加幾把髮夾，很快就脫手了，每人賣得二萬多盧布。我們感到驟然成為富翁了。

交易正紅火時，走過來一位牛高馬大的俄羅斯警察。他制服筆挺，滿臉威嚴，注視著紛紛擾擾的人群。俄羅斯人不理睬他，中國人不知道怎麼理睬他。過了一會兒，他似乎對自己受到的冷遇感到不滿，索性登上了我們的汽車，站在車門口，有點兇神惡煞的樣子。他找到我們的翻譯，說要收稅。翻譯把意見轉告我們大家，經商議，同意湊錢給他二千盧布。二千盧布很快進了警察先生的口袋，我們中有些機靈的，趁勢又是遞給他泡泡糖，又是送給他髮夾，他來者不拒，照收不誤。只見他臉色立刻陰轉晴，而且反過來幫中國人維持秩序了。他吆喝著，不讓俄羅斯人擠上車來。我們一位先生的一把髮夾被俄羅斯人搶走了，警察先生追出去好幾丈遠，向其索要。誰知髮夾已被轉移，警察回來只好向中國人攤攤雙手，聳聳肩膀，表示無可奈何。過了一會兒，警察先生就悄悄溜走了。

「自由市場」的中俄交易，終於因中國人衣物售罄而收場。

我用二萬盧布，為自己買了一套毛料西裝，為老伴買了一件毛皮大衣，以及一些零星小東西。是真正的毛料、毛皮，俄羅斯無假貨。

匆匆忙忙走了俄羅斯三個城市，雖然是走馬觀花，但留下了深刻印象。

印象之一是：俄羅斯當時正處於大大的矛盾之中。比如說，蘇聯已經解體，政府辦公樓上空飄揚的是俄羅斯三色國旗，但是俄羅斯到處仍是「ＣＣＣＰ」（「蘇維埃社會主義共和國聯盟」的俄文縮寫）字樣和鐮刀斧頭標誌，甚至飛機機尾上也赫然畫著「ＣＣＣＰ」，在莫斯科一堵圍牆上還寫著大字標語「蘇聯一切都好」（我以前學過俄語，還記得一些俄語單詞和語法，連猜帶蒙，兼問問翻譯，尚可粗略看懂一些俄文）。俄羅斯已解散共產黨，視共產黨為非法，但我們在聖彼德堡參觀冬宮時，在廣場上正舉行共產黨人的集會。有上千人舉著列寧、斯大林畫像和鐮刀斧頭紅旗，有人在臺上發表演說，口號聲此起彼伏。警察在一旁，只是靜靜地站著，不加干預。

另一種印象是：蘇聯過去燦爛輝煌，現在俄羅斯卻雄風難繼，萎靡不振。不論在莫斯科，還是在聖彼德堡，導遊都津津樂道克里姆林宮中典雅古樸的教堂，詳細介紹彼得大帝擊敗瑞典人和法國人、建立大俄羅斯帝國的赫赫功績；沉迷於帶領我們參觀莫斯科郊外沙皇時代的地主莊園、聖彼德堡壯麗無比的冬宮。這些都是遙遠的過去，俄羅斯人無疑對此充滿自豪感。但是俄羅斯導遊在我們參觀冬宮時隻字未提十月革命時列寧領導的攻打冬宮的偉大歷史事實；在莫斯科紅場，沒有介紹蘇維埃社會主義共和國在這個廣場上發生的多次震撼世界的事件。不論在莫斯科還是聖彼德堡，屹立在我們眼前的都是原蘇聯時代的雄偉、漂亮的建築，而現在在我們眼前，看不到任何一個在建工程，看不到起重塔、腳手架，大街上擁擠的伏爾加、拉達牌汽車大多已陳舊甚至破爛。進入俄羅斯，偉大的過去盡收眼底，蕭索的今天也呈露無遺。

這是我們當時對俄羅斯的印象。

還有一個深刻印象，就是俄羅斯人對中國和中國人民充滿著友情與羨慕。在哈巴羅夫斯克市中央廣場，我們早起在閒逛。廣場上有一對雙胞胎小女孩在逗耍鴿子，我們上前為她們拍照，請求與她們合影，在一旁的年輕母親欣慰地微笑著，讓我們這些中國人親近她的孩子。一次，我們的大客車與滿載俄羅斯小學生的大客車並排而行，車上的小學生們擦淨窗玻璃上的霧水，向著我們抱緊雙拳，表示友好的致意。特別難忘的是聖彼德堡的導遊拉雅女士。她四十多歲了，是中學歷史教師，利用課餘時間當導遊。她自我介紹是原蘇共黨員。她一上車就說，非常高興能與從偉大的中國來的客人們在一起考察、參觀，俄羅斯人民與中國人民結下的深厚友誼是永遠不會消失的。說得十分親切，我們報以熱烈的掌聲。她不斷地關照我們車外氣溫已是零下六攝氏度，下車時要穿好衣服，別受涼了。拉雅說，中國的改革開放搞得很好，人民很富足，俄羅斯人很羨慕。不過她認為，中國搞的是「瑞典式社會主義」。儘管我們一再解釋，我們幹的是有中國特色的社會主義，她仍然堅持自己的看法。末了，拉雅充滿感情地說，俄羅斯人民目前遇到的困難是暫時的，相信俄羅斯也會像中國一樣，有條有理地發展起來。

是的，「百足之蟲，死而不僵」，俄羅斯會好起來的。僅僅十多年以後，到了二十一世紀初，即出現了「俄羅斯奇跡」：「國家在極短時間內從蘇聯垮臺的陰影中重生，恢復了全球政治、經濟和文化強國地位。」—「俄羅斯迅速復蘇，重返最具影響力的世界大國之列」。（俄塔社政治觀察家維塔利・馬卡爾切夫語，見《參考消息》二〇〇九年十二月三十一日第三版）

第二次「出國」，是「到過緬甸」。

湖南省僑聯協同雲南省僑聯，為雲南盈江縣一位玉石商人打贏了官司，該商人邀請我們去雲南「考察」。我陪同省僑聯領導丘武興副主席，得以作一次極富情趣的滇緬邊境之行。其間「出國」四次，到過緬甸。

盈江縣是雲南西部中緬邊境的一個小縣，隸屬德宏傣族景頗族自治州，位於該州西北部。東北接騰衝，東南連梁河，南面同隴川毗連，西、西南和西北與緬甸聯邦接壤。是德宏州國境線最長的縣，有二百十四點六公里國境線。全縣人口密度低，僅二十餘萬人。有傣、景頗、傈僳等二十六個少數民族，少數民族人口占總人口的百分之六十。

盈江縣還是著名的僑鄉（華僑主要旅居緬甸）。出於僑聯工作的「本能」，我們專門瞭解了盈江縣僑情，我至今仍保留著一份《盈江縣僑情調查統計表（一九八四）》，表中顯示，該縣有歸僑九千五百八十九人（其中漢族五千七百三十七人，其餘為傣、景頗、傈僳等民族），華僑二萬二千九百三十五人（其中漢族一萬四千零七十四人）。

改革開放以來，這個邊境山區小縣經濟飛躍發展，昔日「一根煙沒抽完就可走遍全城」的縣城，如今街巷縱橫，中外人士熙來攘往，一派繁榮興旺景象。

到達盈江第二天，我們便開始了翻山越嶺雲裡霧裡訪邊關的艱難旅行。

我們來到了叫「銅壁關」的山隘。這裡四周是高山密林，雲霧繚繞，空氣濕漉漉的。友人介紹，公元十六世紀下半葉，明朝兵部尚書王驥，曾在此處率邊民抗擊葡萄牙殖民主義入侵者。當地傈僳族人民跟隨王驥馳騁疆場，誓死捍衛邊疆。王驥不幸被奸臣害死後，當地各族人民又支持明朝王師劉綎、鄧子龍，直搗阿瓦地區（今緬甸曼德勒一帶），趕走了入侵者。一五九五年（明萬曆二十三年），雲南巡撫陳用賓在邊境一線構築八關，當時分上四關（神護關、萬仞關、巨石關、銅壁關）下四關（鐵壁關、虎踞關、漢龍關、天馬關），把祖國的西南邊疆鑄成了銅牆鐵壁。

稍息片刻，汽車從銅壁關朝中緬邊境歪歪扭扭蜿蜒而下，落到了一個山間谷地，這裡就是中緬邊境拉咱口岸。據說這裡地勢低窪得出奇，海拔低於海平面二百多米，四周則是高山。也真是，時值盛夏，空氣潮濕，悶熱難當。

由於邊界兩側是高山密林，人煙稀少，這個村一級口岸邊貿市場尚不熱鬧，但據稱過境貨物已逐年增多。中緬雙方有簡易公路在這裡溝通。從這裡到緬北重鎮密支那不足一百公里。

中緬兩國，在此處以一條寬約五米的小溪為界。小溪上有一座能通行一輛汽車的水泥橋，標明為一九九〇年建造。橋上的漢字，說明是中國建的。中緬兩國邊民可自由來往，無須辦任何手續，也無人查問。我們走過界橋出國了，橋那邊是緬甸邊民的集市。貨物有蔬菜、草藥、捲煙、糖果、飲料、啤酒，也有布料、服裝，還有一些手電筒、收音機。服裝有中國出產的，也有緬甸、泰國的產品。收音機多是新加坡的。有中國廣州產的健力寶、雲南蒙自產的啤酒。物品淩亂，色彩黯淡，給人以陳舊破敗之感。

中緬邊民在這裡自由交易，中國和緬甸貨幣同時使用。沒有誰管理中緬貨幣兌換牌價，比率時漲時落，受邊貿市場因素左右。此時此地，是一元緬幣約合七分人民幣。

我們這回第一次「出國」，在緬甸一側約待了一個小時。「回國」後，就在邊界一側一個竹棚裡吃飯，飯菜是景頗族風味。竹籬茅舍，野饌薄茶，倒也別具情趣。

第二次「出國」則在平壩上的中緬邊界。

中緬邊界並非都在山高林密之處。盈江、隴川、瑞麗一帶，有幾段邊界就在平壩上。盈江縣域內面積超過四點五平方公里的平壩有十個，其中，最大的一個面積達五百十六點一三平方公里，是雲南省八大平壩之一。

從盈江到瑞麗，必須經過隴川縣的章鳳鎮。章鳳鎮坐落在一個平壩之中，中緬邊界線從這個平壩的壩尾一棵榕樹下通過。榕樹是中國的，榕樹以西就是緬甸的領土了。我們在大榕樹旁下了車，一腳踩在公路旁溝沿上，司機一本正經地提醒說；「你們已經出國了！」我們一愣，隨即哈哈大笑。

大榕樹下，人聲喧嘩，熱鬧非凡。中方一側，只有幾個攤擔，出售小百貨、飲料、零食什麼的。緬方那邊，有一條小街（就說是街吧），當地人稱為「洋人街」。其實是條沙土路，約五六米寬，路旁搭蓋著竹棚，棚頂用油毛氈、尼龍編織布蓋著。土路上，竹棚下，一片髒亂。竹棚下儘是賭博攤，吆喝聲喧叫聲嚷成一片。十米開外一座灰色平房牆上，藍底白字，用緬、中兩種文字寫著「緬甸聯邦共和國」。左下方一扇小門旁，斜靠著一塊木牌，歪歪扭扭的漢字寫著「色情錄相，歡迎觀看」。

大榕樹下中方有幾位邊防管理人員，管著中緬雙方人員不要越界。我們當然是循規蹈矩的，除在界樁旁照相留念外，只欣賞著近在眼前的「洋人街」雜亂簡陋的棚架、嘈雜喧囂的人群。因要趕路，我們約「考察」了半個鐘頭吧，就驅車往瑞麗進發了。

瑞麗市給人的第一印象是：清新明麗。不愧為「一個美麗的地方」。

瑞麗市郊有一塊地方叫姐告，這是緊靠邊界的經濟開發試驗區。姐告地域與緬甸領土在平壩中相連，中國三二〇國道延長線在這裡與緬甸史迪威公路相接。邊界中方一側新建中緬友誼街。小小商城，異常熱鬧，經商者有中國人、緬甸華僑華人。主要商品是玉器和金飾。從這裡可以越過界樁進入緬甸一側的貿易區。我們走過去「考察」，這是我們這次旅行中的第三次「出國」。這個貿易區，由在平壩開闊地上的兩排一層平房組成，經營物品與中國一側大同小異，可用人民幣交易。與中國一側不同的是：這裡的櫃檯還出售春藥、性器、黃色錄影帶和黃色雜誌。

第二天，在友人盛情相邀下，我們從瑞麗出發，作緬甸南坎一日遊。

瑞麗與緬甸南坎，同處在一個大壩子裡。南坎在壩尾，占了壩子的小部分。據介紹，「坎」是金子的意思（與瑞麗傣語「喊」一音之轉），「南」是水的意思，「南坎」即金水，中國人也稱「南坎」為金水縣。

一條寬闊平緩的瑞麗江，把兩國的土地串綴在一起。江左江右，時而是中國領土，時而是緬甸領土，猶犬牙交錯，外地人很難分清孰緬孰中。

汽車西行約三十公里，來到地名叫弄島的邊防檢查站。下車，轉乘緬甸珍寶旅行社前來接應的旅行車，然後直馳瑞麗江邊。

上了輪渡，就是到了緬甸了。

上岸後，搭乘珍寶旅行社停在江邊的旅行車，約行二公里，即到了南坎縣城。這個南坎縣城，很像中國的鄉間集鎮。就那麼兩條「街」，街中心是砂石路，兩旁是泥土路。行人不多，鮮見車輛，偶爾可見幾輛自行車在轉悠。街邊店鋪，大都是一層的簡陋建築，大部分經營珠寶玉器，有少數經營百貨。經營珠寶玉器工藝品的，多是華人，有些是緬甸華人，有些是中國人。

吃中飯時，珍寶旅行社安排有歌舞表演。表演的是緬甸和泰國歌舞。

下午，我們參觀了三處寺廟。在南坎，沒有很多東西可看的，一是遊街，二是逛廟，僅此而已。據稱，南坎居民也多是傣族，其民居、寺廟形制與瑞麗差不多。南坎的寺廟，有古建築，也有一些是近幾年為適應旅遊業需要而新建或重修的。

下午三點即打道回國。這是這次旅程的第四次「出國」，也是時間最長（從早到晚約十個小時）、深入國外距離最長（約三十公里）的一次「出國」。

渡船再次在瑞麗江中漫遊。瑞麗江平靜如婷婷處子，俏麗似傣家少女的風姿，令我們傾倒沉醉。

五、北戴河記

二〇〇一年六月五日，中共湖南省紀律檢查委員會通知我參加「中央紀委、監察部北戴河培訓中心紀檢監察業務知識培訓班」學習。時間：七月十九日至八月四日。

這是我退休之前的一次重要外出學習，是我參加過的各種學習、培訓中規格最高的一次，也是我擔任副廳級紀檢員三年多來第一次參加紀檢系統的培訓。

報到後得知，我參加的是中紀委、監察部北戴河培訓中心第六九期培訓班（二〇〇一年第五期），是以各省委託的名義，由北戴河培訓中心舉辦的培訓班。這一期學員一千八百餘人，來自湖南、廣東、陝西、山東、安徽、江西、江蘇、黑龍江等省。湖南省委託培訓的共四十四人，來自省直各機關和高校。班長是省公安廳紀委書記王東貴。

湖南省參加培訓班的四十四人中有二十二人在五十歲以上，最年輕的一位三十七歲。我是老大，已年滿六十歲，單位為我報名時稱我五十九歲。名單中另還有二人也是五十九歲。五十七、五十八歲的還有好幾個人。我最熟悉的是省宗教事務管理局機關黨委書記（兼管紀檢）杜森源（廣東興寧人）和省外事僑務辦公室紀檢員鄭正海。

我老當益壯，滿懷激情參加這次學習，做聽課筆記、寫論文、寫日記、參加討論、參加活動，時時處處十分認真。其勁頭、其收穫，應不遜於小夥子。

半個月時間，一般是上午聽課，下午討論，晚上休息，有時整天聽課。

共有十個課程，大都由中紀委、監察部各部室主任以及國務院各部門司局長主講。我最感興趣的是國防大學軍事科技與裝備教研室主任張召忠主講的《二十一世紀世界軍事形勢分析》、外交部新聞發言人（副司長）孫玉璽主講的《當前國際形勢和我國對外政策》和中紀委研究室主任吳玉良主講的《如何正確看待反腐敗工作形勢》等幾課。

北戴河不愧是避暑、休閒聖地。我們參加培訓期間，湖南正經受酷暑高溫熬煎，而北戴河氣溫在十八至二十五攝氏度之間，涼爽宜人。晚上不需空調電扇，亦能安睡。

我們利用休息時間，到處走走，粗略瞭解了北戴河方方面面的情況。

來之前不知道，北戴河是秦皇島市的一個區。區內三面環海的突出部分，集中了中央各部委和河北省大大小小幾百座培訓中心、療養院，掩映於綠樹叢中。一部分作為旅遊賓館供遊客休憩、住宿。據知情者介紹，中紀委培訓中心建於一九八八年，設施陳舊，而且區位偏僻（在鴿子窩路路旁，距鬧市區四五公里），是區內別墅般建築群中較差的。

據曾不止一次來過北戴河的學員說，市區南邊有個聯峰山（又叫西山），山南是中央辦公廳直接管理的中央首長度假地。每年七月中旬至八月中旬，中央領導人都要來這裡辦公、開會。如今已經是七月下旬了，據《人民日報》報導，李鵬這些天已經在北戴河，接見了韓國客人。據講課老師透露，朱鎔基正在安徽調研，胡錦濤還在西藏，江澤民出國訪問，所以，中央領導人尚未彙聚在北戴河。

二〇〇一年七月二十三日下午，休息，我們一行五人，出於好奇，決定去西山禁區走走看看。

從鴿子窩站搭二十一路公共汽車到碣石公園下車，路人告知，從公園三岔路口到東山寨，沿海岸線長達三公里的馬路都是禁區。

我們徑直朝路口走去，一便衣即上來盤查。我們有思想準備，胸前佩戴著有鐮刀斧頭圖案的「中紀委監察部培訓中心」胸牌，說「我們是中紀委的」，便衣即讓我們進去，並交待：走左邊（靠海這邊），不要走右邊（靠圍牆那邊），走快點，過去後不要走著回來，可搭公共汽車回來（二十二路公共汽車通過這路段，但中間不停車）。

寬敞的道路上只有我們五個人，再沒有其他行人。來往巡視的警車、軍車，時不時疾駛而過。

左邊大海，海水碧藍，沙灘潔淨，無人無船，一片清淨；右邊樹木茂密蔥蘢，圍牆後面崗哨林立，一座座別墅洋樓門窗緊閉。有幾處房前停有很多小汽車，柏油路通向海邊。幾處海灘前露出地道口，顯然，可從右邊密林中穿過地道通向海邊。

到南邊路口禁區結束處（東山寨），有一處浴場，用繩網圍住了。我們中的二人執意要進去看看，向守衛的士兵說聲「總參的」就讓進去了。我們三人等著他們，他們出來後繪聲繪色地述說裡面見聞：沙灘十分乾淨鬆軟，沙粒勻稱潔白，人走過後留下腳印，立即有士兵用工具扒平。遮陽傘林立。穿著褲衩、渾身黝黑的士兵成排站立，兩眼直盯海面，目不旁視。一群群「白大褂」身背藥箱，來回逡巡。沙灘上、海水中有不少中老年男女，或戲水，或閑坐……

培訓班組織了兩次參觀。第一次一個下午，車游海港區（秦皇島市主城區）；乘船遊渤海灣；接著游「秦皇求仙入海處」，是人造景觀，刻石、雕塑、壁畫，藝術水準較高，很有些歷史、文化意蘊。我知道，秦皇求仙從何處入海，向來有爭議，山東人說是從蓬萊入海的。但秦皇島顯然有它的優勢，光是地名，分量就夠重的了。

第二次是整天，去山海關。參觀了三個景點：基輔號航空母艦、天下第一關、老龍頭。基輔號航空母艦是俄羅斯退役軍艦，據說被秦皇島市某公司用五千萬元人民幣買來，停放在碼頭，供遊人參觀。我知道深圳也有一艘，叫明斯克號。

軍艦上所有設備都已拆除，連下層臥房的四壁也被破拆得稀爛。很壯觀的是甲板，約有一百五十米長，甲板上駕駛艙、炮塔、雷達等（可能只是個擺設了）高高聳立，有幾層樓高。

這艘破軍艦，容易使人想到衰落的蘇聯帝國。

天下第一關即山海關。雄渾、豪邁，令人歎為觀止。此地北依燕山，南臨渤海，是東北地區進入華北、中原的必經之地，歷代為兵家必爭。城牆厚重，固若金湯，是中華民族堅強、偉大的象徵。

老龍頭是長城最東端，直插大海。萬里長城從此發端，蜿蜒而西，直達甘肅。在老龍頭望蒼茫大海，觀雄偉長城，猶如在讀一部中華民族史書。

二〇〇一年七月三十一日，中紀委書記尉健行來到培訓班視察，並與學員們照相留念。首長坐前排座位，學員在後面站立三排。在爭搶最佳位置，我和省宗教局的杜森源等幾個人被擠下來，再也上不去，於是站在一旁觀望。培訓班教務處張主任見狀，拉我們幾個人在前排尚空著的座位上坐下。於是乎，「因禍得福」，我們竟與尉健行書記等領導在前排就坐了。

第二天中午，發現在進門大廳公佈的諸多照片中，有我和杜森源與尉健行握手的一張清晰照片，我們感到很興奮。原來，尉健行前來與學員合影的全過程中，培訓班工作人員手持相機一個勁猛拍，然後挑選一些公佈，學員看見後需要哪一張可以加印，每張二十元。於是，我和杜森源各掏出二十元人民幣，請工作人員為我們各洗印了一張。

培訓班結束前，有旅行社來攬客去大連「轉一轉」，三天行程七百八十元，一些學員去了。說實話，我也想去，但感到不應該花費這些時間和費用；再說，從大連回長沙很不方便，沒有直通火車，搭飛機還得到瀋陽去，花錢費時不說，如此輾轉奔波，我也不喜歡。

培訓班結束之日，郵局來人辦理郵寄包裹，一些學員大包小包文件書籍海鮮乾貨一股腦兒全交郵寄。我去觀察了一下，發現寄費太貴，例如，一個大包（紙箱，必須用郵局的紙箱）寄費要一百多元。我決定不寄了。即使寄費可以報銷，但我以為，行李重一點何妨，只要拿得動，不應該如此花費。

回到北京，同行的湖南學員有一部分搭飛機回長沙，但要在北京多待一天。我們有九人決定坐火車回，也就一個晚上第二天上午就回到長沙了，既省時也省錢，何樂而不為！

我這一些「節省」，並不是有意顯示「清廉」；事實上，單位也沒有因為我的「節省」而表揚我。我只是認為應該這麼做，沒有動機，也沒有目的。只是在「享受」過程，說是有點「倔脾氣」，我倒可以認了。

Chapter 9

退而未休　筆耕不輟（二〇〇二～二〇一〇）

一、退休前後

二〇〇二年三月，我正式退休。

按照規定，我應該在二〇〇一年一月二十日我年滿六十歲時退休。我「為人民服務」多幹了一年多。

其實，我在二〇〇一年一月二十日這天就已經正式向黨組書記、主席高鴻基報告：我年滿六十歲了，告退了。

高主席不以為然，說：機構改革後再說。一是辦公室一時無人可接任；二是黨組成員三人，去了一人不好研究工作。

此後，黨組還是向省委組織部提出了「關於楊宗錚同志退休」的報告。

差不多半年後，七月三日，省委組織部常務副部長周陽生找我談話，說省委常委會議已研究決定我退休，但考慮到省僑聯黨組要有三個人，因此，關於我退休的文件暫緩下發。

我回來後向高主席報告。高主席笑著說：「與我的想法一樣，緩期執行。」

又過了幾個月，十月二十日，省委才下文同意我退休。

接替我的工作的是我的朋友和同事肖澤華，此前他曾在省僑辦、省旅遊局工作。他一九八〇年代初曾擔任過前省委書記焦林義的秘書，是一位正直、勤謹、能幹的好幹部。省委組織部和省僑聯黨組知人善任。黨組有三個人了，我該走人了。

高主席把《中國共產黨湖南省委員會關於楊宗錚同志退休的通知》（湘委幹〔二〇〇一〕一五八號）給我，文曰：

各市州委，省委各部委，省直機關各單位、各人民團體黨組（黨委）：

省委同意：省歸國華僑聯合會黨組成員、副廳級紀檢員楊宗錚同志退休。

《通知》由中共湖南省委辦公廳印發，共印五百五十份。

我之所以如此莊重地記下文件內容，是因為此檔對於我具有重要的意義：一、我從歷史的夾縫中艱難站起來，最終成為了一個省管幹部、副廳級幹部，忝列「高幹」末席，實屬不易；二、我的一生從此進入了一個全新的時期：離開崗位，頤養天年；三、我退休的決定是中共湖南省委作出的，感謝省委多年對我的信任和支持，感謝湖南人民對我的養育之恩。

得回顧一下我的「副廳級」身分。我是一九九八年五月八日，由中共湖南省委，以「湘委幹〔一九九八〕八一號」《通知》，「經省委研究同意」，「任省歸國華僑聯合會副廳級紀檢員」的。

「副廳級」，對省直機關幹部來說，是很重要的一個級別。在我伯父、父親遭難後的下一輩、下二輩中，迄今為止，我是唯一能夠有這樣高「地位」的人。因此，在「劫後拾遺」的一群兄弟姐妹中，我是特別幸運的。對此，我感到十分滿足，儘管在省直各機關同一級別的幹部中，我的「權勢」堪憐、所得利益「寒酸」。

文件下來了，但是，高鴻基主席意在挽留，說：過了年再走吧！好的，就過了年吧，好事不在忙中。於是，我在日記中寫道：「鞠躬盡瘁，退而後已。」

日記中我記下了多個「退休前的最後一次」：

最後一次參與籌備並參加全省性會議：省僑聯四屆三次全委會議。

最後一次辦理公事：與唐建梅同志去省委組織部報送機構改革處級幹部定崗方案。

最後一次代表省僑聯參加社會活動：去佳程大酒店出席中國新聞社湖南分社成立大會。

最後一次為省僑聯爭取增撥經費：與郭劍虹同志去省財政廳遞送報告。

最後一次為貧困地區（新晃、通道、沅陵、新化）建校事作出努力：分別向香港曾憲梓先生和田家炳先生寄呈相關資料。……

退休前，還遇上了一件大事。我的日記記下了我所感受到的美國「九一一」事件：

二〇〇一年九月十一日　星期二　晴

晚，九：四〇，在家收看電視時，猛然得知美國遭受嚴重襲擊事件。觸目驚心！看經視、都市頻道，直到凌晨二點多。

二〇〇一年九月十二日　星期三　晴

昨晚看電視直至今日凌晨二點多。「一架飛機正飛往華盛頓」的字幕使人心懸，想知道後面的情況。二點多了，好像事態已經基本告一段落，於是，睡覺了。

這是一起史無前例的恐怖襲擊。而這一回，嘗到苦頭的是美國。恐怖襲擊要堅決反對。但是，這次，也讓美國深刻認識到，美國不是不可戰勝的。驕橫跋扈橫行世界的美國，該醒醒了：為什麼會這樣？這是第二次「珍珠港事件」，巨大的災難！其影響，可能調整美國的對外政策，可能改變世界的格局，可能影響歷史的進程。

到辦公室，都在議論此事。急忙在網上收看有關消息。

九月十二日那天早晨，一如既往，我騎著一輛老舊自行車上班（雖然「官」至副廳級，我仍然頑固不化，喜好騎自行車），經蔡鍔路折五一路，一路賣報的很多，大叫：「特大消息，美國被炸了！」我一連買了三份報紙：《瀟湘晨報》《三湘都市報》和《參考消息》。頭版都是特大黑字標題，大樓濃煙滾滾的大幅照片。

後來得知，省會各報在搶先報導這一驚人事件中，《長沙晚報》輸了：該報是晚報，每天下午四點才出報，錯過了最佳面世時間。或許有鑒於此，此後不久，《長沙晚報》即改為

「晚報早出」，每天清晨出報。「九一一」的深刻影響至如此微妙處，可見一斑。

過了春節，二〇〇二年三月六日，單位召開全體人員會議，歡送我退休。

感謝領導和同事們在歡送會上的發言。講的儘是好話。人都愛聽好話，我也概莫能外，但退休時聽著一大堆好話，卻有一種怪怪的想法：這些本來是應該在「追悼會」上講的話讓我事先聽到了。

中午是歡送宴會。敬酒，祝福，熱鬧，歡快。微醉了，有大半清醒。

這大半清醒，令我留戀在湖南省僑聯工作十三年的領導和同事們。

我們的老主席是老前輩、老革命李介夫。李介夫是廣東省梅縣人，我的同鄉，馬來亞華僑。一九三八年，他歷盡艱險，回到祖國，到達延安參加抗日戰爭。先在陝北公學學習，畢業後留校工作，任李維漢校長辦公室主任秘書。一九四〇年九月五日，在南洋華僑駐延安辦事處的基礎上成立「延安華僑救國聯合會」（後易名為「中國延安華僑聯合會」、「中國解放區歸國華僑聯合會」），李介夫被選舉為第一屆執委會主任，此後連任三屆主任。一九四一年十一月被選為邊區二屆參議會議員。新中國成立後，曾在中共中央統戰部、外聯部工作，歷任全國政協委員、全國僑聯顧問、湖南師範學院副院長等職，一九八一年至一九九四年任湖南省僑聯主席。一九八九年我來到省僑聯後，他的身體狀況已經不太好，我們經常到他家和醫院拜望他。一九九九年他因病逝世，享年九十一歲。李介夫主席高風亮節，言傳身教，給我們留下了寶貴的精神財富和工作經驗。

較長一段時間（一九八五年至一九九四年）擔任省僑聯專職副主席的丘武興，是廣東省大埔縣人，馬來西亞歸僑，第六、第七屆全國人大代表。原在中學任教學和行政工作。他在湖南省僑聯工作的開創時期，披荊斬棘，親力親為，為全省僑聯工作的開展打下了良好的基礎。其間，我擔任宣傳聯絡處處長，並負責《僑聲》雜誌。

尊敬的領導高鴻基主席，是福建晉江人，菲律賓僑眷。我在冷水江市一中工作時，他在位於冷水江的資江氮肥廠擔任過廠長，我們就已經相識相知。他妻子林淑娟工程師是印尼歸僑，常參加冷水江市開展的僑界聯誼活動。我到婁底地區僑聯工作時，高鴻基廠長曾勉力支援地區僑聯活動經費，「雪中送炭」為地區農村歸僑僑眷撥給當年非常緊俏而珍貴的化肥。我一九八九年到省僑聯時，他到了湖南株洲化工集團任總經理。一九九四年他奉省委之命來到省僑聯，擔任黨組書記，被選舉為省僑聯主席，直至退休。他恪盡職守，盡心盡力，勞苦奔忙，為全省僑聯工作的發展壯大作出了巨大的貢獻。其間，我先後擔任秘書長、辦公室主任、副廳級紀檢員，得到他的悉心指導和親切關懷。

我的好同事、好朋友司永興是海南瓊海人，汶萊歸僑。他與我一樣，原先在中學教過書，當過校長。他比我早一年，從長沙市僑辦任上調省僑聯任代秘書長、辦公室主任，一九九四年起任省僑聯副主席。他這個副廳級幹部，工作踏實負責，廉潔奉公，無欲無求，我引為知己，自覺榮幸。他比我年紀稍長，退休前，是我亦師亦友的好同事，退休後，成為無話不說的老朋友。一起參加什麼會議時，他與我往往同住一室，經常聊天到半夜三更。

現任省僑聯黨組書記、副主席李寧，廣東五華人，泰國歸僑。他一九八五年就到了省僑聯，是省僑聯現職人員中資歷最長的幹部，曾負責辦公室、省直僑聯、華僑俱樂部工作。我一九八九年到省僑聯擔任宣傳聯絡處處長時，他是副處長；一九九四年我擔任秘書長（兼辦公室主任）時，他是副秘書長（兼辦公室副主任）；一九九九年我離任中國僑聯委員，他被選為中國僑聯委員（後任常委）。我們二人之間，猶如形影不離。他重任在身，勇於開拓，工作嚴謹細緻，作風克己樸實，多年共事，給我留下了深刻印象。

曾先後擔任湖南省僑聯兼職副主席的王棋南、王國光、陳立民、楊文苑、吳暉、李學遠、莊建安、曾北危等老一輩和李敏、鍾志華、喻力等新一代僑聯工作者，以及曾擔任過省僑辦僑聯黨組書記的陳耿華，為湖南省僑聯事業的發展和進步作出了應有的貢獻。

省僑聯機關各處室幹部，多年來，我們一起工作，結下了深厚友誼。幾位「老」（資歷深）處長，是省僑聯骨幹：余舜禹，飛行員出身，心直口快，辦事雷厲風行；曾壽濤，工作細緻熱情，平易近人；雷臘生，擅長經濟工作，做事踏實，認真負責；唐建梅，共青團出身，經驗豐富，是一位幹練的女幹部；章伯崗，我退休後他接替辦公室工作，兢兢業業，擔負起了重要而繁冗的工作任務。副處長張彩蓮、郭劍虹，還有常延青、石恒泉等幹部，正當壯年，活力十足，前程無量。勤懇工作的老歸僑溫玉香、李志豪以及林晃、肖新民等夥伴，也給了我的工作極大的支持。先後在僑聲雜誌社工作過的唐志龍、謝樂健、廖惕玲、俞潤泉、龍雪影、肖靜、羅振華、周鵬、邱渭東等同事，是我的親密戰友。

退休較早的徐益英，印尼歸僑，在省僑聯從事財務工作，給她的同事們留下的是幹練、熱情的好大姐形象。他與夫君定居廣州，我曾去拜望過他們夫婦，活力、熱情不減當年。

沉痛追憶同事孫文龍。他是我湖南師院中文系的同學（晚我半年畢業），也在中學教過書，當過校長。一九八五年到省僑聯，先後任副秘書長、辦公室副主任、宣傳聯絡處處長。一九九三年，他與我一起，負責湖南省僑聯赴俄羅斯考察團服務工作。相似的家庭出身、成長經歷和工作性質，使我們感到親密無間，合作愉快。不幸的是，一九九七年元旦剛過，他就因突發腦溢血離開了我們。英年早逝，給他的同事和親屬留下的是無窮無盡的哀矜和遺憾。

永遠銘記我的前任劉錦毅。我到省僑聯不久他即退休，我接替了他的宣傳聯絡處和僑聲雜誌社的工作。他是印尼歸僑，退休後經常住在美國兒子家。不幸的是，我寫這本書時，他已因病在美國去世。深切懷念劉錦毅，並祝福在人生路上艱難跋涉的老一代歸僑健康長壽！

在省僑聯這個小家庭中，我有幸與領導和同事們一起工作和生活了十多年，這是前世修得的緣分，我倍加珍惜。無可諱言，我們曾經有過爭執，間或還有過誤會，但是，我們是同一戰壕裡的戰友，目標一致，團結協作，共同為全省的僑聯事業作出了貢獻。

全省十四個市（州）僑聯的同事們，一起為湖南僑聯事業的發展、壯大而艱苦奮鬥，開拓進取，使全省僑聯工作走在了中、西部地區各省（區）的前列。「老僑聯」王棋南（長沙）、梁孟達（衡陽）、陳立民（株洲）、陳素素（岳陽）、彭世美（郴州）、李先學（郴州）、肖文輝（永州）、林純（常德）、李學遠（株洲）、劉守章（湘潭）、劉連坤（湘潭）、張梅芳（岳陽）、麥嵩慶（邵陽）、黃亞七（邵陽）、鄭淦莽（省直）等，是勇立潮頭的開拓者。緊接著應該是與我年紀相仿的「中生代」了，他們有吳耀亮（長沙）、林鳳西（株洲）、蘇仲明（株洲）、李體堅（永州）、羅華生（湘潭）、胡湘生（湘潭）、姚源清（湘西）、溫可湘（婁底）、邱亮增（婁底）、張宜章（常德）、車光裕（張家界）等我的戰友與夥伴。比我年輕的，叫「新生代」吧，他們有喻力（長沙）、翁少蘭（長沙）、吳國良（衡陽）、陳麗君（常德）、張泰然（益陽）、鄭德清（永州）、楊啟帆（湘西）、張平（湘西）、黎日暉（岳陽）、郝林（湘潭）、王祥永（邵陽）、馬馳（郴州）、楊海（懷化）等。其中值得我們驕傲的是喻力和吳國良，他們先後獲得中國僑聯先進工作者和湖南省先進工作者（相當於省級勞動模範）的光榮稱號。王一社（衡東縣）也獲此殊榮。長江後浪推前浪，我退休後進入湖南省僑聯和各市（州）僑聯的領導和同志們，新老並肩，共同戰鬥，一定會比我所在的時候做得更好，一定會把湖南省的僑聯事業推向一個新的階段。

湖南省各級僑聯親愛的同志們，我無權對你們的出色工作做出評價，我只是隨手寫出我退休時的點滴感受，並借寫這本書的機會，向大家表示崇高的敬意和誠摯的感謝！

二、同學聚會

大學畢業後，我們湖南大學中文系同學僅有過兩次聚會。兩次聚會，我都參與了籌備。

第一次是一九九六年十月，在湖南大學舉行「湖南大學定名七十週年暨嶽麓書院創建一千零二十週年慶典」的日子裡。

湖南大學校慶辦公室向我們發來校長俞汝勤署名的請柬。

那年八月間，在長沙的部分同學成立了聚會籌備小組。總負責人是吳向東（時任省人大常委會副主任）、吳振漢（時任省司法廳廳長）、何迎春（時任長沙市人大常委會副主任）、劉京（時任省教育廳副廳長）、陳保民（時任省輕工廳副廳長），「活動準備、協調」由王亞元和我負責。

應邀前來參加校慶活動和聚會的同學不太多，五九級、六〇級、六一級三個年級七十餘人。住宿在湖南賓館。

事後，我寫了一篇通訊稿，投寄湖南大學校友總會。摘錄如下：

多麼難得的一次聚會啊，三十年等一回。

年輕時候，我們有緣千里相會在嶽麓山下。三十年過去了，舊誼難忘，真情難卻。多少個日日夜夜，我們每一位同學都在熱望著重新聚首，以尋找昔日芳華，共睹今日風采。

難得的一次大聚會終於實現了。重新漫步在熟悉而又陌生的湖南大學校園裡，同學們禁不住激情洶湧，心潮澎湃。

嶽麓書院，薰陶著我們的年青心胸；愛晚亭下，激勵著我們的凌雲壯志。這是我們住過的宿舍，那是我們上過課的教室，三十年前的學生生活，一幕幕，又呈現在我們眼前。在湖南大學校牌下留個影。我們雖然都已經年過半百，但永遠記得自己是湖南大學學生。湖南大學哺育了我們，我們以人生征程上的累累果實作為對母校的回報。

公園裡，同學們深情傾談；會議室裡，同學們熱烈敘舊。師生們相見，更是激動人心……三天的聚會，時間實在太短太短。同學們依依惜別，盼望著有第二次、第三次甚至更多的聚會。

如今，我們天命已知，猶征程未已，不舍晝夜，執著地向前向前，繼續走完人生之旅。

因故沒有參加這次聚會的盛介群同學寄來了一封深情憶舊的長信。這位大學畢業後生活、工作、家庭生活一直十分困難的同學，其頑強的拼搏和不懈的追求，令人敬佩。他熟諳舊體詩詞，作品很有品位。他在信中附來三首《憶湖大校園生活》，敬錄一首如下：

麓山蒼翠映清流，峰際連雲學府樓。萬閣雷鳴傳諷誦，千帆出海競遨遊。
群巒俯仰隨攀越，百卉蓁榮任摘求。三五亭前常愛晚，一山紅葉識宏謀。

第二次聚會是在二〇〇二年年末。那時，我們班同學大都已經退休。二〇〇二年十一月三十日至十二月二日，這是幾個普通的日子，但是，對我們湖南大學中文系一九五九級同學來說，卻具有特殊的意義，永生難忘。因為在這幾天，昔日同窗，重又歡聚在長沙。

湖南大學漢語言文學系（中文系）一九五九級入校時有五十二位同學，其中來自廣東（包括海南，當時海南未「獨立」）的十人，其他全是湖南省籍的。全班只有兩名女生，廣東一名，湖南一名。由於各種原因，畢業時，共有四十八名同學（其中廣東籍七人）。

在一九六四年二月我們這個班畢業時，四十八人被「零敲碎割」，分配到湖南全省十四個地區（市、州）。當年交通不便，資訊不暢，關山阻隔，聯繫不多。三十八年過去，有一部分同學從未見過面。同學們大抵過得還可以，比上不足比下有餘吧！大部分工作在黨政機關，一部分從事教育、文衛工作。不管職位高低、生活道路如何，同學們都已年近或年過花甲，大部分同學已經退休，思念昔日同窗的情感越來越熾烈，紛紛要求舉行一次聚會。在長沙工作、安家的八位同學（吳振漢、何迎春、楊福地、蔣登暘、向陽、龍壽欽、黃露生和我），義不容辭地擔負起了籌備聚會的任務。

順便說一句，一九五九級畢業時七位廣東籍同學都分配在湖南，後來，有五位（葉明華，廣州人；嚴家岳，海南人；陳位祥，海南人；周觀寧，和平人；李振文，梅縣人）經過不同途徑先後調回了廣州，他們在不同崗位，發展都不錯，令人羡慕。只有我和吳煥宜（興寧人）還在湖南。我先在婁底後來到了長沙，吳煥宜一直在衡陽。

在長沙的各位同學的最後工作單位是：吳振漢，省高級人民法院；何迎春，長沙市人大常委會；楊福地，長沙市教育局；蔣登暘，省公安廳；向陽，省衛生廳；龍壽欽，省人事廳；黃露生，省第一師範；楊宗錚，省僑聯。

何迎春早就在策劃這次聚會。在我們班同學中，他的工作經歷是最為豐富多彩的。他從長沙市八中校團委書記、副校長任上調任長沙市教育局副局長、局長。一九七九年五月奉省委之命到西藏支邊，先後任拉薩市文教局副局長、局長，拉薩市副市長。一九八七年九月調回長沙後，任長沙市人大常委會副主任、常務副主任、市委巡視員至退休。

楊福地是我們大學時的老班長，現在仍然是我們的領頭人，由他統籌安排，每人各領了任務。具體聯絡、協調工作，主要落在了我和王亞元兩人身上。

王亞元是一九六〇級的，但是在這次一九五九級的聚會中，他「越級」相助，付出了辛勤的勞動。他是廣東饒平人，我的老鄉（饒平與梅縣為鄰）。他還是個「老革命」，「小不點」時曾參加過著名的一九五三年「東山島戰役」。

王亞元在長沙市總工會工作、退休，二〇〇二年前後返聘，受命編寫《長沙市工會誌》，邀我幫忙。我們倆就在他一間簡陋的辦公室裡，利用長沙市總工會的電話、通郵等方便，進行同學聚會的聯絡、組織工作。四十八位同學，除已經去世的同學之外，有幾位聯絡不上，有幾位因故來不了，最終有三十六位同學參加了聚會。

二〇〇二年十一月三十日，同學們報到。

「問姓驚初見，稱名憶舊容。」不少同學分別幾十年後初次見面，容顏已改，有些同學互相之間已經不太認識，「別來滄海事」，一言難盡，免不了說長道短，歡笑唏噓。

聚會地點由吳振漢同學負責安排，吃、住、活動都在省司法廳招待所。

吳振漢曾任省司法廳廳長，司法廳招待所就在司法廳院內，是在他任上建造起來的，供接待省內外出差來長沙的司法系統幹部之用，簡樸而整潔。吳振漢調省高級人民法院任院長後，與妻子還一直住在省司法廳一棟普通家屬宿舍五樓的三居室裡。

二〇〇二年十二月一日上午，舉行座談會，氣氛熱烈。邀請了昔日湖南大學中文系的老師參加。老班長楊福地主持，吳振漢代表在長沙的同學致歡迎詞。同學們、老師們爭相發言，一訴衷情，噓寒問暖，歡聲笑語，其樂融融。「歡笑情如舊，蕭疏鬢已斑。」當我說到「年過花甲的學生與同是年過花甲的老師相聚」時，大家發出會心的笑聲。

吳振漢的歡迎詞是我代他起草的。前一天下午，吳振漢見到我後說：「楊宗靜（他一直叫我楊宗靜），我實在太忙，今天晚上還要參加省裡的會議，明天上午同學聚會我要講話，你給我寫個講話稿吧！不好意思啊老同學。」我爽快地答應了，為省委副書記講話起過草的我感到這不是一件難事。當晚特意回到家在電腦上敲擊並列印出來，再回到司法廳招待所交給吳振漢。那天上午座談會上他發言後，把講話稿退回給我（我們收集這次聚會的資料，準備編印成冊），我發現，他對講話稿做了一些修改，修改得很得體，例如，把「我代表在長沙的同學……」改成「我受長沙地區同學的委託……」；在「在今後的人生旅途中，我們一定都要十分注意保重身體，珍惜生活」後面，加上了「保持晚節，安度晚年」八個字。

座談會後，師生合影留念，留下珍貴記憶。老班長楊福地一如往昔，為全班同學操勞，他負責全程錄影，事後製作了光碟，人手一張。

當天下午，同學們回到湖南大學，看看昔日上過課的教室、住過的宿舍。在學生五舍，吳振漢、何迎春與我們幾位同學甚至還找到了昔日住過的床位。大家你一言我一語說你住這裡，他住那裡，笑語喧天，彷彿又回到了「同學少年」的時代。時過境遷，物是人非，同學們免不了也感歎一番。

同學們的一片真情體現在無數細節之中。在衡陽安家的廣東興寧籍同學吳煥宜，向來生活並不寬裕、退休後仍在廣州打工（在一所民辦學校任教），聚會當天清早才從廣州坐火車趕到長沙，當天下午又要趕回去，以免誤了課程。在匆忙的交談中，我與他交換養生心得，他鄭重地向我推薦一種自製飲料，生怕我忘記，在我的小本子上寫著：「三飲湯：麥冬，人參，五味子（燒茶飲）」。不幸的是，他在二〇〇六年去世，而我本子上的「三飲湯」處方，成了他留給我的永久紀念。

我們班的才子龍壽欽，為全班每位同學都作了一副嵌名聯，很費了一番工夫，彰顯了他的才智。他在「前言」中寫道：

一九五九年我們有緣相聚在嶽麓之隈、湘江之畔，剪燭西窗，共同度過了五年的大學春秋。一九六四年握手相別，彈指四十餘年過去，從風華正茂揮斥方遒的同學少年，到皓首霜鬢的世紀老人，各自在生活舞臺上留下了人生履痕。當我們回首往事時，大家深感這四十餘年的似水年華彌足珍貴。許多學友在不同崗位上殫精竭慮，孜孜不倦忘我工作，默默奉獻，令人敬佩。本人不揣淺陋，為每位撰寫一副嵌名聯，以寄託欽仰與思念。

他給我們班同學中的「最高長官」吳振漢作的嵌名聯是：

高風振邁，執法如山有正氣；清朗漢月，廉潔若水無私情。

他給我作的聯語是：

梅州才子宗仰高超為社稷；洞庭濤夫錚錚雅韻喚僑聲。

我也為這次聚會作賀聯一副，湊湊熱鬧：

往事無悔春花秋月知甘苦；今生有緣湘水麓山問暖寒。

從南京遠道而來的鄧振明同學作長聯寄意：

友誼深深何懼天阻地隔卅八載情意綿綿日日夢縈湘江水；

師恩重重豈畏雲遮霧罩卅一年慕懷切切時時心繫嶽麓山。

鄧振明是我們班的才子。他身材魁梧，堪與才高八斗相匹配。退休之後，他竟然成了大忙人。江蘇教育出版社請他當編審，他應邀已經編校了好幾本書。他不是南京本地人，卻是一個南京通，一冊《故都印記——南京地名文化解讀》，他是編委會首席編委，還上過電視演繹南京地名掌故。他對古體詩詞聯語和現代詩都很有研究，而且駕輕就熟，寫出了很多爐火純青的作品，令人羨慕死了。他經常通過短信或電話賜我新作，謙虛地向我「討教」，而我也常常不自量力，班門弄斧，發表「高見」，你來我往，開心得很。

此次同學聚會後，我們重新編印了同學通訊錄，我又一次為同學錄寫了後記，摘錄如下：

一九五九年我們有緣相遇，一九六四年我們握手別離，進入新的世紀，我們都已鬢髮如絲。四十餘年過去，留下這一份簡樸的《通訊錄》，也算是一種紀念吧！不要述說人生如夢，不必歎息流年似水，昔日同窗，人生道路不盡相同，但畢竟都擁有一個真實的自己。人生何求，得一真實足矣！過去值得留戀，今後尤應珍重。桑榆已晚，但不要彷徨，不必哀傷，也不一定要勉為其難，再去呼喚風雲，為霞滿天。賤體安康，是為至要。若能偷閒片刻，大家不妨一聚。「何時一樽酒，重與細論文」，應是同學們的期盼。

借此機會，恭祝各位學長家庭幸福，身體健康，再活六十年。

寫到這裡，不能不說說我們的吳振漢同學。

吳振漢同學在大學時就多才多藝。他學習成績很好，酷愛戲劇。他曾邀約我們幾位同學，商議把當時第一部反映大學生生活的小說《勇往直前》改編成電影文學劇本。在湖南師範學院時，他是學院「紅旗」文工團（當時長沙高校名噪一時的業餘文藝團體）負責人之一。曾導演並出演過話劇《抓壯丁》，這齣戲當年在長沙市轟動一時。畢業時，我曾贈他一首「打油詩」：「千里有緣一線牽，相逢長沙已四年。臨別之日無所贈，勤奮盡處百花鮮。」

畢業後他的具體經歷我們不十分清楚。我知道的是，他最初分配在常德市戲劇工作室。後來到了常德市中級人民法院，不久調湖南省高級人民法院任辦公室副主任。很快，就升職為省高院刑一庭庭長、審判委員會委員。後來，吳振漢下派到桂陽縣掛職任縣委副書記。一年後重回長沙，調任省司法廳副廳長、黨組成員，一九九三年三月後成為廳長。一九九八年一月，吳振漢高票當選為湖南省高級人民法院院長。

這樣，吳振漢就成了我們同學中最大的「官」，同學們都為他感到自豪驕傲。他一如既往，待人隨和，在同學中，他從來沒有半點「官氣」。同學們相聚時，都直呼其名，叫「吳振漢」。二〇〇二年的同學聚會，很多事情都是他張羅的，安排得很好，沒有他，這次大規模的同學聚會就難以辦成，同學們非常感激。

可是，誰也沒有料到，吳振漢出事了。

二〇〇四年五月初的一天，我聽說吳振漢因病住進湘雅二醫院高幹病室，就約了一位同學去看望他。當時並不知道他已經出事，我後來才知道，此時他已被監視居住。我依稀記得，在我們進入吳振漢房間時，從隔壁房間過來一位年輕人，看了一看，沒有言語，又出去了。我們沒有介意。同學見面，很是親切，他妻子李芝也在，我們談笑如常，他絲毫沒有流露出異樣。我們詢問了他的健康狀況，他說沒事，只是心臟有點毛病。他還說，因為曾在洞庭湖區工作，感染有血吸蟲病，需要去治一治。

後來關於吳振漢的消息，我們都是從媒體報導中得知的。

二〇〇四年五月二十九日，湖南省十屆人大常委會第九次會議上，通過了湖南省人民代表大會常務委員會關於接受吳振漢辭去湖南省高級人民法院院長職務的決定。

二〇〇四年六月七日，吳振漢被湖南省紀委「雙規」。同學們都感到十分意外，遠在外省的同學也紛紛打電話向長沙的同學詢問，但我們也都不知道他為什麼被「雙規」。

後來，我們才陸續瞭解到，早在二〇〇三年十二月初，就在我們同學聚會一年後，中紀委即派出調查小組進入湖南，聯合湖南省紀委、省人民檢察院開始徹查「深圳大世界商業城執行案」。在這個案子中，吳振漢被牽扯出來。

二〇〇四年十二月二十九日，十屆全國人大常委會第十三次會議發佈公告，宣佈終止吳振漢等五人全國人大代表資格。

二〇〇五年二月一日，新華社發表百字新聞通稿，首次報導吳振漢被捕。

二〇〇六年十一月九日，北京市第二中級人民法院對吳振漢受賄一案作出一審宣判，以受賄罪（共計折合人民幣六百零七萬餘元）判處吳振漢死刑，緩期兩年執行。

關於吳振漢被「雙規」、被捕直至最後被判處死緩的消息，看得同學們心驚肉跳。

我們引為驕傲自豪的吳振漢同學，忙碌一生，身居高位，已年過花甲，本該退休安享晚年的時候，卻得到這樣的結局，同學們都禁不住一聲長歎。

同學們以至老師們都有共識：吳振漢有才有德，謙虛謹慎，事業有成，名實相副。有關報導中也說，吳振漢是「知名的『儒雅』大法官」，他的著作和他在全國人大會議上提出的議案，曾「引起了全國強烈關注」。「執法二十多年來，他處事謹慎內斂，在仕途上趟過了許多險灘惡水……」這樣一位好幹部，如今，卻出事了，為什麼？同學們百思不得其解。

一些報導說，是「枕邊風吹翻了大法官」，吹「枕邊風」的，是他的妻子李芝。

李芝我們很熟悉。吳振漢和李芝是大學時相戀的。那時，物理系女生李芝常到我們中文系男生宿舍找吳振漢，我們對李芝的到來已經習以為常。吳振漢當「大官」後，其一家三口直至出事前都住在省司法廳一棟家屬宿舍的五樓，三室一廳，整潔但並不奢華。與「省部級幹部」身分相比，住處顯得過於狹窄、簡樸。我們曾問到為什麼不去住省高院的新房子大房子，吳振漢只是笑笑，說，住這裡習慣了。我們有時去造訪他，李芝都在一旁端茶送水，時不時插進來寒暄幾句，氣氛挺溫馨的。只是有些時候到他家時，李芝正與一些年齡相若的女客在打牌。有時李芝不在，吳振漢說，出去打牌了，退休後沒事閒得慌。

「枕邊風」是夫妻之間的隱私，外人無從知曉，我不知道那些報導的作者是如何獲此秘密的。說李芝吹「枕邊風」導致吳振漢落馬，我們無從考證，但是，同學們大都寧可信其有不可信其無。我們交流看法時，設身處地地想了想：如果李芝是個賢內助，以吳振漢的人格，他應該不會出事的。

我們接觸到的另外一些人則有另類的看法：吳振漢是官場盤根錯節爭鬥中的又一個犧牲品。僅在湖南而言，比吳振漢「貪」的官僚難道還少嗎？多少「貪官」不都一個個全身而退？吳振漢不過是官場博弈中的一個失敗者。

同學們希望，吳振漢有朝一日能「出來」，就去看望他。

三、寫書出書

「楊宗錚能寫」，老師、同學、同事、朋友、領導，都這麼說我。自覺慚愧，過獎了。再說爬格子、弄筆桿子古來即有人視為「雕蟲小技」，我也認為沒什麼了不起的，我從不為此驕傲。但是我感覺，寫點東西確實不是件難事。而且我出手很快，甚至立等可取。

不過，因此也有點「倔脾氣」：看不慣文不從句不順尤其是錯別字連篇的東西。教中學時，曾看過一位「工人作家」的手稿，見上面錯別字連篇，字寫得歪歪扭扭，他的「光輝形象」立即在我心中打了折扣。見報刊上有錯字病句，我常常會忍不住寫些短文去指疵糾正。有點「文字警察」的味道。

退休前夕，老同學王亞元瞄上了我，他要我去幫他寫完《長沙市工會誌》。他是長沙市工人運動史的研究權威，著述頗豐。只是退休後眼睛有白內障，視力減弱，寫作多有力不從心之處。好朋友有約，理當相助，我爽快地答應了。一是從忙碌的崗位上剛剛退下來，一時難以適應閒適的生活，以此作為過渡也好；二來有充裕時間寫些東西了，手癢難耐，想領略一下寫書是何種享受。

二〇〇二年三月起至年底，週一至週五，我每天上午，踩著自行車「上班」，去長沙市總工會老王那間簡樸的辦公室待上半天。老王已有初稿。我幫著整理舊有資料，理順章節結構，修改或增寫一些篇章，每日裡不緊不慢，也不覺得怎麼累。老王統攬全局，梳理原稿，上下協調，前後奔忙，苦樂皆有，自不必說。同年十二月，大功告成，八十八萬字的《長沙市工會誌》脫稿，隨即出版發行。薑還是老的辣，除了王亞元，總工會機關內無人能把這本博大精深的工會志鼓搗出來，領導著實把他表彰了一番。

本打算就此打住，誰知道一發而不可收。另一位老鄉、湖南省工商行政管理局退休幹部詹之盛（也是廣東饒平人）拉住了我，使我欲罷不能。

詹之盛是久負盛名的工商行政管理法律法規專家，在全省乃至全國工商管理界、經濟法學界和出版界聲名卓著。他是一位十分執著的事業型幹部，從不看重名利，而這也許是直到退休時他還是一名處級幹部的原因之一。可是，這位處級幹部的學識、業績和貢獻，遠超一些尸位素餐的廳級幹部。

老詹著作甚豐，退休前已經曾編著、出版《中國合同管理》等多部工商管理、經濟法規類大部頭書籍。他退而不休，此刻，正在撰寫《工商行政管理文書大全》，大量文稿需要校改，邀我相助。盛情難卻，我答應了。好在他和我都「與時俱進」，學會了電腦寫作和文稿傳輸。他與我，就通過電子信箱，來回、反覆交換文稿，不斷修改完善，直至定稿付印。二〇〇四年五月，《工商行政管理文書大全》由中國工商出版社出版，全書七十四萬字。這本書署名「詹之盛、楊宗錚編著」。我的姓名第一次印在一本書的封面。老詹謙虛之至，著意提攜，我卻唯恐掠人之美，甚為惶恐。

接著，詹之盛又邀我「繼續戰鬥」，寫一本《現代文秘寫作》。能否出版，他先不做考慮。他擬好了章節提綱，並分工要我撰寫部分章節。我在大學是學中文的，而且長期擔任語文教學工作、從事辦公室工作，對文秘寫作，有點理論，也有實踐經驗，底氣尚足。幹吧，聽他的，寫了再說。我全身心地投入。全書十九章，主要由老詹完成，我寫了其中的《公共關係禮儀文書》《新聞》《廣告文案》等章以及其他各章部分節段，並負責全書統稿、校改。書脫稿，老詹提議，為便於出版，總署名「中國寫作學會司法、行政文書研究會《現代文秘寫作》編委會」，主任寧致遠，副主任鄭來誠，老詹任主編，我名列編委會委員；一同署名「編委會委員」的還有另外幾位大學老師。老詹說，這幾位大學老師都是他的年輕朋友，他們正拼搏教授頭銜，很在意這個署名。老詹樂於助人，表裡如一。

最終，出版事宜由老詹操辦，交由中國大百科全書出版社出版。老詹不忘處處關照我，書出版時，讓出版社在封底署名「特約編輯楊宗錚」。出版時間：二〇〇五年一月第一版第一次印刷；二〇〇七年第六月第二次印刷。全書四十六萬字。

老詹寫書近乎癡迷。他老伴說，他是只顧寫書，不問報酬。據我瞭解，此前他出版的多部著作，稿酬甚微，有的甚至被出版社賴掉。就如《現代文秘寫作》一書，中國大百科全書出版社印了兩次共八千冊，但稿酬拖了四年後，才以一次印刷結算，而且克扣了一些不知名目的費用，單方面地以此了結。老詹十分無奈。他分給了我部分稿酬，還連連對我道歉。據瞭解，他所得甚少，大部分都分給了各位署名但並未出力的「作者」。

老詹出書不但不計報酬，而且為了朋友，不惜墊資出書。所付出的資金，絕大部分收不回來。他與我後面合作的兩本書，就是如此。

先說《湖南和平解放秘聞》。

老詹的朋友、湖南省軍區退休幹部鍾德燦，手頭掌握了大量有關湖南和平解放的歷史資料。鍾德燦已出版了《名將陳明仁》，他希望再出版一本關於湖南和平解放的書。由於年高體弱，加上出書難度越來越大，他積存的資料一直未能處理完善。老詹幫助鍾德燦做過大量資料整理工作，書稿已經大致成型。我的同學王亞元也很瞭解這本書的資料整理過程，認為很有必要把這本書搞出來。在《現代文秘寫作》出版之後，老詹決定為朋友完成心願，整理出版這本書，定名為《湖南和平解放秘聞》，力邀我參加。盛情難卻，我又答應了。

面對龐雜的零散資料，要整理成達到出版條件的書稿，我們感到任務艱巨。老詹提供了他先前幫助做的全書初稿，擬定了寫作綱要，排定了章節結構。我通讀所有材料，擬定了結構調整、前後貫通、修改刪補的方案，與老詹商議確定後，然後分工勞作。

我先後去湖南省文史館、省檔案館和湖南圖書館，查閱並獲取與湖南和平解放有關的一些資料。然後對原底稿從頭到尾逐句逐段進行修改、增刪、調整。我與老詹同甘共苦，花了三個多月時間，完成了任務。

此後，書稿的出版事宜，全由詹之盛一人操辦。買書號、印刷等費用，全由他一人墊付。書於二〇〇五年十一月出版，二十五萬字，定價十九點六零元。

這本書印了五千本，老詹花了多少錢印出來的，他一直沒有告訴我。據說鍾德燦老革命見到書後，非常激動，但不清楚他知不知曉此書成書、出版的艱辛，以及詹之盛為此所付出的勞苦和費用。書銷得不好，大多是贈閱，老詹血本無回。我又一次被他的俠義精神所感動。

詹之盛與我合作的最後一本書是《中外古今道德箴言》。由中國工商出版社於二〇〇六年十二月出版，四十三萬字。書的「品級」很高：原全國政協副主席毛致用作序，原湖南省委書記熊清泉題寫書名。這是我們做得最辛苦的一本書。但是，書賣得不好，儘管全國正在進行「八榮八恥」教育。我不想說這本書如何如何好，也不想說我花費了多少精力，我想說的是，詹之盛為此書的編著和出版又花了一大筆錢。

從二〇〇二年到二〇〇六年五年間，我先後與人合作，或者說應邀入夥，參與編寫並出版了五本書，二百七十六萬字。

有人說我退休後「著書立說」，真不敢當。我寫這一節，題目叫「寫書出書」，想想較為恰當。

四、《湖南客家》

本想封筆，不再寫了。沒有想到，接著，我竟然單獨寫了一本書，叫《湖南客家》。

我是廣東梅縣人，地道的客家人。雖然幾十年「獨在異鄉為異客」，鬢毛已衰，但至今「鄉音無改」。我已年過花甲，在湖南已經度過了半個世紀，在湖南生了根，開了花，結了果。既是客家人，又是湖南人，寫《湖南客家》，或許就是人生緣分吧！

我在湖南幾十年，一直對湖南客家人多所縈懷。在職時，利用各種機會，探訪了一些客家人居住地區，瞭解了一些客家人的生活狀況，陸陸續續收集了不少有關客家人的資料。退休後，賦閑在家，在整理篋藏時，把有關湖南客家的資料匯總在一起，居然有那麼一大摞。我隔壁住著的一位老鄉（也是梅縣人）加老兄（比我年長，先退休），曾在湖南省僑務辦公室任處長的許志強先生，對湖南客家很有研究，他把積存的資料給了我，說：「收著也許會有用。」於是我有了比較充實的湖南客家資料了。但我還只是「收著」，還是藏諸篋中。

最初敦促我動起筆來的是廣西師範大學歷史系教授、客家文化研究所副所長熊守清先生。一九九二年十一月，廣西師範大學在桂林主持召開客家文化研討會，我當時任僑聲雜誌社社長、總編輯，應邀出席，有幸結識了熊守清教授等一批客家研究大家。闊別十多年以後，二〇〇六年六月間，熊守清教授突然來電、來函，談及廣西師大出版社決定出版《客家區域文化叢書》，需物色《湖南客家》的寫作者，鼓勵我擔當此重任。我猶豫再三，盛情難卻，勉為其難地接受了這個任務。於是乎我就忙開了。

二〇〇六年十一月底，廣西師範大學出版社、廣西師範大學客家文化研究所舉辦客家文化研究學術研討會，我應邀出席。其間，廣西師大出版社王建周副社長、佘鑫暉副總編，廣西師大鍾文典教授、熊守清教授、彭會資教授等客家研究資深專家學者，就《湖南客家》的寫作問題，耳提面命，給了我寶貴而具體的指導和幫助。於是乎我信心更足了。

整整一年時間，除有些日子到客家人居住地區再次進行調查研究以及參加研討活動外，我幾乎足不出戶，就守在電腦旁，整理資料，進行寫作。

湖南客家的情況，至今很少為外界所知。這不是因為湖南客家人有意匿跡，也不是因為外界的懵然無知，而是迄今為止，湖南還沒有一個客家研究機構，也很少有人對湖南客家人開展過調查研究，因此湖南客家情況，很少披露出去。以致二〇〇六年十月，在廣州舉行的「盛世山歌唱和諧——泛珠三角優秀客家山歌邀請賽」上，湖南炎陵客家山歌《客家人喜歡唱山歌》一舉奪得大賽金獎，有些人才驚異地發現了「湖南客家人」。是的，湖南客家人，一直「藏在深閨人未識」，似乎這時「才露尖尖角」。

研究和推介湖南客家人的著作很少，猶如鳳毛麟角。上個世紀中葉，著名歷史學家、客家研究開拓者羅香林（一九〇六至一九七八）著有《客家源流考》（中國華僑出版社，一九九〇年二月），對客家源流及其分佈有詳細研討，貢獻殊大，但唯獨對湖南客家人介紹甚少。該書提到：「湖南一省，亦無純客住縣，其非純客住縣則有：汝城、郴縣、瀏陽、平江、宜章。」顯然，這樣描述失之粗疏，把客家人主要居住縣之一酃縣（後改名「炎陵縣」）都遺漏了。產生這種疏漏的原因，是當時的歷史條件限制和其本人的客觀局限。羅香林自己就曾說，「本想到各客家居地周行一遭」，但未能如願，只能「根據各地方誌書及譜牒，以及個人親向客家人士訪問所得的消息，與夫其他零星記載，以為排比的資料」。對湖南客家的描述有所錯訛，也應該是由於這個原因。

在近乎荒蕪的湖南客家研究領域，湘潭大學陳立中博士的研究成果可說是「空谷足音」。他的論著《湖南客家方言的源流與演變》（嶽麓書社，二〇〇三年四月），是第一部研究湖南客家方言的專著。該書雖然是專論「湖南客家方言」，但是對湖南客家人的源流和分佈情況也作了概要介紹。對湖南客家人的認識，陳立中博士的這部專著較為具體和準確。

此外，著名網站《客家風情》（HaKKaOnline.com）主持人黃純彬先生（廣東梅州興寧人）在二〇〇一年曾對湖南省瀏陽市、江華縣等地的客家人情況作了初步調查，並形成文章發表。這是當年對湖南單個縣域客家人狀況最為具體的描述，殊為不易。

其實湖南有不少客家人，且多達一兩百萬之眾。他們居住在湘東、湘南與江西、廣東、廣西交界的地方，並且很具特色。湖南客家人，為開發建設湖南、為湖湘文化的形成和發展、為中國革命事業，做出了很大的貢獻。湖南客家人，出了很多傑出人物，如胡耀邦、楊勇、李貞等，「系出同門」，都是湖南瀏陽客家人。在當今國內國際客家研究蓬勃興起之際，湖南客家人卻很少為人所知，這不能不說是一件遺憾的事。在湖南社會科學領域，湖南客家研究也還是一個冷門。湖南客家，是一個亟待開發而且蘊藏著重大社會、經濟、文化意義的人文資源。有些縣市如瀏陽市、炎陵縣、桂陽縣已經意識到這一點，開發了客家旅遊景點，宣傳獨特的客家風情，擴大了縣市知名度，促進了縣域經濟、文化事業的發展。但是，這還遠遠不夠。把「湖南客家」作為湖南社會科學研究的一個課題，作為客家區域文化研究的一個課題，並且儘快取得研究成果，無疑在海內外都具有重大的意義。

鑒於對湖南客家研究具有「草創」意味，我寫這本書著重於對湖南客家現狀與源流的描述。當然也不是完全「述而不作」，間或有辨析，也有論證。例如，關於毛澤東與客家，關於客家民系的形成，關於土客矛盾，關於湖南客家人的界定，關於湖南客家人與湖湘文化，關於對湖南客家人現狀的認識，關於客家與瑤族、佘族的關係，等等，都有些議論。但自認為只是粗淺的，而且可能還會有些訛誤。我認為本書應該只是一塊「磚」，拋出去，引過來的才是「玉」。

基於上述情況，這本書也不是一部嚴格意義上的學術著作。當然也涉及到一些學術問題，也有自己的見解，但採取通俗的語言進行闡釋。我希望不僅是專家學者，就是普通讀者，也能通過這本書認識湖南客家。本書只能說是「窺視」湖南客家的一個簡樸視窗。視窗所見，可能是瑕瑜共生，是是非非，還有待專家學者和廣大讀者多多指教。

本書力求寫出特色。比如，寫湖南客家狀況，有總論，也有分敘，使讀者能既窺「全豹」，也見「一斑」。不求全，只求真，尚不瞭解的，不夠準確的，均付諸闕如，不勉為充數。又如，寫湖南客家人物，不注重一般的生平介紹，而是突出人物的性格特徵；不是照搬現成的資料，而是著意突出人物的客家屬性。

本書作三大部分安排。第一部分為總論，設八章，總說湖南客家的源流與現狀，兼及與湖南客家有關的方方面面，有敘有議，敘議結合，以圖從廣度和深度兩個方面說清湖南客家的總體面貌。第二部分是湖南縣域客家調查，共寫了平江、瀏陽、醴陵、攸縣、茶陵、炎陵、安仁、資興、桂東、汝城、宜章、桂陽、江華、新田共十四個縣（市）（兼及臨湘、永興）的客家情況。以縣域所在地理位置為序，由北而南，再由東而西，依次寫來。客家人較多、資料豐富的縣域，如瀏陽、炎陵等，設專章論述；次之者如醴陵、汝城等，分節合章，挨個敘說；又次之者，如臨湘、永興，則在適當位置簡要介紹。章節篇幅長短不拘，有話則長，無話則短。第三部分寫湖南客家人物，選擇標準從嚴不求全，寧缺毋濫：只寫客家身分明確的人物，不強拉硬扯。一共寫了八位人物。

囿於出版界的法規，書稿中關於毛澤東與客家、關於胡耀邦的客家身世等幾個章節被刪去。這些章節是我花了很大精力寫成的，從書中刪去，實在可惜。

《湖南客家》於二〇〇七年十二月由廣西師範大學出版社（一個很有名望的出版社）出版，向海內外發行，全書四十二萬字，是該出版社《客家區域文化叢書》之一，總主編鍾文典，責任編輯余鑫暉、王德玫。

誠心地感謝廣西師範大學出版社，他們有膽有識，極力扶持客家研究，既當鋪路人又當推車人，沒有他們的膽與識，就沒有我這本書。誠心地感謝廣西師大客家文化研究所，他們關於「客家區域文化研究」的訴求，既是堅定求實的，又是高屋建瓴的，沒有他們的精密策劃、辛勤勞作，就不會有分區域客家研究叢書問世，當然也不會有作為客家區域不可分割之一部分的「湖南客家」第一次與世人見面了。

老同學、老同事、廣東韓江師範大學教授羅守讓先生調侃我：退休後倒成了學者了。

非也，涉足「學術」，我只是一個匆匆過客；即或成為所謂「學者」，那也是客家研究界的誤會。如果真說這是一本「學術著作」，那是我人生的第一本，也是最後一本。

令我感到意外的是，這本《湖南客家》居然獲獎了。二〇一〇年十月，《湖南客家》獲得中國大學出版社圖書獎優秀學術著作獎二等獎。

五、徜徉網路

退休前後，趕上了網路時代。

在歷史夾縫中成長起來的我，臨近老年，又被歷史推著向前走。

一九九九年，我的辦公室配置了本單位第一臺電腦。退休後，外出闖蕩的女兒留在家的一臺電腦成了我生活中不可或缺的伴侶。經女兒點撥，我居然很快學會了打字，學會了上網。猶如劉姥姥闖進了大觀園，覺得互聯網處處新奇。很快注意到了各個網站的論壇，於是經常在各色論壇徜徉，起初是走走看看，然後是流連忘返，試著發帖，參與攪和。發覺大都可以自由參與，及時表達自己見解，感到很有趣。此後便一發而不可收。前後有十多年「網齡」了，發帖數已經很可觀。一輩子古板，少「述」亦少「作」，老來「聊發少年狂」，有幸在充滿現代意識的網路論壇瀟灑一番，阿Q般欣欣然覺得有些「成就感」。顧影自憐，或可給平淡無奇的生活增添些許情趣。

我主要在長沙的「星辰在線」和湖南的「紅網」論壇中發帖；間或也在其他論壇說說話，但往往打幾槍就走，無心戀棧。究竟發了多少帖子，因不在意，已經無法統計。有一段時間，「星辰在線」論壇與《長沙晚報》掛鈎，論壇上的好帖，會在《長沙晚報》上辟專欄發表。二〇〇二年十月二十日我曾有一個統計，從二〇〇一年八月十九日起至統計之日止十四個月時間，我的帖子登上《長沙晚報》的有二十四篇。其中一些帖子還用通欄標題發表，如《城市文明呼喚規範使用漢字》（二〇〇一年十一月四日）、《倡導白沙古井社會公德精神》（二〇〇一年十一月二十五日）、《網吧是柄雙刃劍，整頓規範是關鍵》（二〇〇二年十月二十日）等等。尤其《白沙古井汲水記》（發表於二〇〇一年十一月十五日）被收入《怎樣做文明長沙人》大討論（長沙市委宣傳部、市文明辦、長沙晚報報業集團、長沙市廣播電視局聯合舉辦）文集，八九年了，仍然掛在該論壇專題中。

在「紅網」、「星辰在線」發的帖子，有些曾引起一些反響。

「紅網」草創之初，網頁製作極不規範，瑕疵屢現。一幅中國地圖，居然遺漏「南海諸島」。二〇〇一年十一月九日，我在《紅網》和《星辰在線》同時發帖《紅網地圖亟待規範》，有云：

> 紅網最初使用的位置圖，其中中國地圖遺漏了南海諸島，經網友（按：其實就是我，此前曾發帖）指出後，更換了一幅。但更換後的中國地圖仍然存在問題：南海諸島仍然沒有畫出，只是加了說明文字：「位置圖與實際中國地圖有微小差別，實際地圖包括南海諸島。」這是很不嚴肅的做法。人們要問：為什麼不用「實際地圖」？「不包括南海諸島」難道只是「微小差別」嗎？

幾天後，《紅網》以悄悄撤下問題地圖了事。

還有一個帖子，題為《銷毀「大蓋帽」昭示著什麼》，二〇〇四年十二月二十三日署真實姓名發表於「紅網」，就「近日湖南集中銷毀了六九八三頂大蓋帽和一批違規標誌和制服」發表評論。幾天之內，先後被鳳凰網（轉發時改題《湖南銷毀違規大批大蓋帽和制服：違規著裝咋嚴重至此》）、人民網（原題）等二十餘家網站轉載。

發帖促使我廣羅資訊、加強學習。有一陣子，我居然關注起經濟發展問題來了。

起因是，在長沙經營服裝生意十多年的我的一位老鄉加朋友周先生有一次向我大倒苦水，說如今生意越來越難做，原因是要應付的「關係」太多，不堪重負。根據他的為難處境，我寫了《廣納百川，有容乃大——長沙治理經濟環境隨想之一》，於二〇〇二年四月十五日貼在「星辰在線」論壇。這個帖子引起了長沙晚報社負責人的注意，派出記者「弓長」採訪我，落實有關細節。我帶他面見周老闆進行採訪。幾天後本文作為「讀者來信」，刊登于《長沙晚報》二〇〇二年五月二十一日C二版，改題為《應大力淨化商業環境》。

我彷彿受到鼓舞，接連就長沙治理經濟環境問題發表「隨想」之二（二〇〇二年五月二日）、之三（二〇〇二年五月二十二日），分別題為《善待外來民工，促進經濟發展》《交通先行，活躍經濟》。但是，再沒有引起多大反響。我猛然醒悟，原來這事有太多的專家、官員在研究和謀劃，用不著我們這些局外小人多來置喙的。於是，「之三」之後，就不再去「隨想」了。

網上輿論，有時還是能起到一些作用的。

二〇〇二年十月初，長沙市物價和出租車管理部門發佈消息，稱即將調價的「出租車」收費擬採用「四捨五入」計價，即：二公里內五元，二公里以上每公里一點五元，不找零，四捨五入，以元為單位計價。這就是說，三公里本應是六點五元，卻要收七元；五公里本應是九點五元，卻要收十元；餘類推。

這樣做顯然是既不合理又不合法的。我寫了《「出租車」收費「四捨五入」有違法嫌疑》，署名「普通人」，於二〇〇二年十月三十日貼在《星辰在線》。本文援引《中華人民共和國人民幣管理條例》第一章「總則」第三條「以人民幣支付中華人民共和國境內的一切公共的和私人的債務，任何單位和個人不得拒收」，指出，「以元為單位計價，四捨五入，等於拒絕使用角、分單位的人民幣輔幣，這是違法的事。」「『出租車』計價丟掉角、分，是『和尚打傘』。敬請有關決策者深思之！」此帖既出，即引起眾多網友跟帖表示贊同。此後公佈的「出租車」調價方案，已經悄悄地取消了「四捨五入」計價法。不知道是不是我這個帖子的批評和網民的指責起到了作用？

六、結緣晚報

我的《長沙晚報》「報齡」可不短哦。

一九五九年考入湖南大學中文系，最初接觸《長沙日報》（《長沙晚報》前身）。那時學生宿舍走廊上有報架，其中有《長沙日報》。我是每天讀報的。

「文革」中在冷水江市教書，看不到《長沙晚報》。

在婁底工作時（一九八五至一九八九年間），時不時接觸到《長沙晚報》。那時婁底地區僑聯所屬僑光公司經理李均衡訂有《長沙晚報》，我有時看到。

一九八九年來省僑聯工作後，我的辦公室有《長沙晚報》，每天都讀。有時向《長沙晚報》投投稿，但有耕耘少收穫，鮮有見報者。

二〇〇二年退休前後，通過在「星辰在線」發帖，開始有較多「豆腐塊」出現在《長沙晚報》的角角落落（有時還能躍上版面頭條，獲大字標題待遇），但用的都是網名，朋友無人知曉是我楊某人在鼓搗。

二〇〇七年九月起，響應長沙晚報總編室號召，參與評報活動。開始那一陣子很積極的，正如《長沙晚報》二〇〇七年九月二十一日「讀者評報意見選登」之「編者按」所言，「有每天發來評報意見的楊宗錚」。後來漸漸疏懶，但仍在繼續。這樣，長沙晚報社內部刊物《長沙晚報通訊》常常有我的評報稿出現。多年來，長沙晚報總編室都免費送我一份《長沙晚報》。

最有意思的是我那篇關於「西京古道」的評報稿。

《長沙晚報》二〇〇七年十月十四日A一版登載了《郴州發現兩千年湘粵古道》一文，說：「這條位於郴州市蘇仙區鄧家塘村折嶺頭組的古道，就是曾在過去兩千年裡，溝通中原與嶺南一帶的交通要道。」並引郴州史誌為證，這條「驛馬古道」，「始建於秦始皇三十三年（公元前二一四年）」，此後，「漢光武帝建武年間，衛颯任桂陽（郡治在今郴州）太守時，花大力氣改造了湘粵古道」。

讀完這篇文章，我想起了在寫作《湖南客家》時曾經涉獵過的有關西京古道的資料。

「西京」指東漢、隋、唐時期政治經濟文化中心長安，即今陝西省西安市，「西京古道」就是古時從嶺南上京城的道路。湖南桂陽縣的陽山客家古村，村後有一條青石板鋪成的古驛道，就是著名的西京古道遺存。

西京古道開始修建于東漢建武二年（公元二六年），由桂陽太守衛碸（一作衛颯）倡導修建。古道南連廣州，從英德的浛洸，經曲江進入乳源縣，向北經樂昌市的梅花鎮，越過湘、粵邊界的騎田嶺，直入湖南省宜章縣，至臨武、桂陽，然後沿湘黔山區經川入陝，最終到達西京長安。

西京古道是古代嶺南通往中原的交通要道。「一騎紅塵妃子笑，無人知是荔枝來」，唐玄宗為博楊貴妃歡心，不惜以快馬接力運送新鮮荔枝至西京長安，走的就是這條西京古道。更有唐朝的劉禹錫、韓愈、張九齡，也有清朝的曾國藩、左宗棠、李鴻章、陳士傑、何紹基等人到過桂陽，從途經桂陽的西京古道上走過。清朝初期，朱德元帥的祖輩和成千上萬的粵北客家人，就是經過西京古道遷往四川的。運鹽的腳夫沿西京古道從廣州北上，要走上足足七天才能到桂陽。這道風景，到民國初期才漸漸消失。

現郴州地域古為桂陽郡所轄。古桂陽是聯通四方的「湘南重鎮」，被稱為「千年古郡」，在古代是個很重要、很有名的地方。

現今郴州市蘇仙區原為郴縣的一部分，桂陽縣東南緊連蘇仙區，南接臨武、宜章，因此，經過桂陽縣陽山古村的西京古道，與蘇仙區鄧家塘村折嶺頭組的湘粵古道，或許就同屬一條古道。

因此，我寫了一篇評報長文，指出「湘粵古道或即西京古道」。

稿件發到長沙晚報總編室。第二天，編輯劉捷萍打來電話，說收到稿件後已立即轉發記者譚琳靜。第三天，又接到譚琳靜記者電話，說我的來稿很好，已與省文物專家謝武經交換意見，認可了本文的觀點，說近日《長沙晚報》將再發一篇文章，把我的意見寫上去。

不知怎麼回事，此後接連兩天，湖南經濟電視臺和長沙電視臺政法頻道記者分別前來向我採訪，談西京古道問題。後來才知道，這些時候恰逢湖南媒體集中報導湖南文物考古，各路記者跟隨省文物考古專家，正征戰在湖南各地。他們之間消息互通。

電視臺播出採訪我的節目後，我的電話熱鬧了好一陣子，害得我忙不迭地說明原委，否認我成了「考古專家」。小孫女思怡所在班班主任老師還對她說，你爺爺是個名人，在電視上看到了。

果然，只過了幾天，二〇〇七年十月二十三日，《長沙晚報》在A十七版發表了記者譚琳靜的文章，引題為「本報熱心讀者提供重要資訊，獲省文物局文物專家認可，並認定——」，正題為「湘粵古道即西京古道」。

文章開頭說：「本報十月十四日報導了郴州發現兩千年湘粵古道的消息。見報後，一位叫楊宗錚的熱心讀者給本報打來熱線電話，並寄來自己的研究文章。這位讀者認為，湘粵古道很有可能就是著名的西京古道。記者隨後把這位讀者提供的資料轉交給省文物局地方史專家謝武經。經過謝老一段時間的仔細研究，他興奮地告訴記者：『湘粵古道就是西京古道，晚報的讀者若有興趣，還可以跟我一起繼續深入研究下去！』」

接著，譚琳靜的文章竟介紹起我來了：「楊宗錚是一位歸國華僑，退休後他開始潛心研究客家文化。在研究客家人遷徙路線時，楊宗錚與西京古道相遇了。」

文章引用了我的評報稿中的原話：「現郴州地域古為桂陽郡所轄，現今郴州市蘇仙區原為郴縣的一部分，桂陽縣東南緊連蘇仙區，南接臨武、宜章，因此，經過桂陽縣陽山古村的西京古道，與蘇仙區鄧家塘村折嶺頭組的湘粵古道，或許就同屬一條古道。」然後指出：「楊宗錚的觀點以及他提供的史料不久就得到了文物專家謝武經和省文物局副局長何強的認可。」

此後，很多網站轉載了《長沙晚報》這篇文章。網上轉載時，竟有「歸國華僑發現西京古道」之類的誇飾標題，使我倍感受寵若驚、惴惴不安。我在電話中對譚琳靜說，事情鬧大了，我不想出名。譚琳靜說，沒事的，您老名實相副。

在此期間，我還寫了些散文，寫了些時評，為《長沙晚報》錯愛，不時刊出。

二〇〇八年六月二十六日，《長沙晚報》在「橘洲綜合文藝」副刊發表了我的散文《白沙井旁取水人》。

歷代不乏讚頌長沙白沙井泉水的詩文，我有幸加入到了這個行列，心有欣欣然。

白沙井位於長沙城南的迴龍山下西側，天心閣東南方約一公里處，自古以來為江南名泉之一。該井泉水有四眼，泉水從井底汩汩湧出，清澈透明，甘甜可口，不盈不竭，四季長流。清乾隆年間，進士曠敏本、優貢張九思曾作有《白沙井記》《白沙泉記》，盛稱其泉「清香甘美，夏涼而冬溫」，「流而不盈，挹而不匱」。民謠稱：「常德德山山有德，長沙沙水水無沙。」一九五六年六月，毛澤東一闋《水調歌頭》，吟唱「才飲長沙水，又食武昌魚」，有人說「長沙水」指白沙井水，偉人將「長沙水」與馳名中外的武昌魚相提並論，使白沙井更是名噪四方。

白沙古井可說是長沙生命之泉。自明清以來，長沙人民世世代代飲用此水。舊時，前來取水者絡繹不絕，即使西城區、北城區一帶的居民也挑桶而來，「竟日暮而不一息」。更有不少窮苦人家汲水（時人稱為「沙水」）於此，挑賣全城，賴以為生。挑賣沙水者多居於井旁，白沙井一帶生齒日繁，遂形成白沙街。

新中國成立以後，白沙古井多次進行修葺。最近一次大規模修葺，長沙市政府將白沙井及其周圍山體改造成「白沙古井公園」，二〇〇一年十月一日起向市民開放，成了市民休憩、遊玩的絕佳場所。直至現在，前往白沙井取水的市民，仍然竟日不絕，成為長沙一景。

我家「舊居」離白沙井僅約三百米之遙，可謂「近水樓臺」，家人經常到井取水飲用。我自己也常常提著水壺前往取水，也看人家取水，也瞧遊客觀水。樹影婆娑，遊人如織；一汪清泉，編織著一幅其情切切、其意融融的和諧高潔勝景。身處其境，讓人心曠神怡，怡然自得。於是，心潮湧動，細細品味，寫下了這篇散文。

這篇文章的初稿是二〇〇一年十一月十五日貼在「星辰在線」論壇的《白沙古井汲水記》（在本書上一節「徜徉網路」中已經提到），自我感覺良好，珍藏在電腦中已經近八年。閑來無事，找出來玩味再三，修改了幾處，署名「老羊」，於二〇〇八年六月十三日投《長沙晚報》。只過了十多天，就發表出來了，改題為《白沙井旁取水人》。要命的是，發表時署了我的真實姓名。我於是又遭到了認識我的人的「騷擾」，電話中或見面時不免要誇獎、表揚我一番。

當天，女婿張華（《南方週末》記者）在《長沙晚報》電子版上看到了我這篇文章，在他的「博客」中說：「晚上看到老爸今天在報紙上的一泓文字，細讀了兩遍，那種氣定神閑同樣是我嚮往的。」「慷慨激昂與氣定神閑，兩手都要抓，兩手都要硬。」

我有時手癢癢，也寫一些時評，投諸晚報。有一篇時評，還創造了一個紀錄：今晚投稿，後天見報。

那是二〇〇八年夏天，長沙酷暑，連日高溫，長沙市政府傾力關注民生，確保了市民用電無虞，市民甚感愜意。我感同身受，寫了評論《一場關注民生保電安民的漂亮仗》。七月十二日（星期六）下午寫稿，當晚發電子郵件投《長沙晚報》，十四日（星期一）早上即看到報上刊載了我這篇文章。

此前，二〇〇八年三月十九日，《長沙晚報》刊登了我的另一篇時評《高考作文「錯一個字扣一分」的潛在意義》。

迄今為止，我在《長沙晚報・通訊》發表的評報稿，已有近四十篇，而且還在不斷增加。時評、散文，則極為落後，星點幾篇而已。

Chapter 10

潔本還潔　平凡依舊（二〇一〇～）

一、回鄉之旅

「一輩子賣給了湖南。」家鄉朋友不止一次這麼對我說。是的。來到人世已經虛長七十春，在印尼七年，在梅縣十二年，而在湖南卻已經五十一年了。我早已經是湖南人了，「不悔長作湖南人」。

但是，樹有根人有本，時時牽掛著我的故鄉梅縣。半個世紀了，不記得曾經幾次回到家鄉。這一次回鄉，特別具有意義。

二〇一〇年年初，從一月二十九日至二月二十三日，歷經二十六天，幾近一個月，兩件大事：參加侄兒婚禮，在女兒女婿家過年。這是我離開長沙、離開家庭、外出時間最長的一次遠行。

二〇一〇年一月二十九日晚，一夜火車，晚點，第二天上午十點半才到達廣州，女婿、女兒開車來接。女婿說：「一個廳級幹部這樣擠火車，委屈了。」我笑笑。在職時我也常常這樣擠火車。

在廣州女婿、女兒家住了一晚，第二天坐火車回到了梅縣。就要當新郎的侄兒新葵和明天就要過門的新娘桂琴開車到火車站來接。新葵是梅縣高級中學、廣州中山大學高才生，畢業後在深圳騰訊公司工作，很有成就；桂琴是梅州嘉應大學英語教師，成績突出。佳偶天成。

二〇一〇年二月一日，上午，婚禮在梅州市城區一家酒店舉行，隆重而熱鬧。弟弟早早就安排熨帖，親朋好友坐了二十六桌。遍請葵嶺楊屋族人，一家一位，租了輛豪華大巴，去回接送。族人高興，說：「葵嶺楊屋，還是你們家有福氣。」

在弟弟家住了九天。見到了很多此前多次回鄉都沒見過或見得很少的故舊、親朋。

見到了林元哥。他家是我們家的緊鄰。他父親也在印尼，記憶中他父親出南洋後沒再回來過，具有客家婦女風範的母親一人在家把他拉扯大。他與我曾經是大學先後同學。他于一九五七年考上長沙鐵道學院，當時鐵道學院寄駐在湖南大學，至一九六〇年夏。我一九五九年考上湖南大學，與他曾「同學」一年。他大學畢業後，一直在鐵路建設和鐵路運輸部門工作，曾參與廣梅汕鐵路的籌備和建設。都老了，同學同鄉，相見甚歡。

再一次見到了森曾哥。他是我們這一輩中年歲較長者，他年輕時曾在青海公幹，我在湖南大學讀書時曾在長沙有過見面。幾十年了，他對我和我一家時常關心。非常感謝他。

每次回家，榮曾哥都會前來聊天，這次也不例外，我也有時到他家拜望。他是我大伯父（大伯父叫「雲保」，與我父親是堂兄弟）的長子，曾在村、鄉當過幹部，對我家多有關照。他已經八十多歲，身體尚健。

又見到了應保叔。他長我一輩，曾是村中小幹部，是難得的一位好人。很多事情都要感謝他。

去拜望了一百零三歲高齡的伯母——伯父的原配夫人、我們家族可敬的長者。

伯母長時間在四川成都與他的兒子紀曾和兒媳住在一起。如今，兒子兒媳也年過八十，兩個老人要照顧更年長的老人，已經力不從心。經與家人商議，伯母回到梅縣，住在已遷居梅州市城區的最小的兒子純曾（林伯母所生）家裡，頤養天年。

伯母依然身康體健，很是健談。越久遠的事情，她記得越清楚。她說我很像恩伯——恩伯，即我伯父楊公宏，那是她不幸早早離她而去的伴侶，不知「很像恩伯」的我出現在她面前，會勾起她什麼樣的回憶。不過她說這話時非常平靜，歲月的遷移，已經抹去了她的傷痛。她談得最多的是我已經記不得的童年時的往事。我們彷彿回到了半個世紀前的生活。

家族中我母親長壽，享年九十三歲。伯母比我母親更長壽。伯父和我父親兄弟倆，共有兒子、女兒（我們這一代）十人，年長的已八十有餘，年小的也在六十上下，分居在全國各地，經歷了半個多世紀的酸甜苦辣，到如今竟然全都健在，齊齊整整；第三代雖然迄今為止沒有大富大貴者，但依靠自身努力，大都生活安定，家庭和樂。村民看在眼裡，想在心裡，不止一個人對我說過：「都是你伯父和父親，把後代的災患一肩挑去了。」

這次回鄉，總覺得鬱積著對故鄉這塊土地的深深情結，難以排遣。

梅城，原來的梅縣縣城，如今叫梅江區，已發展成梅州市市區，地域擴大了，高樓大廈鱗次櫛比，一片繁榮興旺景象，令人刮目相看。我弟弟仁曾一家住在市區梅江邊，令梅州人驕傲的「一江兩岸」居民新區，分享著社會進步帶來的新生活。只是在踏入舊城凌風路、老梅江橋、太康路、城隍廟區段時，我腦際才閃現出上世紀五〇年代中學六年苦讀時的舊梅城景況。

古梅城、今梅州市區繁花似錦，而距離城區僅十幾公里的我的家鄉小山村葵嶺，卻顯得落寞和冷清，與之形成巨大的反差，令人感到茫然。

我曾經生活過十二年的葵嶺上村，半個世紀後，山水依舊。不能說沒有變化，但不是「舊貌換新顏」，而是刻下了歲月滄桑。

我偕同從海南興隆華僑農場回來的老妹（客家人稱妹妹為「老妹」，無關年齡，並非我們已經老朽才如此稱呼）金鳳，多次登上屋後的山村屏障梅州坳，眺望薄霧繚繞的整個村莊，心境複雜。

一百四十五年前，太平天國汪海洋殘部曾在這梅州坳上往來奔突，企圖挽救天朝敗局而未果。幾百年來梅州坳上的一條狹窄的石板路，十幾年前已經改變成一條鄉級水泥公路，可通汽車了。坳背的玉水鄉有銅礦，先前，往來的汽車大都是該礦的。如今，大量的摩托車，還有新近出現的私家車，通過梅州坳，往來梅州市區，很是便捷。

梅州坳下，就是三百多年來哺育了世世代代楊氏族人的葵嶺上村。從中原地區輾轉遷來的楊姓始祖，在這裡繁衍生息，傳承三十八九世代，來到了二十一世紀。村中曾經人煙稠密，雞犬相聞，人們過著自給自足的田園生活。從一百多年前開始，村中有了躁動，一部分人包括我父親遠去南洋尋求新的生活。到了二十世紀九〇年代以後，村裡再次躁動，這次是小輩們到國內率先發達的地區如深圳等地尋找溫飽乃至小康生活。

時代在前進，村子在變化。此時，二十一世紀第一個十年末了的春天，我們站在梅州坳上，朝坳下望去，小小村落，顯現出的是沉寂、冷清的景象。坐北朝南、依山傍溪的楊家屋舍，除了幾家略顯亮色的房子（包括我弟弟的兩層小樓）外，大多已經破舊、衰敗，甚至是斷壁殘垣了。很多鄉親都已經舉家外遷，遠的到了深圳、廣州，近的到了梅州市區，不少房屋空無一人，破舊的窗櫺在冷風中搖曳著，咿呀作響。據瞭解，坳前坳後附近山村，也大抵如此。農村這種零落的狀況，在全省甚至全國也並不少見，是禍是福，是好事還是壞事，是現代化進程中難以避免的現象還是前進中的失誤，愚鈍如我，無法考究，只剩下鬱悶和迷惘。

我家上世紀八〇年代落實華僑政策退還的房屋也空置著。五六十年前，我父親和伯父一家曾經在這新建的十多間房子裡，十幾口人熱鬧地過活，不幾年遭遇土改，被沒收了。一九八三年作為「僑房」退回，也只有我弟弟仁曾一家「認祖歸宗」回到楊屋後住過不長一段時間。弟弟勇曾自力更生建了新屋，也不必住這些房子了。現今，我們祖上的遺產——這些房屋，牆體、屋面還好，但門窗已顯破舊，屋內蛛網密佈。我與老妹幾次到此，腳踩昔日碎石鋪就而現今青苔斑駁的天井地面，撫摸舊日鋥亮平滑而如今破損粗糙的門窗，不勝唏噓。是憶舊，還是憑弔，說不清楚。

我與老妹幾次踏上熟悉的田間小徑，去溫習兒時的點滴生活細節。路邊的小草，似乎還與幾十年前一樣嫩綠，但是我們的腳步卻已經有點蹣跚。也曾去到使我們「混沌初開」的梅屏公學，想去昔日的課堂上坐坐，遺憾的是，整座學校門窗緊閉，據說已經成了倉庫，室外籃球場也長滿雜草。村民說，因為村裡適齡兒童銳減，生源不足，擁有近百年歷史的這所古老學校已停辦。

唯一的亮色，是村子沿西邊山腰修築的高速公路。那是天（津）汕（頭）高速公路經過我們村。被劈開的山體斷面，裸露著成片石塊，顯現著現代化建設的印記也已經刻在偏僻的山村。但是，高速公路上往來奔馳的各式車輛，除了給村民帶來現代化標誌的噪音外，並沒有給這個村子帶來福音。村民對大路、豪車熟視無睹或者是不屑一顧，並沒有停止離開山村的腳步。

二、團團圓圓

二〇一〇年二月八日下午，在梅縣坐大巴到廣州。憶起一九五九年秋考上大學，梅縣到廣州，坐的雙排座汽車，四百多公里蜿蜒曲折沙土路，一路顛簸了十八個小時。

現在坐大巴，一路平坦寬闊的高速公路，三個半小時走完梅縣到廣州全程。

女兒、女婿二〇〇七年十二月結婚，婚後曾兩次分別來長沙我家和去河南女婿父母家過年。二〇〇九年秋他們有了自己的新居，說按照習俗，第一個春節要在新房過，再說雙方父母還沒有見過面，早就籌畫著要讓倆親家在廣州過年。小倆口準備了很久，計畫很周全。例如，為了十個人能在年三十在家圍坐在一起吃頓團圓飯，他們花了一千多銀子買了張可以打開的桌子回來，昭示十全十美團團圓圓。我們很感動。

女兒很有闖勁。她大學畢業後，本來在長沙某電信部門謀到過不錯的職位，但她不滿足，毅然辭職到深圳發展去了。家人也不怎麼反對，只是擔心她一個女孩子獨自在外很受苦。我就常常因未能讓她在家待著多讓她享受家庭溫暖而內疚。她後來到了廣州。幾年間換了幾個單位，最後落腳於南方日報，做了美術編輯。緣分到了，她認識了報社經濟部編輯張華（後來在南方週末當記者、編輯），很快，千里姻緣一線牽，征得雙方父母贊許，結婚了。

在他倆于廣州舉行的婚禮上，我致辭說，他們這是「兩岸三地結良緣」。張華家河南安陽在黃河岸邊，湘梅家湖南長沙在長江岸邊，他們在第三地廣州相識相知結成伴侶。說得有點勉強，但是，賓客們都會心地笑了。

他們很努力，婚後不久即在海珠區買了一套房子。二〇〇九年又買了一輛車。

二〇一〇年二月九日，張華父母在其弟弟陪同下從鄭州飛來廣州。第一次出遠門就坐飛機的親家倆老，一路雖然辛苦，但精神健旺。倆老千里迢迢帶來的玉米麵、葵花子等土特產，讓我想起了我那辛苦一輩子的淳樸的父母親。我老家也在農村，而且成長的經歷異常艱苦，而且我也帶了些土特產品剛從梅縣農村家鄉趕來。初次見面，雖然語言交流不很通暢，但心靈融合無間，這也是緣分吧。

張華弟弟張波，在北京讀大學再過半年就畢業了，已經在北京找到一份合適的工作。一家兩個男孩都成了大學生，這在張華家鄉——河南一個仍然不富裕的鄉村，是很了不起的事情，張華父母得到的是鄉鄰羨慕的目光和讚揚的言辭。

二〇一〇年二月十二日（農曆十二月二十九日），我的家人一行四口（妻子、兒子、兒媳和孫女）也從長沙趕來了廣州。是兒子湘葵開車到廣州來的，難為他了。兒子、兒媳剛買不久的車，兒子會開車才短短兩個多月。

除夕年夜飯，我和妻子張羅了半天搞出一桌兼具湘菜和粵菜口味的大菜，張華父母則做了美味的河南風味餃子。兩家十口，十全十美，團團圓圓，和和樂樂，吃了一頓十分愜意的年夜飯。

要特別說說吃餃子。張華母親包的餃子美味極了。她包餃子時在五個餃子中放了一分錢的硬幣。大家饒有興趣地都想能吃到包裹著喜慶的餃子。結果很有意思：張華吃到二個，湘葵吃到二個，小孫女思思吃到一個。張華和湘葵是他們年輕一代的代表吧，而思思則是第三代人物。這不預示著，我家後輩一代又一代都很有出息嗎？我堅信這不是迷信，而是就要實現的預言。我快樂並幸福著。

大年初一上午，一大家子人去光孝寺上香。人山人海，幾至水泄不通。大家都有共同的願望，祈求生活康樂幸福。女兒說，神仙們神通廣大，實現百姓大眾的願望吧。

晚上，張華、湘梅在酒店安排了豐盛的大餐。一大家人喜氣洋洋，其樂無比，這年過得特別喜慶。

兒子、兒媳年前在長沙就報名參加了車友會組織的自駕遊，目的地廣東陽江。張華、湘梅也高興加入。

初二一早，自駕遊車隊從廣州位於廣園東路的嘉鴻華美達廣場酒店出發，五六十輛汽車，浩浩蕩蕩，蔚為壯觀。我們楊家張家一大家，十員老將小將，分乘湘葵、張華駕駛的兩輛新車，融入到了長長的車流中。

奔往陽江市的海陵島。冬天裡常常受凍的湖南人很嚮往這個海島，自駕遊選擇這個地方也就在於這裡常年二月氣溫二十七八攝氏度，「自駕遊指南」充滿憧憬地寫著「帶上襯衫和游泳衣」。可是天公不作美，農曆十二月二十九日前廣州乃至整個廣東燥熱如夏，二十九日下午突然刮起強勁北風，除夕那天即氣溫急降，到初二這日已是七至九攝氏度。

奔馳三百多公里路程，車隊中午趕到海陵島，迎接我們的是北風六級，氣溫九到十一攝氏度。襯衫和游泳衣緊鎖箱底，長沙來的車客仍然裹上厚厚的寒衣。河南來的張華父母身穿家鄉帶來的全套冬裝，覺得正合適。

張華父母從來沒有見過大海，我們家老小也很少來過海邊。我雖然是漂洋過海從印尼回來的，那是小時候的事情了，一生也很嚮往大海。匆匆吃過中飯，全家就迫不及待地來到海灘，與大海親密接觸。海風呼呼，海浪反覆擁吻沙灘，一家老小興致勃勃地在綿軟的沙灘上奔走、拍照、撿拾貝殼。令一家更為興奮的是第二天乘船出海，親身投入大海懷抱。渺渺茫茫，海天一色，令人陶醉。還去參觀了「南海一號」博物館，在小街購買了些海螺、貝殼類紀念品。因天氣太冷，車隊提前一天即在初四返回了廣州。

初五，一家人與車隊一起去逛長隆野生動物園。先是人關在籠子裡（坐在車內）看外面活動著的動物，然後是走著路看關在籠子裡面的動物。也都是第一次這樣參觀這樣大規模的動物園，一家子高興。

初六，湘葵開車，帶著兒媳、孫女一起跟著車隊先回長沙去了。我與老伴留下繼續在廣州過年。

利用這個機會，初六偕老伴去拜望昔日冷水江市一中同事吳代瓊老師（我離開一中後他曾任副校長），很高興的是石仕倫老師（原物理老師）也來了。吳老師兩個女兒，家都在廣州，石老師一對兒女家也都在廣州，他們都是「投奔」兒女來的。年輕一代在外打拼，成家立業，多有成就；老一輩退休閒暇，來兒女家，可幫幫忙，也養養身體——已經有很多這樣的家庭。同在一中共事多年，又有多年未見面了，暢敘離情，回憶往事，很是快意。

初七與老伴一起去華南熱帶植物研究所看望昔日學生楊親二。楊親二是上世紀八〇年代初我教高中時的學生，早已擁有博士後職銜的他原在北京中國科學院植物研究所任職，最近調來廣州到華南熱帶植物研究所任研究員。妻子在同一單位做研究工作。不記得有多少次了，他們夫婦南來北往經過長沙時，總不忘到我家來看我，師生情誼，日久彌深。這次我們趁來廣州過年的機會，特意去看望他們。這裡遠離鬧市區，綠樹掩映，空氣清新，是一處很好的工作、家居所在。楊親二夫婦陪同我們參觀該所著名的熱帶植物園，熱情地、十分內行地向我們介紹林林總總的熱帶植物，讓我們美美地領略了一番溫室造就的熱帶風光。

初八、初九，女兒、女婿陪同逛街，小倆口忙不迭地為四位老人購買衣物。難為他們了，我們已經很滿足了。我們祝福他們工作順利，生活愉快，繼續營造和美幸福的新家。

初十一早，女婿、女兒開車送我們倆老去白雲機場，坐飛機回長沙。粵湘千里，瞬間抵達。兒子開車到機場來接。

三、古稀之慶

「人生七十古來稀」。當今之世，人活到七十歲已經不稀奇。這不，一晃眼，我也進入了古稀之列。

我的身分證號碼顯示我出生於一九四一年一月二十日，其實，是出生在那年（農曆辛巳年）正月二十日。翻檢萬年曆，那一天陽曆是二月十五日，星期六。母親不止一次告訴過我，我是午時出生的，八字好，命好。即使是土改後生活極度艱難的日子裡，她也堅信我一生會有好命。她活到了九十三歲，看到了我幾乎一生的酸甜苦辣，但她一直說我命好。

我一向不喜歡為自己做生日。這一點與毛澤東的觀念相似，我常以此調侃自樂：我與毛澤東「英雄所見略同」。六十歲時，滿一花甲，過了人生的一個輪回，家人親友曾運籌為我做壽，我婉謝了。十年後，這一回，我違背了「毛澤東思想」，被推搡著走，接受了頗為隆重的生日祝福。

二〇一〇年農曆正月二十日（陽曆三月五日）應該是我年滿六十九歲的日子。對於祝壽，湖南人有「男做進，女做滿」的風俗，即男人在進入該歲數之日做壽，女人則在滿該歲數之日做壽。據此，我滿六十九歲時即進入了七十歲，入鄉隨俗，應該是做七十大壽的日子。

首先是妻子、兒女認為應該為我做壽。在廣州的女兒、女婿早在去年十月就謀劃好，要把親家（女婿父母）請來長沙，參加我的生日禮儀。我勉強同意了，答應就在親戚範圍內擺一兩桌酒席。按照計畫，女兒、女婿陪張華父母于正月十九從廣州來到長沙我家。女兒、女婿送給我的生日禮物是一臺筆記本電腦，正合我意。他們瞭解為父的需要什麼、喜歡什麼。

生日臨近，原計畫驟然被打亂了，「始作俑者」是學生，我二十多年前的學生，我在冷水江市一中教過的當年的高中學生。

先是學生代表吳雄華來到我家，說同學們要為我祝壽。不容我分說，就在我家客廳，他一一與同學們用電話聯絡。末了，他說，大概有四十多位同學會來，「老師您不要管，我們會安排好的」。

學生一片深情，我再也無法推脫，只好說「謝謝了」。

吳雄華、王軍、徐燕等幾位熱情無比的學生操勞開了。為使同學到得更齊，徵求我的意見後，他們決定把慶生活動推遲一天，於三月六日（星期六）舉辦。

二〇一〇年三月六日上午十時，兒子送我走進天璽大酒店大廳時，見到廳中豎立著一幅精緻的「祝賀楊宗錚先生七十大壽」的牌貼，我不禁心頭一熱。得知同學們已經在四樓宴會廳等候，用得著「近鄉情更怯」的詩句，上電梯時，我按捺不住怦怦心跳。推開宴會廳大門時，圍坐在一起的同學們一齊起立鼓掌歡呼：「楊老師好！」「楊老師生日快樂！」我趕忙走上前去，同學們搶著跟我握手、擁抱、照相。我倒顯得很拘謹，眼睛濕潤了。

來的同學有四十多位。他們多數是一九八一年到一九八四年間冷水江市一中高中學生，分別或同時在高八十七班、九十五班、一〇五班就讀，這三個班都是文科班。當時學校在高中畢業那年為學生分文、理科教學，而且學生可以複讀，即沒考上大學還可以插進下一個年級繼續復習應考。因此，這三個班的學生大多數互相熟悉。其間，我連續三年擔任了這三個班畢業那年的語文教學，而這恰是我在該校二十一年教學生涯中「最輝煌」的時期。那正是改革開放後中學教育重新走上正軌、也是「高考」開始火熱的時候。我積聚了多年的教學經驗趨於成熟，得到了施展拳腳的舞臺。連續幾年，我教的這幾個文科班的語文高考成績越來越好，從而拉升了學生高考總分，其中在一九八三年最為出彩。這次來的同學，很多都是當年考上大學的。一些沒有考上大學的同學，也在自己的生活道路上做出了不小的成績。

還有一撥學生，比上述學生年長十五六歲，他們是冷水江市一中高十班學生，他們是一九六五年考上高中，後被「文化大革命」耽誤了繼續深造機會的「老三屆」。我當過他們的班主任並教語文課。他們都是六十多歲的人了，也前來向比他們自己大不了多少的老師我祝壽，令我惶恐之至。

四十多位學生，分別來自冷水江、長沙、廣州和深圳等地。為了向當年的老師我表示祝福，他們不遠百里、千里奔波，使我很過意不去。一些因故未能趕來的學生，還紛紛打電話、發短信，向我表示祝福。遠在西藏林芝任建設局局長的學生易湘暉，一再打電話、發短信祝福我，並且寄來了厚重的賀禮。

祝壽儀式活潑而隆重。先是座談會，同學們一一介紹自己。快三十年了，一些同學我一時叫不出名字，聽了他們的介紹，當年他們的音容笑貌，過電影般逐一浮現在我的眼前。在冷水江市委黨校工作的孫前征，早幾天就寫好了給我的長信，帶來這裡宣讀，其真情實感，令我動容。信中說：「『長大後我就成了你』。我當了五年高中語文教師，而作文教學的方法完全模仿了老師您。」一些我已經淡忘的情節，學生記得清清楚楚，信裡說，「您對學生特別關心。記得一九八三年預考，鍾××同學沒考上，您親自囑咐我（當時預考班上前五名）送他回家。一九八五年您到婁底當僑聯主席時，曾專程到師專看望我們，見到我時，您直呼我名，並說『你是梓龍的』，我非常詫異，不知您怎麼記得起班上這麼一個不起眼的學生。」

座談會後儀式開始。一片歡聲笑語。主持人致辭，學生代表發言，給我送上生日蛋糕，要我斟倒香檳酒，獻給我精緻的雙面湘繡、裝裱好的壽聯，合影留念，井然有序而輕鬆活躍。席間學生前來頻頻敬酒，聲聲祝福，令我動容。我這一輩子，有這麼一天，心滿意足了。

我十分喜歡學生贈送的一副壽聯：「情注九州桃李，心牽四海炎黃。」我一生教書和僑聯工作兩件大事概括其中，只是溢美了。書法也很好，裝裱亦不錯。聯、書、裱，堪稱「三絕」。

家人、親友自始至終參加了學生為我張羅的祝壽儀式，他們也被學生的深情感動了。事後女兒寫的博客中提到了這天的感受：

令大家感動的是，爸爸已經二十年不做教師了，當年大學畢業後，就到了冷水江一中任語文教師的他，一路做到了教導主任，副校長，校長，當校長時還教高三班的語文。而直到現在，當他的學生們知道他要過壽時，短短幾天時間，從湖南的各個地方，還有廣州、深圳等許多個城市一下就彙集到長沙四十幾位學生，為他慶祝生日。生日典禮就安排在學生們下榻的賓館，他們準備了隆重的儀式，合影、對聯、鮮花、蛋糕、香檳，一樣都不少。善良內斂的父親竟是有點緊張的，這是多麼難得的品質呀。

我哥還第一次在公眾場合講話，他作為我家的代表發言表示感謝，據他說緊張得汗都出來了，哈哈……

由於學生在操作，應接不暇，妻子在新化、邵陽等地前來為我祝壽的親戚，從寧鄉趕來的兒媳父母，連同第一次來我家的張華父母，匆匆幾日間，我們未能招呼好，甚為內疚。謝謝他們，我的親人們。

七十壽誕，我沒有告知領導、同事、朋友，也沒有告訴我大學的同學。我不想打攪他們。一片清心在玉壺，我內心感謝各位幾十年來的友情了。

四、喬遷喜憂

「居者有其屋」。幾十年來我所居之屋之變遷，可折射出我的人生歷程，以至社會的變化。

在梅縣梅州中學讀書六年，我住在校外出租屋。當年梅州中學（各校亦如此）只有少數經濟條件較好的學生在校寄宿，大部分學生都租住在學校周圍市民家中。中學六年，我一直租住在校門外左側五六百米處一條小巷中的一戶民房。該房東大概有五六間平房出租。每間房約十四五平方米，兩張床，住四個人。租住的學生在他家搭餐。所謂搭餐，房東只負責三餐蒸飯（每人一個飯缽，放上米，由房東用大蒸籠蒸好），菜由學生自備（可在房東廚房操弄）。我與同村的一位同學共睡一床，被窩蚊帳都是他的。他叫鄭岳犇，他的無私，他的相助，他的友情，我一輩子不會忘記。

在湖南大學、湖南師院，我住大學統一標準的學生宿舍。在湖大住過七舍、五舍，在師院住六舍。一般是，一間房四張雙層床，住六人（另有一張雙層床放箱子之類）。我的蚊帳、被子是湖大發給的，當年只要申請，學校就給。與哪些同學同住，我已經記不清了。印象最深的是來自湖南道縣的一位同學廖×，喜裸睡。有意思的是，他睡上鋪，每次睡覺前，都要在下面先脫光衣服然後爬上床。同學們會爭著去拍他的白屁股，他也樂得呵呵直笑。

一九六四年二月大學畢業分配到冷水江市一中時，我住一間房。與大學時五六位同學合住一室相比，我覺得自己有獨立空間了，很愜意，即使這是一棟工棚改造的平房，很簡陋。與一位老師合住過一段時間，他叫謝禮光，湖南師大校友，歷史教師，我的好朋友，洞口縣人，後來當過婁底市副市長、婁底地區教委主任。

一九七九年後學校新建一棟教師宿舍，我分到了一套，二室一廳一廚一衛，約五十平方米。一家四口，像有個家的樣子了，感到很滿足。其間還將遠在梅縣家鄉的母親接來共住了幾年。

一九八五年我到婁底地區僑聯時，與溫秘書長和司機三人共住一間辦公室。

一九八七年夏家屬搬來婁底，由地區行署辦安排，一家借住在地區交警支隊的一套二室一廳房子裡。

一九八八年春，行署在我們辦公的院子裡新建一棟宿舍，我分得了一套三室一廳的房子，一家得以正式在婁底安身。

在新房住下不到兩年，一九八九年十月，我調到省僑聯工作，住一間辦公室。直到一九九〇年七月，家屬搬來長沙，一家暫住在寶南街一座樓房的六樓。一年後搬到南門口附近省僑聯僑辦宿舍院子旁的一座二層小樓民房。

一九九三年春節前，單位宿舍院內新建一棟宿舍剛竣工，我就搬進了其中二樓的一套三室一廳的房子。終於不再流浪，在長沙有了固定的家了。

一九九六年房改，實行福利分房，以我和妻子加起來六十多年工齡計算補貼，花了一點三萬多元買下了我們住的這套房。這套房僅七十五平方米。我一家四口，兒子、女兒都已長大，房子小了。接著，我成了副廳級幹部，按當時規定可住一百一十平方米的房子。我住的這個單元六樓尚有一套五十多平方米的兩室一廳住房空著，經過我申請，省僑聯高主席等領導支持，在二〇〇二年三月我退休前，省直機關事務管理局局長、省直房改辦主任吳松盛親批這套房子賣給我。兩套房子合計一百一十平方米以內的按福利分房原則付款，超過的部分按市價計算。這樣，我兒子結婚，才分開住在六樓這套房子裡。我們第一次擁有了屬於自己的房產。

由於經濟上不寬裕，這兩套房子，我們一直沒有裝修，素顏素面，連地板都是建房時刷上的地板漆，未加改動。進入新的世紀後，省直各單位的「福利房」不斷翻新，或另建二房、三房，我們單位的就越來越顯得土氣、破舊了。而且當年建築標準低、建築質量差，如今屋面漏水、管道堵塞、蟑螂成群、老鼠入屋等問題迭現。不少外單位的朋友來我家造訪，都很驚訝：「廳級幹部住這樣的房子，在省直單位，恐怕絕無僅有了。」

我們在這「福利房」裡一住就是十七年。二〇一〇年夏，情況才有了轉變。情況變化緣於「金融危機」。想不到，「金融危機」會給老百姓帶來一些機會。

二〇〇九年年春「金融危機」正烈時，長沙市為托房市，決定為中低收入家庭購房戶補貼八萬元。兒子屬於中低收入家庭之列，順利地申請到了八萬元補貼。拿著這八萬元補貼憑證，自己掏了一萬六千元，首付九萬六千元，很快在營盤東路瀏陽河岸邊買到了一套九十平方米住房。然而，亦喜亦憂，新房住得並不輕鬆。首先，兒孫輩註定要當二十年「房奴」，漫漫人生旅程，房子真正屬於自己的那一天，尚在遙遠的將來；再者，即在當下，經濟壓力亦很大。我們只好賣掉一套老住房，另一套出租，湊合著補貼銀行按揭。

房子是號稱領跑全國地產的「萬科」開發的。地段不錯，在營盤東路盡頭瀏陽河邊。瀏陽河在流入湘江前在這裡繞了一個大彎，萬科買下了這塊地盤，建「四十一萬平米精裝品牌大盤」，取名「金域藍灣」，第一期四棟三十三層高樓。聽了一輩子「瀏陽河彎過了九道灣」，沒想到如今就住在瀏陽河的一個灣裡。房子不錯，是精裝修的，我們感到滿意。以前我們的老住房局促在一個小院裡，窗外是除了樓房還是樓房，視野極其有限。現在視野寬闊，很有些情趣。

只是，離群索居，不免感到孤寂和失落。這「群」，小而言之，是指本單位同事；大而言之，是指省直單位的「公務員」們。他們的居住相對集中。本單位同事，老一輩的，大都住在原宿舍區熙臺嶺二十九號院子裡；年輕一代的，老一輩有「二房」的，新一輩有「二房」的，住在市區南邊省直機關事務管理局建設的小區裡。省直單位大多數退休幹部都住在本單位自建小區或省直機關事務管理局特別營造的公務員小區。他們大都能得到這樣那樣的福利和方便，住房優價購買不說，生活上也能省去很多花銷和麻煩。尤其是廳級幹部，會有這個那個的「享受」。像我這樣單位沒有安排而由兒女費勁張羅，游離在「外面」、一切需要自家料理的廳級幹部，恐怕無多。我生怕洩露了自己的「天機」：一個「老廳幹」，一個「老歸僑」，遠離本「群」，住在相對偏遠的社會上的這個小區。除了老伴和兒孫們，低頭不見抬頭見的都是陌生人。我不需要人們知道我是誰，我也不想知道他們是誰，孤寂心理油然而生，但也落得寧靜。「寧靜」就好，雖然不能「致遠」了。

就這樣吧，喜也罷，憂也罷，在這裡「安度晚年」了。

為了搬新房，我們老兩口對老房子內的家什進行了清理。

我退休後就一直謀算著要清理舊藏，但由於疏懶，一直未能動手。乘這機會，我開始了翻箱倒櫃式的徹底清理，歷時兩個月。

已經積存了近千封信件，大多數是我擔任僑聲雜誌總編輯時讀者、作者以及相關人員給我的信函。我幾乎是一一過目，然後分類打包。在這過程中，發現了一些重要人士寫給我的信函，以及他們送給我的一些字畫，有一些彌足珍貴，我仍然保存著。一般的沒有再保存必要的，我就把它燒了。信封上有較好的郵票的，我連同實寄封一並保存著，打算清理後送給兒孫，期冀從中或許會有「全國山河一片紅」之類的珍貴郵品在，以資「造福後代」。

最值得玩味的是處理幾大本大概有兩三千張名片。其實，絕大部分名片，當時我隨手插進名片本後，就再沒有翻看過。如今打開琳琅滿目的名片本，不禁感慨良多。翻看著一張張舊日接收的名片，彷彿在過電影。有的當年交往的情景，尚可清晰呈現在眼前；有的當時或許是一面之識，已經忘記了名片主人的音容笑貌；有一些則是時過境遷，他們恐怕都像我一樣，不在其位了；有一些則已經去世；個別的，也有成了階下囚者；絕大部分已經多年沒有任何聯繫。

引起我的注意的，是有些名片顯得太過誇張：有的頭銜忒多，密密麻麻印滿了小小紙片，也許印不下，有的還製成折頁；有些則加括弧注明「相當於某某級」、「沒有正職」、

「排第一」之類；有的則是鑲了金邊，我還收了一張據說是鍍了金箔的，黃燦燦的，很惹眼。我想，這些人似乎有炫耀「隱私」的癖好，然而表達自由，無需勞神去多加非議。但是，我忽然記起李白老先生深具哲理的兩句詩：「吳宮花草埋幽徑，晉代衣冠成古丘。」人生一時的顯赫，到頭來還不是「身與名俱滅」，最終還不統統都湮滅在歷史的幽徑、古丘之中。

我選擇留存了一兩百張，重新鑲嵌在一本較為精緻的名片簿中，作為人生交往的一點見證。絕大部分名片，覺得已經沒有必要保存，我決定處理掉。但是每張名片都記錄著個人的資訊，不能洩露的；再說要尊重當年的一面之交，我覺得不應該隨便棄擲，考慮再三，只好拜託火神了。歲月不留情，隨著時間逝去，某些交往已如同過眼雲煙，會消逝得無影無蹤。

書，不太多，但在我們這班「公務員」中，我的書算是多的。我有兩個書櫃，大概有近萬冊書吧。我把讀大學時的課本、講義、作業本一直保存著，至今已有半個世紀。當年紙質很差、字跡已經黯淡的大學時代的「文物」，勾起了我對大學生活的回憶。其他書，有教中學時積存的，有做僑聯工作時收集到的，有到各地出差時購買的，有友人贈送的，林林總總，我一本一本翻檢。說來慚愧，有些書，幾十年來竟未曾翻動過。太多的書，覺得保留已無多大用，然棄之可惜。無奈新房空間太小，無法容納，只好割愛。最後，依據自己定下的「保留」標準，丟掉（或賣或燒）約三分之一，剩下的捆紮了二三十包。請來的搬家工人不停地埋怨：「沒見過搬這麼多書的」，「這麼多書有什麼用」。

二〇一〇年七月十六日，喬遷新居。沒有告知單位同事和朋友，沒有放鞭炮表示喜慶，也沒有祭灶開飯，一切靜悄悄的。

很累。清理了幾天東西，才安頓下來。

五、依舊平凡

退休後就再沒有印製名片。

有幾次，無事找事，自費參加在各地舉辦的客家文化研討會，為了交流的方便，我找出了舊名片（廢物利用），但在上面寫了大大的「退休」二字。

七十歲生日，因來的學生很多，他們想知道與我聯繫的方式，我才破例印了一盒名片，但不印退休前的職務，只印「退休幹部」字樣。

二〇一一年十二月初參加在廣西北海舉辦的世界客屬第二十四屆懇親大會，因應交流需要，我又印了一盒名片，印上了這兩個頭銜：「湖南省客家文化研究中心副主任，湖南省歸國華僑聯合會退休幹部」。第二個頭銜是真的，第一個卻是虛有其名。湖南省客家文化研究中心設立於上世紀九〇年代初，當時確定省僑辦的許志強（也是梅縣客家人）處長擔任主任，我為副主任。但是，這個名頭很大的「中心」，既沒有辦公處所，也沒有經費，甚至連牌子也沒有掛，因此沒有開展過任何活動。此次是因為參加世界客家人的聚會，經徵求許志強先生的意見，我斗膽使用了「副主任」這個頭銜。這是閒話，平凡的閒話。

這輩子雖然擁有過校長、處長、秘書長、書記、主任、社長、總編輯等職銜，但是我深知，我的過去並不「偉大」，一直平凡，退休後依舊平凡。

一個人赤條條來去無牽掛，就是平凡；潔本潔來還潔去，就叫平凡，也叫幸福。

一些人不甘心做平凡人，但是我覺得，做平凡人不容易。平凡屬於我和我一家，真幸運。

我的家庭很平凡。

妻子鄧田玉，我與她可說是患難之交。她是湘中腹地新化縣（地理位置處於湖南省正中間）城關鎮一位「資本家」的女兒。所謂「資本家」，就是在小縣城裡開了一個小小的賣染料的鋪子的人。舊時當地老百姓習慣用染料將白土布染成黑色或藍色後製作衣衫，染料這種小商品有些市場，妻子的父親鄧贊堂（老家湖南雙峰縣，舊屬湘鄉，要攀富貴的話，那是清末重臣曾國藩的同鄉）靠經營染料賺些小錢，使小家過得稍感寬裕。一九五五年社會主義改造實行公私合營，小小「資本家」被改造成了一個小小店員，自食其力，但是一家還是背上了「剝削階級」的包袱。她出身「資本家」，我出身「地主」，天造地設，門當戶對，真所謂「千里姻緣一線牽」，這就是今生的緣分吧。

我，一位在「文化大革命」中被折騰的「臭老九」；她，一位在廣闊天地接受貧下中農「再教育」的上山下鄉知識青年，于一九六九年三月結合了。「媒人」，是我在湖南大學中文系讀書時的王慶堂老師。一九六二年我們從湖南大學轉到湖南師範學院時，王慶堂老師被安排到了新化縣教書。王老師與妻子家有些許親戚關係。

妻子從「廣闊天地」返城後，我們在冷水江時，她曾當過皮件廠工人、菜店營業員、食堂炊事員；在婁底時，她在我們僑辦僑聯主辦的僑光商店裡當營業員；我調來長沙後，她在省僑聯下屬華僑俱樂部當出納。一九九七年她退休。她跟著我一直受苦受累，勤謹操持著一個從生活清苦慢慢變為可求溫飽的平凡的家庭。

妻子一九四七年生，可在那些年月，折騰來折騰去，不知為什麼，她的戶口名簿上、身分證上變成了一九五〇年出生。對於官場中的一些人來說，這是求之不得的，因為年輕是寶貴的財富。什麼都求高高在上，唯獨年齡要低。為升官、為繼續在權位上多待幾年，甚或只是為了覓得「小蜜」的歡心，有些「官人」千方百計不擇手段在「降低」年齡。而對於我妻子來說，則是一種折磨。她想提早退休卻難如其願。如今長沙市年滿六十五歲者坐公交車、進公園可免費了，可她還要多等三年。我常調侃她，你真划不來，活到一百歲，人民政府也只承認你九十七歲；我也划不來，人家夫妻「奈何橋上等三年」，我得等六年。

退休生活是平凡的，而且生活境遇並不太好。作為退休的廳級幹部，一些朋友認為我太虧了。搬新家前，一位在省工商行政管理局退休的老朋友到我家串門，驚異地說：「這哪像廳級幹部的家啊？」我的原住房是上世紀九〇年代初興建的標準的公務員宿舍，三室一廳，七十五平方米（後來自費加寬了十六平方米），沒有任何裝修，客廳地面是廉價瓷磚，居室地面一律赤裸著「原裝」的深褐色的地板漆；傢俱陳舊，大部分是我上世紀八〇年代在冷水江教書時製作的。現時，在長沙市，與我同級別的退休幹部，有的已住上別墅，或者有二房、三房，即使只有一套房的，其寬敞的面積、精緻的裝修也要令我驚詫不已。

二〇〇九年初，湖南省直機關事務管理局發文，公務員可購其原下屬某房地產公司的房屋，但是單位說，經請示，認為我的住房已經「超標」，「沒有資格」參與購房。然而，有「資格」購房的人，現在大都有兩套以上房子；而且大大「超標」，每套大都是一百六十平方米甚至更寬敞。對比之下，我還在蝸居。事實就是這樣：現在省直各單位的公務員，已經很少很少只住原規定「標準」面積住房的人了，二房、三房的比比皆是。看起來，在這方面，我卻不是平凡，而是很另類了。

我終於住上了新房，但這是我兒女輩靠自身努力而且需要長期負債（要當二十年「房奴」），加上出賣、出租老住房得來的。我沒有依靠任何權力，也沒有得到任何權利，我現在無緣住在「公務員小區」，是被遺忘了的無足輕重的人物。

我曾經三次被評為優秀共產黨員：一九八四年七月一日，冷水江市優秀共產黨員；同年同月同日，婁底地區優秀共產黨員；二〇〇一年六月，湖南省直屬機關優秀共產黨員。

我很珍惜這個「優秀」。但是，「優秀」不等於特殊，「優秀」不會給你帶來特權。這才是「優秀共產黨員」所以優秀之處。「優秀」總歸于平凡。平凡是得不到嘉獎的，也是不需要嘉獎的。平凡既然為自己所擁有，那就珍惜平凡吧。不必去嚮往榮華富貴，不必去追逐名利得失。吃不到葡萄，不要去說葡萄是酸的，也不要去羨慕葡萄是甜的。

六、含飴弄孫

家有一子一女。

當年，生兩個孩子，我們這一輩人大都如此，奉公守法，經典而傳統。

兒子、女兒在上世紀九〇年代先後走上社會。那時，我「做官」早已到處級，而且成為十年「老處長」之後，慢慢爬到「副廳級」了。可是，我這樣大的「官」，我這個「官爸爸」，卻未能給兒女帶來一點點的好處。我仍然是一介平民觀念，他們也自認為是平民的兒女。我沒有想到要多撈些錢把他們送到國外去，或者為他們謀生活提供方便，或者給他們找個輕鬆而又來錢的單位。可喜的是，他們沒有埋怨我，說「你平平安安過日子，我們平平凡凡過一生」，「這樣就好」。是的，平安是福，平凡就好。

兒子楊湘葵，當年很吃香的廣播電視大學畢業。那時有很流行的說法，說國際上都承認廣播電視大學的文憑，因為講課的都是著名教授、專家。雖說讀的不是「有圍牆」的大學，但在上世紀九〇年代初，是名正言順的「幹部」，戶口名簿上也是這麼寫的。不說有非分的要求，那時他要進政府機關當個令時下大學生趨之若鶩的公務員，是易如反掌的事。可是，我卻讓他去了一家旅行社當普通員工自食其力。快二十年了，他一直在某旅行社待著，現在變成了待崗人員（我們國家不興說「失業」），生活依舊平凡而清貧。

兒媳婦夏旭是下崗工人，原先曾是「大慶式企業」的大型國有工廠——湖南橡膠廠的職工。上世紀九〇年代中期說是「改制」，這個廠「改」得徹頭徹尾，徹底垮了。有道是「百足之蟲死而不僵」，而這個「紅色企業」卻「死」得連屍都不見，連廠房和地皮都賣了。

我們老兩口一世清貧，無權無勢，愛莫能助。湘葵岳父母是煤礦職工和家屬，一生辛勞，與世無爭。兒子、兒媳小倆口不靠天不靠地，自食其力，艱苦奮鬥，期望把自己的小家建築得好一點。

他們的女兒、我的小孫女楊思怡，二〇一一年十二歲了。很聰明，很可愛。幼兒時進入住家附近的幼幼幼兒園，小學在天心區幼幼學校讀書，今年秋天讀初中了，我們把她弄到離我們新住處不遠的田家炳實驗中學就讀。

田家炳，是一位香港成功的實業家、慈善家，也是我的老鄉（他是廣東省梅州市大埔縣人）。我退休前，他是我們湖南省僑聯的重點聯繫對象之一，作為省僑聯秘書長，我曾經多年間直接與他和他的部屬聯絡。田家炳先生熱心捐資辦學，在湖南捐建了好幾所學校，長沙市田家炳實驗中學是其中之一。

在這所學校籌建過程中，湖南省僑聯領導曾參與其中，我也因為在省僑聯任職而盡了一份努力。沒有想到，自己的孫女要到這所自己曾經出過一些力氣的學校讀書了。但是，這所學校現在已經很有些名氣，排名在長沙四大名校（雅禮中學、長郡中學、湖南師大附中、長沙市一中）之後，以「老五」為榮，要進去已非易事，使我們家很操了一番心。我曾經動過念頭：請省僑聯現任領導出面，幫我去跟學校說一說，憑省僑聯過去為這所學校做過的工作、憑我過去的汗馬功勞，把孫女「照顧」進去。但是，我沒有這樣做。最終，按照初中招生「二次派位」錄取的方式，使孫女得以進入該校讀書。

退休後，從小學到初中，我擔負起輔導孫女功課的任務。有很大一部分精力花到了她身上，值得。我是學中文的，教語文的，著意輔導她的語文作業，自以為得心應手，可是她「不聽話」，卻是數學學得比語文好。這使我有些尷尬。不過，孫女也很爭氣，小學成績一直不錯。進初中後，第一次月考，居然得了全班第一名。我堅信，她憑自己的努力，在將來的人生旅程中，會很有作為，過得體面，過得幸福。

女兒湘梅、女婿張華在廣州。女婿父母家住河南農村，我老家也在閉塞的鄉下。我家與他家的子女，非但沒有任何官場、錢場背景，而且還有諸多磨難，他們全靠自己打拼，混出了個我認為已經不錯的模樣。女兒是南方日報美術編輯，女婿是南方週末記者、編輯，他們已經在廣州海珠區買了一套新房，又買了車。我內心佩服他們。二〇〇九年春節小倆口來長沙過年，為父我也許是喝了點小酒，一時興起向後輩大談我的家史和個人經歷（此前我沒有系統談過此類話題），他們聽了深感奇特，鼓勵我：「寫出來，印成書。」他們認為，這是很有社會意義和歷史意義的故事，出書的事他們包下了。這本書的寫作和成書，緣於他們的鼓勵和支持。

二〇一一年七月，喜事臨門，張華、湘梅喜得貴子，我們老兩口添了個外孫。做了爺爺、奶奶之後，我們又做了姥爺、姥姥。

張華、湘梅結婚後，就想著要個孩子。張華父母也急盼著要個孫孫，我和老伴同樣盼著外孫的早日降臨。得知湘梅懷孕，我們四位老人都喜在心頭。張華父母早早就為即將降臨的孫孫準備好了衣物，翹首以盼。老伴到廣州，在湘梅身邊陪伴了一年。老伴與女婿打賭，會是個男孩，結果老伴贏了，女婿也樂滋滋地認輸。年初，我在夢中也見到湘梅有了個「兔崽子」（二〇一一年是兔年哪），孫兒思怡也猜想「姑姑會生個伢子（長沙話男孩子）」。看起來，不生個男孩都辦不到了。於是乎，水到渠成，七月二十四日，男孩應運而生。

張華、湘梅在寶貝兒子降生前後忙得不亦樂乎的一件事是為這個家庭新成員起個名字。先是起個小名。他們徵求我的意見。我想到兔年、兔崽子，旁及一切與兔有關的辭彙，建議叫「亮亮」，緣於玉兔與月亮的密切關聯。後來他們還是給自己心愛的寶貝起了個小名叫「小報」，以紀念他們在報社的相識、相知、相愛。我認為很好，既樸實又濃情。

至於大名，初為人父母的他們更不敢怠慢。兩人充分發揮自身潛能，且反覆徵求親屬和朋友意見，又是上網查詢，又是翻檢字典辭書，幾經篩選取捨，直到在必須申報戶口時才最後定下來，叫張敬熙。他們拍板定案，我拍手贊許。名字很文雅高潔，既現代又古典，還是古書上有案可稽的。「敬熙」又與「驚喜」諧音呢，還很「普羅」，大眾化。

小報出生後，張華、湘梅給這位「小報先生」開通了微博。微博這個現代玩意兒，我這個老朽只是粗通一二，平日不怎麼關注。自從「小報先生」的微博出現在互聯網上之後，我一打開電腦，第一件事就是點開他的微博，瞧小報的光輝形象、看小報的快樂視頻、讀小報的「無忌童言」（雖然是父、母捉刀，但只有父、母才最瞭解兒子心聲啊）。間或一兩日沒有更新微博，我就會急不可待地電話打將過去，訴說對小報的思念。

小報出生一百天，做父母的要給他操辦喜事。我趕到廣州，見到了日夜想念的外孫。我急不可待地抱他、親他、逗他。已經十分熟悉小報的老伴，在一旁忙不迭地向我介紹小報的趣事。小報彷彿認識我，對著我微笑。姥爺我直樂。

小報的爺爺、奶奶也從河南趕來了。剛一進屋，爺爺、奶奶來不及放下行李，就撲向小報。奶奶抱著孫子，老兩口「小報」、「小報」地逗個不停，笑個不止，看得做父母的張華和湘梅也開心極了。

有個成語「含飴弄孫」，此刻我才體會到個中含義。

一百天喜慶在一家幽雅的酒店舉行。張華、湘梅的同事、朋友前來祝賀，濟濟一堂，歡聲笑語。張華父親和我應邀致辭。親家是一位中學教師，此刻，他抑制不住激情，言語奔放，聲遏行雲，引來熱烈掌聲。座中我最年長，感慨系之，祝福一代更比一代幸福快樂。

我與老伴回到長沙家裡，每天必做的功課還是觀看「小報先生」的微博。老伴一旦得知小報微博更新了內容，就會馬上放下手中活計，與我一起，細細欣賞、玩味。「看，看，小報總是笑微微的」，「小報又長大了」，「好懂事的啊」，我們的「評論」總是很貼切的。小報做「引體向上」、歡聲喊叫的一段視頻，把我們樂得連看幾遍也不過癮。

更為愜意的是，張華、湘梅二〇一二年春節攜小報來長沙過年。長沙天氣不太好，連日陰冷，雨雪霏霏，但是我們一家三代，歡聚一堂，暖意融融。張華父母在河南，也通過電話和網路，與我們親密相通，關注小報一顰一笑，盡享天倫之樂。大年初三，難得出來一天太陽，一家三代，高高興興出門逛街。先是帶著小報到新建的瀏陽河風光帶散步，然後到有名的黃興路步行街領略長沙風情。小報帥氣臉龐上澄澈的雙眼，專注地觀察著陌生的景物和熱鬧的人群，猶如在研究、探索他開始生活的這個世界。

我們祝願可愛的張小報——張敬熙快樂成長。在他具有現代意識的父母的精心培育下，我們相信，他會無愧於長輩的期望，俯仰於天地之間，萃取日月之精華，成就自身，造福世間。

搬家整理舊物時，發現一本書裡夾著一張舊日曆，那是二〇〇〇年四月二十日（農曆庚辰年三月十六日，星期四）的，日曆背面，印著《保健三字經》。恍然大悟：「保健」，這大概是我隨手收藏這張日曆的原因。「晚年惟好靜，萬事不關心。」但是這個「三字經」卻使我很是關心。抄在這裡，作為本書的結尾：

人到老，莫煩惱，牢騷多，催人老。
賞花草，心態好，聽音樂，氣可消。
經常笑，變年少，心舒暢，睡眠早。
勤動筆，常用腦，讀書報，記憶好。
調飲食，莫過飽，講衛生，疾患少。
常鍛煉，抗衰老，身健康，壽自高。
甘淡泊，心向善，名不計，利不沾。
保寧靜，能致遠，怡性情，是桃源。
強身體，養為先，陰陽和，樂無邊。
不賭博，不吸煙，倡環保，愛自然。

隨時令，衣增減，多保暖，莫受寒。
夕陽紅，桑榆晚，長壽樂，享天年。

平淡是眞　知足常樂
——專訪湖南省歸國華僑聯合會原秘書長楊宗錚

文／劉晶瑩

驚喜中透著的真誠

第一次打電話給楊老——我這樣稱呼他是因為我覺得這樣最合適，雖然沒有徵求過他的意見，他說這幾天沒空，到下星期再看吧。心想，估計又得拖幾個星期才約得到了。於是準備第二個星期的週二再聯繫他。

出乎意料的是，星期一的上午，我接到了一個電話。誰？是楊老！他在電話裡告訴我他週一有空，我急了，還沒通知組員啊，一點準備都沒有，「您覺得明天怎麼樣？」他一口答應了，於是告訴我他的具體地址，具體怎麼走。一切是如此順利，徹底出乎我的意料，也著實給了我一個小小的驚喜，因為從來不知道可以這麼容易就約到一個採訪對象。

還沒見到人，我已經可以感到楊老和藹的平易近人了，還有他的真誠。

楊老家住在天心區熙臺嶺。第二天早晨，與另外兩個組員趕往楊老告訴我的地址。一路上，發現了很多比較古樸的建築，以前不曾知道長沙還有這麼一片地方。這讓我看到了長沙的另外一面，孕育、積澱著自己的歷史的一座南方城市。有一種莫名的親切感。這似乎也預示著我們的這位採訪對象自身的歷史積澱於親切。踏過腳下的一塊塊石板，似乎走進了一個完全不一樣的世界，五一廣場的喧鬧完全被拋到腦後。

特殊年代的特殊人物

開始交談後我們得知，楊老可不是湖南人，而是廣東梅縣客家人，同時還是個歸國華僑。他一九四一年出生於印尼，七歲隨父母回國，隨後就住在老家廣東梅縣。問及歸國原因，很簡單，他伯父當時還在梅縣，因為人手不夠，所以叫父親回國，父親就把一家人帶回來了。

當時的華僑可沒有如今這個開放年代的待遇。當時身為華僑可以說是一種極大的負擔，一種身分上極大的累贅，尤其是「文革」的那幾年。從楊老的話語中可以感受得到，他當時受到的各種不公平。不管是長輩抑或同齡人，甚至是有的大學同學，都會帶著異樣的眼光來看自己。在自己志願申請入黨的過程中，更是阻力重重，直到一九七九年才正式加入中國共產黨。儘管如此，言語中沒有怨恨，更沒有仇視，而是以一種過來人的平和心態淡淡談起。在接受我們採訪的將近兩個小時裡，楊老一直都是微笑著，一切在他那兒看來都是很平淡的，很自然的。感動，帶著一個特殊的身分從那個特殊的年代一路走來，他的身上，或者說思想，仍然帶著那個時代的特殊的印記——一切聽從黨的安排，一切聽從組織的安排；可以感受得到，這是一個很傳統的人。用他的話來說就是：共產黨培養的最成功的一代。

愛上文學，走進湖大

楊老一九五九年考進湖南大學中文系。「對文學是一直以來的愛好，還是上了大學以後才開始喜歡文學呢？」對於這個問題，老楊給我們講了個小故事。上中學的時候，自己的一篇文章寫得不錯，老師表揚了自己，而且還登上了校報。老楊至今還記得文章的名字，《有意義的一天》；寫的是當時他們外出勞動，挑鐵礦石、煉鋼鐵的事情。有趣的是，楊老參加高考時的作文題就是《記我一段有意義的生活》，於是他就靈機一動，套用了自己的《有意義的一天》這篇文章。看來，《有意義的一天》這篇文章的功用還不小，不僅在高考時幫了楊老一個小忙，更重要的是，楊老從此慢慢萌發了對文學的愛。

說到填報志願，楊老可沒有我們今天高三畢業生的這一籮筐煩惱。「老師說讓填湖南大學中文系」，於是，他填了湖南大學。就這麼簡單。可能你會覺得這個人沒什麼主見，但是，別忘了，這可是在那個年代。更何況，簡單一點不好嗎？最純粹的快樂往往源自簡單。於是楊老就這樣進入了湖南大學。

進入大學，學習生活可以說是清貧、簡單並快樂著。楊老覺得，不必要追求奢華的生活，保證基本的需求就夠了；學習是大學的主要內容。一個月拿三塊錢的助學金，週末因為沒錢搭渡船過河（當時還沒有連通河西與河東的橋樑），就去學校圖書館裡看書。去圖書館看書、去大禮堂看免費電影就成了所有的課外娛樂。楊老一直強調，學習才是大學最主要的任務，同時也要注意道德修養。

楊老說自己一直都不是個很會交際的人，大學就如此。這又得與他的特殊身分掛上鉤了。當時的壓抑使得自己很少與人交往，於是交際也很少，同時，自己也不喜歡社會交際中摻雜的種種複雜的利益關係。簡單，他喜歡簡單、平淡的生活。湖大的生活對於他來說，算不上多姿多彩，但絕對是充實的。他在書的海洋中找到了寄託，他在寫作中思維的馳騁中尋到了快樂。

工作中透著的真誠

畢業後，楊老被分到當時隸屬邵陽地區的新化縣十四中教語文。學校在偏僻的鄉鎮。這種落差在誰那兒都是很難接受的。當時的楊老當然也還是覺得壓抑。但，他接受了，一切聽從組織的安排嘛，他也沒有在壓抑中放棄，可能是早已習慣這種壓抑了吧，他還是盡力把自己的工作做好。一九六四年到一九八五年這二十一年時間中，他從一位普通的語文老師做起，到教導主任一直到校長，我們可以看到他的努力。

特殊身分帶來的壓抑似乎一直伴著簡單的楊老，聽著他的故事的我有時都會為他鳴不平。可轉眼一看他臉上那極具親和力的笑容，我知道，他並不把這一切放在心上。是時間的錘煉？還是追求簡單的性格使然？我不知道，也沒有去問。因為，他臉上溢出的真誠的笑征服了所有的一切。我也更願意相信是簡單的力量。

他告訴我們當時的老師們那是真的熱愛這份工作，全心全意地教學。老師們甚至會由於把自己的課分少了而不滿。一次，就在高考的前一天，一位老師發現有幾個題目很重要，而開始又沒有跟學生們講解過，當時學生們都回家復習了。於是，他們就連忙把題目刻印好，挨家挨戶地把印有題目的試卷送到學生手上。相信當時接到這份飽含著老師們期待的試卷的同學們都會感動得不行。至少，我會的。

一九八五年，再次聽從組織安排，他來到了婁底地區的僑聯，當副主席、主席；一九八九年又來到省僑聯，做處長、秘書長，還做過《僑聲》雜誌社的社長兼總編輯，直到二〇〇二年退休。他沒有選擇畢業後回廣東，而是聽從組織的安排留在了湖南，一留，就留了大半輩子。湖南儼然已經成了他的第二故鄉了。

工作中，他執著，做什麼都認真，但從不喜歡應酬，因為應酬對於他來說太過於複雜。對於追求簡單的他來說，他不願意，也應付不過來。

他的簡單又不是刻意追求而來。西方有句諺語：每枚硬幣都有其兩面。說的是每件事情都有它的兩面性。說到楊老那自然的簡單，或許我們得感謝那個一直給他帶來麻煩的特殊年代中的特殊身分了。正是那個特殊身分，讓他在那個特殊的年代裡養成了如今的性格。

學長寄語

採訪就要結束了，楊老告訴我們：做什麼都要勤奮，做什麼事都要做好，要有事業心；同時，家庭的和諧也很重要。

平淡是真、隨遇而安、知足常樂：他告訴我們這些很重要。這也正是楊老這一路走來的最好寫照與概括。

採訪結束了，很高興、很慶幸能夠認識這麼一位學長，謝謝他，讓我們如此近距離地體驗與感受了這樣平和與豁達的人生態度。此時似乎更能理解這古人留下來的兩個詞語：平淡是真，知足常樂。

（載《湖南大學校友總會》網站xyh.hnu.cn，「尋訪隨筆」欄目，二〇〇七年六月十七日）

【說明】

關於我的這篇文章是一位名不見經傳的小人物寫的。這篇小文章的小作者，是一位在讀的大學小女生，她與我只有一面之識，但她用了深邃的目光審視我，用了理性的心靈剖析我，用了樸實的筆觸描繪我。她的一支小小的筆，展現了一個真實的我，使我「無所遁形」。

事情是這樣的：二〇〇七年暑期，湖南大學校友總會組織學生開展「尋訪校友」活動，我有幸被母校定為採訪對象。採訪我的是一位女生，叫劉晶瑩，還有她的兩個同學。這篇文章，就是這次採訪的產物。但是，劉晶瑩同學沒有告訴我寫了文章，校友總會也沒有告訴我刊登了這篇文章，一切都在平淡無奇中行走，就如我的人生一樣。這篇文章是我在網路搜索中偶然發現的。讀後感到心靈震撼，因為居然有人發現了真實的我，而發現真我的居然是一位小人物，我的小校友。

劉晶瑩同學，我希望能找到你，向你致謝，並把我這本平淡無奇的書贈送給你，以紀念我與你和你的同學之間不事張揚的心的交流，紀念我們之間簡樸、平淡的一段忘年情誼。

血歷史44　PC0278

新銳文創
INDEPENDENT & UNIQUE

赤道陽光
——我所經歷的中國大陸之大變革

作　　者　楊宗錚
責任編輯　蔡曉雯
圖文排版　賴英珍
封面設計　秦禎翊

出版策劃　新銳文創
發 行 人　宋政坤
法律顧問　毛國樑　律師
製作發行　秀威資訊科技股份有限公司
114 臺北市內湖區瑞光路76巷65號1樓
電話：+886-2-2796-3638　傳真：+886-2-2796-1377
服務信箱：service@showwe.com.tw
http://www.showwe.com.tw
郵政劃撥　19563868　戶名：秀威資訊科技股份有限公司
展售門市　國家書店【松江門市】
104 臺北市中山區松江路209號1樓
電話：+886-2-2518-0207　傳真：+886-2-2518-0778
網路訂購　秀威網路書店：http://www.bodbooks.com.tw
國家網路書店：http://www.govbooks.com.tw

出版日期　2013年4月　初版
定　　價　490元

國家圖書館出版品預行編目

赤道陽光：我所經歷的中國大陸之大變革 / 楊宗錚著. -- 一版. -- 臺北市：新銳文創, 2013.04

面； 公分. --（血歷史；PC0278）

BOD版

ISBN 978-986-5915-56-8（平裝）

1. 楊宗錚 2. 傳記

782.887 102001422

讀者回函卡

感謝您購買本書，為提升服務品質，請填妥以下資料，將讀者回函卡直接寄回或傳真本公司，收到您的寶貴意見後，我們會收藏記錄及檢討，謝謝！

如您需要了解本公司最新出版書目、購書優惠或企劃活動，歡迎您上網查詢或下載相關資料：http:// www.showwe.com.tw

您購買的書名：________________________________

出生日期：________年________月________日

學歷：□高中（含）以下　□大專　□研究所（含）以上

職業：□製造業　□金融業　□資訊業　□軍警　□傳播業　□自由業

□服務業　□公務員　□教職　□學生　□家管　□其它_____

購書地點：□網路書店　□實體書店　□書展　□郵購　□贈閱　□其他

您從何得知本書的消息？

□網路書店　□實體書店　□網路搜尋　□電子報　□書訊　□雜誌

□傳播媒體　□親友推薦　□網站推薦　□部落格　□其他__________

您對本書的評價：（請填代號　1.非常滿意　2.滿意　3.尚可　4.再改進）

封面設計____　版面編排____　內容____　文／譯筆____　價格____

讀完書後您覺得：

□很有收穫　□有收穫　□收穫不多　□沒收穫

對我們的建議：________________________________

____

____

____

請貼
郵票

11466
台北市內湖區瑞光路 76 巷 65 號 1 樓
秀威資訊科技股份有限公司 收
BOD 數位出版事業部

（請沿線對折寄回，謝謝！）

姓　　名：＿＿＿＿＿＿＿＿　年齡：＿＿＿＿　性別：□女　□男

郵遞區號：□□□□□

地　　址：＿＿＿＿＿＿＿＿＿＿＿＿＿＿＿＿＿＿

聯絡電話：(日)＿＿＿＿＿＿＿＿＿(夜)＿＿＿＿＿＿＿＿＿

E-mail：＿＿＿＿＿＿＿＿＿＿＿＿＿＿＿＿＿＿